유아교육개론

권미량 · 조채영 · 좌승화 · 최진원

KNOWLEDGE COMMUNITY 공동체

머리말

저출산이나 급변하는 시대적 상황 속에서 지속적으로 관심의 중심에 서 있는 분야가 유아교육이다. 유아교육은 미래사회를 위해 학문적으로나 실천적으로 중요한 자리에 서 있다. 미래존속을 위한 가치로서 유아와 가족 돌봄의 중요성에 대한 자각과 더불어 어떻게 유아가 바람직한 발달과 성장을 이룰 수 있도록 지원할 것인가라는 교육적 접근에 대한 관심은 사회적 과제이자 쟁점으로 부각되고 있다. 본 서는 이러한 유아교육의 개론서로서 유아교육의 핵심적 내용을 이해하고, 유아교육 전반의 실천적 의미를 찾아나가는 전공 입문서이다.

유아교육개론서는 유아교사의 꿈을 안고 전공에 입문한 예비유아교사들과 유아교육에 관심을 가진 부모, 교사, 관련 연구자들에게 유아교육에 대한 개괄적 이해를 돕고, 나아가 유아교육의 중요성과 나아갈 방향을 제공하고자 한다. 따라서 본 서는 유아교육의 전반을 개괄적으로 제시하고, 현재 유아교육의 동향과 미래 실천방안을 탐색해 나가고자 하였다. 이에 모두 10개의 장으로 구성하여 유아교육의 개론적 내용을 담고자 하였다.

본 서에서 제1장은 유아교육의 이해로서 유아교육의 현주소와 중요성을 바탕으로 유아교육에 대한 개념적 이해를 돕고, 우리나라 유아교육기관의 유형을 살펴보고자 하였다. 제2장은 유아교육의 사상과 철학으로서 서양의 사상과 철학적 변천과 더불어 우리나라 유아교육에 영향을 미친 사상적 배경을 살펴보고자 하였고, 제3장은 유아교육과 발달이론의 이해를 통해 유아의 발달적 특성과 발달이론에 대한 탐색을 이루고자 하였다. 이러한 유아교육에 대한 이해를 바탕으로 제4장에서는 다양한 유아교육과정의 개념적 이해에 기초하여 우리나라 유아교육과정을 살펴보았다.

제5장은 유아교육 프로그램의 이해로서 현재 다양한 유아교육 프로그램의 이론적 특성과 실제를 안내하였고, 제6장은 놀이와 유아교육을 통해 유아교육에서 놀이의 중요성과 현장 실천력을 제공하고자 하였다. 제7장은 부모교육을 유아교육기관과 가족이 함께 만들어 가는 협력 공동체로서의 유아교육이라는 관점에서 살펴보았고, 제8장은 유아교사론을 통해 교육의 질적 제고를 위한 유아교사의 중요성 및 정체성 확립을 위한 방향을 세워 보았다. 제9장은 유아교육기관의 환경을 통해 유치원과 보육시설의 구성 및 운영의 기초를 살펴보았고, 마지막으로 제10장은 유아교육의 발전방향이라는 주제로 유아교육의 동향과 앞으로의 방향을 제안함으로써 유아교육을 개괄적으로 종합하고자 하였다.

본 서는 여러 집필진들이 유아교육을 공부하는 예비유아교사들과 유아교육에 관심을 가진 현장에 도움이 되고자 집필을 시작하게 되었다. 행복한 유아교육의 현장을 위해 첫걸음을 걷는 예비유아교사나 유아교육 현장에 계신 현장 전문가들에게 작은 보탬이 되기를 소망해 본다. 가능한 한 다양한 내용과 조직적 구성을 이루고자 하였지만 탈고를 앞둔 시점에서 아쉬움이 남는다. 앞으로 계속 보완하여 이러한 아쉬움을 줄여나가기 위해 끊임없는 노력을 이어갈 것이다.

이 책이 나오기까지 여러 측면에서 도움을 주신 모든 분들께 감사의 인사를 드리고자 한다. 관련 사진을 제공해 준 유아교육기관과 이 책의 출판을 맡아준 도서출판 공동체의 여러분들께도 감사를 드린다.

2024년 8월

저자 일동

차 례

Contents

Contents

chapter

01

유아교육의 이해

chapter

01 유아교육의 이해

유아교육은 모든 유아의 개별적 특성에 맞게, 그리고 전인적 성장과 발달을 위해 제공되는 전인교육으로 인생의 첫 시기에 받는 교육이다. 1980년대 초반 우리나라 유치원 취원율은 20% 이내로 우리나라 초창기 유아교육은 일부 특수층 자녀를 위한 교육으로 여겨지기도 하였다. 그러나 유아교육은 정부정책과 더불어 양적으로나 질적으로 많은 발전을 해오고 있으며, 국민의 기초교육과정으로 누구든지 유아교육을 거쳐 초등교육으로 올라가는 공교육으로 발전한 시점에 와 있다. 이 장에서는 유아교육에 대한 전반적인 이해를 위해 유아교육의 개념을 일반적 개념과 본질적 개념으로 나누어 살펴보고 유아교육이 갖는 특수성과 원리가 무엇인지 고찰해 본다. 또한 유아교육의 중요성과 우리나라 유아교육기관에 대해 살펴보고자 한다.

1. 유아교육의 개념

어떤 것에 대한 개념이 정립되어 있다는 것은 그것에 대해 안다는 것을 뜻한다. 그래서 유아교육에 대해 알고자 할 때 먼저 유아교육에 대한 개념을 정립할 필요가 있다. 즉, 개념(concept)이란 어떤 사물이나 현상에 대한 일반적인 지식을 가리키는 것으로 공통된 특징들로 대표할 수 있다. 이에 유아교육이 갖는 개념을 정의하기 위해 우선 '교육'의 개념과 '유아'의 개념을 살펴본 후 '유아교육'의 개념을 살펴보고자 한다.

1) 교육의 개념

인간은 부모의 태내에서부터 출생, 성장, 죽음에 이르기까지 가정, 학교, 혹은 사회 등의 다양한 장소와 기관에서 교육을 받으면서 성장하고 발달하는 존재이다. 왜냐하면 인간은 다른 동물과는 달리 사람으로 살아가는 일을 배워야만 생존이 가능한 존재이기 때문이다(정명화 · 김신곤 · 신경숙, 2004). 따라서 교육이란 인간이 인간을 가르쳐 키우는 일이고 인간이 인간에게 배우면서 성장하는 일이다.

그렇다면 교육은 무엇인가? 교육에 대한 개념을 시대에 따라 그리고 학자에 따라 여러 가지로 정의할 수 있다. 일반적으로 교육은 가르치고 배우는 행위를 지칭하는 말이기도 하지만 교육은 전통문화를 계승 · 발전시키는 기능을 하고 있다. 또 다른 측면으로 교육을 인격도야의 과정 혹은 진리탐구의 과정이라고 정의하기도 한다. 교육을 받음으로써 우리는 바람직한 인간이 되기를 기대한다. 즉, 교육을 통해 사회가 요구하는 인간상을 구현하려는 것이다.

교육의 개념에 대한 다양한 정의 중 우리나라에서 가장 널리 인용되고 있는 정의는 '교육은 인간행동의 계획적 변화'라는 것이다(정범모, 1976). 이연섭 등(2001)은 이에 '긍정적'이라는 말을 첨가하여 '인간행동의 계획적이며 긍정적인 변화'라고 정의하였다. 이 정의는 '인간행동', '변화성', '계획성', '방향성' 등의 요인을 포함하고 있다.

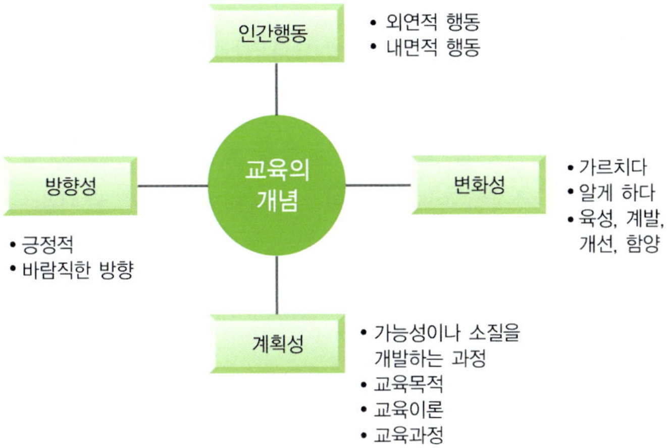

그림 1-1 교육의 개념

이들을 구체적으로 살펴보면 다음과 같다.

첫째, 변화의 대상인 '인간의 행동'을 살펴보자. 여기서 '행동'은 일상적 의미보다는 과학적인 의미에서 사용되는 용어이다. 일상적 의미로서의 행동은 외연적 행동인 신체적 동작과 같은 말로 쓰이는 데 비하여 과학적인 의미에서의 행동은 지식, 사고, 가치관, 동기체계, 성격 특성, 자아개념 등 인간의 내면적 행동까지도 포함한다.

둘째, 교육은 인간행동의 계획적인 변화라는 정의에서 '변화'가 의미하는 바를 살펴보자. 이는 인간행동의 변화 가능성을 가정하고 있으며, '변화'라는 것은 육성, 조성, 배양, 계발, 교정, 개선, 성숙, 발달, 증대 등을 포함하는 포괄적인 개념이다.

셋째, 교육의 개념 정의에서 계획적인 것에 초점을 두고 있다. 여기서는 계획적인가, 무계획적인가에 따라 인간행동을 변화시키는 과정을 교육이라 부를 수도 있고, 교육이 아니라고 할 수도 있다. 즉, 인간행동의 변화는 여러 경로를 통해 일어날 수 있으나 교육은 그 변화가 '계획적인 것'일 때에만 교육이라고 할 수 있다. 왜냐하면 교육의 과정에는 인간행동의 변화가 지향하는 교육목적이 있어야 하며, 이러한 목적을 실현시킬 수 있는 구체적인 교육이론과 교육과정이 있어야 하기 때문이다.

넷째, 교육은 인간행동의 변화 중에서도 부정적인 변화는 배제하고 바람직한 측면에서의 변화만을 일컫는다는 입장에서 '긍정적인' 변화로 규정하고 있다. 부정적인 변화의 예로 도둑이나 소매치기를 들 수 있다. 처음에는 서툴던 행위들이 도둑이나 소매치기가 되기 위한 반복적인 연습이나 교육을 통해 행동이 노련해지고 실수 또한 줄어들게 된다. 그러나 이러한 인간행동의 변화를 교육으로 보기는 어렵다. 따라서 여기서 교육은 긍정적인 변화만을 의미하는 교육의 방향성이 포함되어 있다. 이에 변화라는 단어는 조성, 육성, 계발, 함양, 교정, 개선, 성숙, 발전 등 긍정적인 측면을 의미한다.

이상과 같이 교육에 대한 다양한 관점을 살펴보았다. 다음은 유아에 대한 개념을 살펴보겠다.

2) 유아의 개념

(1) 유아교육의 대상 연령

유아가 지칭하는 대상 연령은 몇 세일까? 일반적으로 우리나라에서 유아기는 취학 전 아동을 가리키는 것으로 초등학교에 입학하기 전의 유아들이 교육을 받는 시기로 알려져 있다. 2004년에 제정된 유아교육법에서는 '만 3세부터 초등학교 취학 전까지의 어린이'로 유아를 규정하고 있으며, 영유아보육법에서는 '6세 미만의 취학 전 아동'으로 영유아를 규정하고 있다. '유아'라는 용어는 유아교육법이나 영유아보육법에서 규정하고 있는 것에서도 알 수 있듯이 '어린이', '아동'이라는 용어와 혼용되고 있다. 이처럼 유아의 개념이 다양한 관점으로 정의되고 있다.

유아기를 신생아기, 영아기, 걸음마기, 유아기로 세분화하기도 하지만 현재 유아교육기관에서 일반적으로 사용되는 유아의 연령에 대한 정의는 영아는 출생부터 만 2세까지를 지칭하며, 만 3세부터 만 5세까지를 유아라고 지칭하고 있다(유구종 · 조희정, 2013).

일반적으로 유아교육 대상 연령의 범위는 국가가 어떤 교육제도를 채택하고 있는가에 따라 차이가 있다. 우리나라의 경우에는 출생부터 만 5세까지의 유아는 어린이집에 다닐 수 있으며, 만 3세부터 만 5세까지는 유치원에 다닐 수 있는 연령으로 규정하고 있다. 한국유아교육학회(2003)에서도 유아교육을 '출생에서 만 5세까지의 유아를 대상으로 유치원이나 어린이집에서 이루어지고 있는 교육'으로 규정하면서 유아를 출생~만 5세로 규정하고 있다. 따라서 우리나라의 교육제도에서 유아는 0세부터 만 5세까지의 취학 전 연령을 의미한다고 볼 수 있다(지성애 외, 2018).

(2) 유아교육의 학문적 범위

학문적 입장에서는 유아기를 다르게 정의한다. 유아교육과 초등학교와의 연계교육의 중요성과 발달적으로 0세부터 8세에 걸친 연속적이고 의미 있는 경험을 제공할 때 교육적 효과가 증대한다는 측면에서 유아교육은 0~만 2세 정도의 영아기뿐만 아니라 초등학교 저학년까지를 유아로 보아야 한다고 밝히고 있다(이기숙, 2000). 사실 모리슨(Morrison, 1989; 2001)에 의해 유아교육은 '0~8세 유아를 위한 교육'으로 정의되면서 출생에서 8세까지 유아를 위한 모든 교육적 경험으로 유아교육의 범위가 확대되었다. 미국의 전미유아교육협회(NAEYC)에서도 유아교육의 시기를 '0~8세'로 규정하는 등 유아교육의 대상 연령을 출생에서 8세까지로 정의하고 있다. 이렇게 볼 때, 초등학교 저학년을 유아의 개념에 포함시켜야 한다고 볼 수 있다.

유아교육은 초등학교와의 연계성이 중요하다는 점과 발달적으로 연속적인 연령임을 감안할 때, 유아교육의 대상은 유치원이나 어린이집에 다니는 유아뿐만 아니라 초등학교 저학년을 포함하는 8세까지로 볼 수 있다. 실제 미국의 'Follow-Through Project'에서는 유치원에서부터 초등학교 3학년까지 연장된 프로그램이 오래전부터 시행되고 있으며 최근 우리나라에서도 영아 프로그램 및 초등학교 저학년 대상의 방과후 과정이 확대되고 있는 추세이다(우수경 외, 2012).

그러나 우리나라의 교육제도에서 유아기는 0세부터 만 5세까지의 취학 전 연령이라고 할 수 있다. 따라서 이 책에서는 0세부터 만 5세를 대상으로 한 포괄적 교육 측면에서 유아교육을 다루고자 한다.

3) 유아교육의 개념

유아교육의 개념은 각 사회에서 인식하는 아동관이나 생활양식의 변화에 따라 다양하게 인식되어 왔다. 사실 사회에서 일반적으로 통용되고 있는 유아교육의 개념이나 인식이 항상 올바른 것은 아니다. 유아교육에 대한 올바른 이해를 위해서는 유아교육의 본질적 개념에 대한 규정이 필요하다. 따라서 여기서는 사회에서 통용되는 유아교육에 대한 일반적 개념과 학문적 견해를 바탕으로 하는 본질적 개념으로 나누어 살펴보겠다.

(1) 유아교육의 일반적 개념

최근 들어 영유아를 대상으로 하는 교육을 유아교육이라는 용어로 통일되게 사용하고 있다. 1980년대 이후 정부의 유아교육 육성 정책에 따라 초등학교 병설유치원이 설립되면서부터 유치원이 학교제도 속에 포함되어 운영되기 시작하였다. 2013년부터 유치원과 어린이집을 유아학교로 일원화시키려는 제도적 발전을 모색하는 노력 또한 이루어지고 있다. 이에 유아교육의 발전에 대한 정부의 노력과 일반인의 관심이 증대하였다.

그러나 역사적으로 볼 때 유아교육은 제도적이고 형식적인 학교교육과 달리 다양한 형태의 비형식적 교육으로 발달되어 오면서 유아교육의 일반적 개념은 보육, 준비교육, 조기·재능교육, 보상교육 등으로 이해되었다. 유아교육에 대해 다소 왜곡된 관점들을 보육, 준비교육, 조기·재능교육, 보상교육 등 네 가지의 일반적 개념으로 살펴보면서 그러한 관점들의 문제점을 통해 유아교육에 대한 새로운 방향을 모색해 보기로 한다(김성원·석은조·신성숙·신은정·이춘옥, 2014; 전인옥·이경옥, 2012; 우수경, 2012).

① 보육으로서의 유아교육

유아교육이 어머니의 기능을 대신 또는 대행하는 기능을 갖는 것으로 유아의 신체적·정서적인 보호에 초점을 둔 개념이다. 여성의 경제 참여와 맞벌이 부부의 증가와 함께 최근 들어 그 중요성이 부각되는 기능으로, 유아교육은 부모를 대신하여 유아를 돌보아 준다는 육아의 개념이다. 유아의 생명을 보호하고 자연적 성장과 발달의 과정이 이루어지도록 돕는 일이며, 주로 건강, 영양, 기본생활습관의 형성, 정서적 안정 및 보호에 초점을 두고 있다. 이러한 관점은 유아교육이 사회과학의 한 분야로 명백히 인정받지 못하던 1970년대까지의 시각으로 유아교육을 비형식적인 교육으로 간주하던 대표적인 견해이다(이은화·양옥승, 1998).

이러한 시각은 유아교육이 인생의 초기에 이루어진다는 사실 때문에 유아교육의 개념을 보육 또는 육아와 동일한 개념으로 보려는 입장이다(전인옥·이경옥, 2014). 그러나 유아의 발달수준에 따라 보육이 선행되다가 점차 보육의 성격이 감소되면서 교육의 비중이 점차적으로 강화되므로(그림 1-2) 보육이 곧 유아교육이라고 볼 수는 없다.

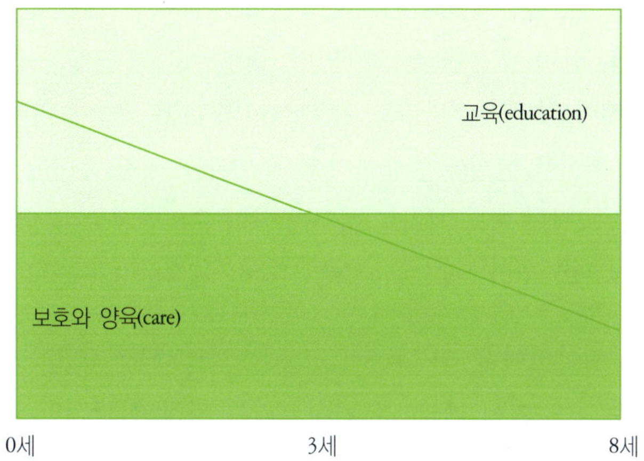

그림 1-2 연령에 따른 보육과 교육

보육이나 육아가 유아의 자연적 성장과 발달을 지켜주고 도와주는 데 강조점을 둔다면, 유아교육은 소극적인 보육 개념 이상의 적극적이며, 계획적인 변화를 목적으로 하는 개념이 강하다. 그러므로 보육과 유아교육이 동일하다고 보기보다는 보육은 유아교육에 선행 혹은 병행하는 개념으로 보아야 할 것이다(전인옥 · 이경옥, 2014). 이에 보육과 유아교육은 상보적이며 협력적 관계로 교육 · 사회적 서비스, 영양, 건강 서비스 등을 제공하는 포괄적 프로그램으로 교 · 보육(educare)으로 통합하게 되었다(이기숙 외, 2014).

② 준비교육으로서의 유아교육

유아교육을 초등학교를 위한 준비교육으로서 후속교육의 성공을 위한 수단으로 보는 입장이다. 이 입장은 유아교육을 통해 초등학교 학습을 위한 기초능력이나 집단생활에 필요한 사회적 능력을 기름으로써 초등학교에서의 사회적 적응과 학업적 성취를 도와줄 수 있을 것이라는 기대에서 나온 개념이다. 많은 나라들이 유아교육을 공교육화시키고, 초등학교에서 발생하는 학업 실패를 예방하기 위해 유아교육에 재정적 투자를 하고 있음을 볼 때 유아교육을 초등교육을 위한 준비교육으로 보는 견해가 부분적으로 남아 있음을 알 수 있다.

치열한 입시 경쟁이 있는 우리나라도 이 관점이 많은 부모들에 의해 요구 · 지지되고 있다. 그러나 삶의 의미를 현실에 충실하지 않고 미래를 위한 준비에서만 찾을 수 없으며, 또한 인간 발달 과정의 어느 시기도 이후 발달의 준비단계로 규정할 수 없기 때문에 유아교육을 초등교육의 준비단계로 규정해서는 안 될 것이다(이기숙 외, 2014).

③ 조기 · 재능교육으로서의 유아교육

유아의 잠재능력을 조기에 계발 · 훈련시키려는 가장 적극적인 교육적 개입을 강조하는 개념으로 유아교육을 음악, 미술, 무용, 운동 등의 특별한 재능을 개발시키는 것으로 보는 관점이다. 영재교육, 초기교육, 예체능교육 등이 조기 · 재능교육에 해당한다. 취학 전 유아에게 음악, 미술, 체육 등의 특별한 분야를 어릴 때부터 가르쳐

타고난 재능을 조기에 발견할 수도 있지만 이는 어디까지나 유아교육의 부수적인 결과일 뿐이다.

우리나라의 경우 각종 학원을 중심으로 음악, 미술, 태권도, 웅변 등을 위한 유치부가 사설학원에 개설되어 있으며 이러한 과정을 유치원과 비슷한 기관으로 인식하고 있는 것도 유아교육을 조기·재능교육으로 보는 관점에서 비롯되었다고 할 수 있다. 이러한 교육은 유아의 발달 과정에 맞지 않는 지나친 훈련과 반복 위주의 학습이 제공되고 있어 전인교육을 지향하는 유아교육의 본질적인 의미가 퇴색되어 있다. 각종 학원의 초등부가 초등교육을 대신할 수 없듯이 조기·재능교육 중심의 학원교육이 곧 유아교육이라고 보는 것은 부적절한 관점이다.

④ 보상교육으로서의 유아교육

저소득층 가정에서 자라는 유아들의 문화적·교육적 결손을 조기에 보충해 주는 것을 유아교육으로 보는 것이 보상교육의 관점이다. 보상교육으로서의 유아교육을 대표하는 프로그램이 미국의 헤드 스타트 프로젝트(Head Start Project)이다. 즉, 문화적으로 혜택받지 못한 저소득층 가정의 유아들에게 포괄적인 유아교육의 기회를 제공함으로써 유아기의 문화적·교육적 결손을 보상하여 빈곤의 악순환을 막자는 정부 주도의 노력으로 이루어진 보상교육으로서의 유아교육이다. 많은 연구들이 유아기는 인간 발달의 기초를 형성하는 시기로 교육적 효과가 높으며, 유아기의 문화적·교육적 실조는 이후에 교정하고 보완하려면 엄청난 비용이 들 뿐만 아니라 효과도 낮다고 보고하고 있다. 즉, 유아교육의 경험 유무가 후기 학업성취도와 사회적응력에 영향을 미치며, 특히 저소득층 유아들에게 주어지는 유아교육의 효과는 높은 것으로 나타났다(Weikart, 1967). 이는 보상교육으로서의 유아교육이 비용 측면에서뿐만 아니라 교육적 측면에서도 투자 효율성이 높다는 것을 의미한다.

우리나라에서도 기회균등을 위해 1980년대에는 새마을 유아원을 운영하였으며, 2010년대에는 방과후 과정 및 온종일 돌봄 등의 다양한 서비스를 제공하여 저소득층 맞벌이 부부의 경제활동과 자녀들의 교육을 지원하는 등 정부 차원의 유아교육 개입 노력으로 유아교육이 보상교육의 기능을 수행해 왔다.

그러나 보상교육을 유아교육으로 보는 관점은 교육의 대상을 저소득층 유아들에게만 국한하므로 유아교육의 개념이 너무 한정적인 면이 있다. 사실 유아교육은 모든 계층의 유아들의 전인적 발달을 도모하기 위해 계획되고 운영되어야 한다는 점에서 보상교육을 포함하는 통합적인 교육으로 유아교육을 개념화할 필요가 있다.

(2) 유아교육의 본질적 개념

유아교육의 본질적 개념은 모든 유아의 전인적·통합적 발달을 도와야 한다는 학문적 근거를 바탕으로 규정되고 있다. 유아교육의 본질적 개념을 정의함에 있어 먼저 교육대상, 교육장소, 교육형식, 교육방향의 네 가지 측면에서 살펴보면 다음과 같다.

① 교육대상

유아교육의 대상으로 유아는 물론 부모, 형제 등 다른 가족구성원들까지도 포함한다. 이는 초·중등교육과는 달리 유아교육은 부모의 참여 없이는 교육의 효과를 증진시키기 어려우며, 비록 효과가 있다고 하더라도 오래 지속되지 않는다는 사실에 근거를 두고 있다. 이에 유아교육기관에서는 다양한 프로그램 개발로 부모가 자녀의 유아교육에 개입할 수 있도록 유도하여 유아교육의 효율성을 높이고자 노력하고 있다. 최근에는 유아교육이 **그림 1−3**과 같이 유아의 발달은 물론이고 유아의 발달에 영향을 미치도록 돕는 부모교육뿐만 아니라 부모 및 가족 문제를 상담하고 의료·영양·교육·보육서비스 제공은 물론이고 일상생활의 다양한 문제를 해결하는데 도움을 주는 지원체제의 역할도 한다(이기숙 외, 2014).

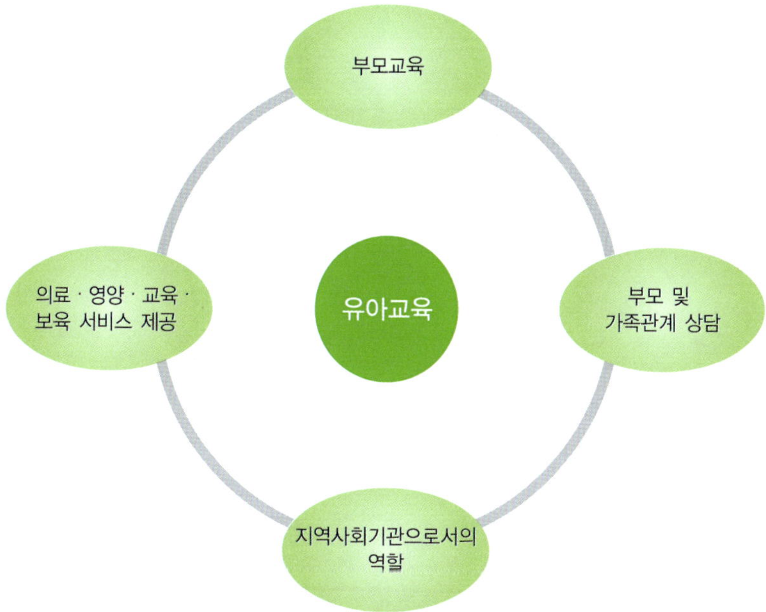

┃그림 1-3┃ 유아교육의 새로운 패러다임

② 교육장소

유아교육이 이루어지는 장소에 대한 논의는 대체로 유치원, 어린이집, 초등학교 등 교육기관에서 이루어지는 경우, 가정에서 이루어지는 경우, 지역사회의 인적·물리적 환경이 유아교육을 지원하는 경우, 동시에 이루어지는 경우를 들 수 있다(그림 1-4). 이처럼 유아교육은 유아교육기관 이외에도 다양한 장소에서 이루어질 수 있음을 알 수 있다.

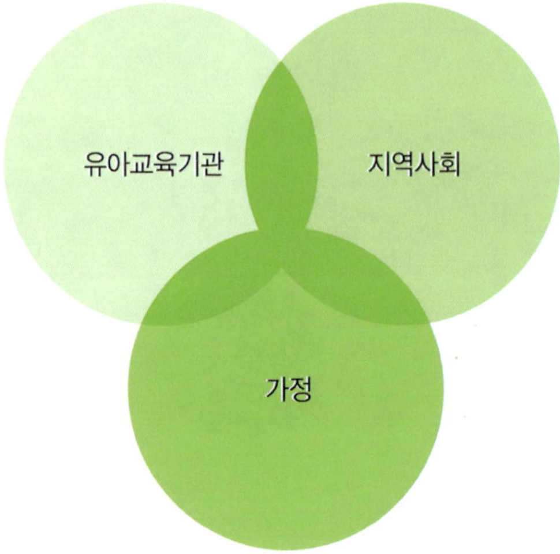

그림 1-4 교육장소

③ 교육형식

교육의 형식은 연령이 어릴수록 보호와 양육의 측면이 강조되는 비형식적 교육에 치중하게 되고, 연령이 높아질수록 체계적이고 형식적인 교육에 중점을 두게 된다. 특히 최근에는 여성의 사회 참여율 증가로 유아들이 유아교육기관에 머무르는 시간이 점점 많아지는 점을 고려할 때 유아교육은 교육적 측면뿐만 아니라 보호와 양육을 모두 중요시하는 포괄적 서비스의 개념으로 나아가고 있다.

④ 교육방향

유아교육의 방향은 행위와 행동을 중시하는 결과중심이 아니라 학습활동에 참여하는 그 자체에 의미를 부여하는 과정중심이다. 즉, 유아의 현재 흥미나 필요를 충족시켜 주는 과정을 통해 전인적 성장·발달을 위한 전인교육으로 동기, 이유, 생각, 느낌 등을 더 중시하는 교육이다. 따라서 과정중심의 유아교육은 암기나 반복적 연습을 지양하고 유아 개인의 창의적인 사고와 탐색을 중심으로 이루어진다. 이에 한국유아교육학회(1996)는 유아교육은 평생교육의 첫 단계로 모든 유아를 대상으로 하는 전인교육으로 유아의 전인적 발달을 통합적이고 조화롭게 이룰 수 있도록 유아기가 아니고서는 발달시킬 수 없는 독특한 교육경험을 제공해야 한다고 밝히고 있다.

이에 유아교육은 가정을 중심으로 한 비형식적 교육과 함께 유아교육기관의 교육과정에 따른 형식적 교육이 조화롭게 연계될 수 있도록 형식적 교육과 비형식적 교육의 통합을 기본 입장으로 한다(유수경 외, 2012).

또한 유아교육은 놀이중심의 교육이어야 한다. 유아는 놀이를 통하여 언어적·신체적·정서적 표현을 할 수 있어 모든 발달적 기능을 자연스럽게 익혀나갈 수 있다. 따라서 유아교육은 유아들이 마음껏 놀이할 수 있는 기회와 환경을 제공하여 다양한 경험을 자유롭게 할 수 있도록 해야 한다.

이와 같이 유아교육의 대상, 장소, 형식, 방향 등의 측면에서 볼 때 "유아교육은 0세부터 만 5세까지의 유아와 부모를 대상으로 가정과 유아교육기관, 그리고 지역사회에서 이루어지는 유아들의 전인적 성장과 발달을 위한 보호와 교육"이라고 정의할 수 있다.

이상과 같은 특성들은 유아교육의 본질적 개념이라고 할 수 있다. 이러한 유아교육의 개념 정립에는 유아교육에 대한 신념과 지식을 바탕으로 강조점이나 접근방식이 다양할 수 있으나 이 특성들을 중심으로 유아교육의 본질적 개념을 다음과 같이 요약할 수 있다.

첫째, 유아교육은 0세부터 만 5세까지의 유아와 부모, 그리고 때에 따라 가족구성원들까지를 대상으로 하는 교육이다.

둘째, 유아교육은 교육과 보육의 서비스를 모두 포함해야 한다.

셋째, 유아교육은 유아의 전인적 성장과 발달을 목표로 한다.

넷째, 유아교육은 유아의 흥미와 욕구를 중시하는 아동중심교육이다.

다섯째, 유아교육은 결과중심의 교육이 아니라 유아의 활동과정 중심의 교육이다.

여섯째, 유아교육은 놀이중심의 교육이다.

일곱째, 유아교육은 형식적 교육 이외에 가정과 같은 자연스러운 비형식적 교육도 중요시한다.

2. 유아교육의 특수성

유아교육은 초·중등교육에 비해 상당히 복잡하며 독특한 면을 지니고 있다. 교육부와 보건복지부 관할 아래서 모든 행정적인 결정이 진행되고 있지만 특히 유아교육은 대상 연령과 교육기관이 다양하며 교육과정 역시 복잡하게 이루어지고 있다(양옥승 외, 2005). 이에 여기서는 유아교육이 지니는 몇 가지 특수성을 살펴보고자 한다.

1) 교재·교구의 특수성

초·중등교육이 교과서를 중심으로 교사중심의 교수법을 주로 사용하는 반면, 유아교육은 다양한 교재·교구 및 환경과의 상호작용을 중심으로 운영되고 있다. 유아는 아직 글을 읽거나 쓸 수 있는 시기가 아니어서 초등학교에서와 같이 교과서가 있을 수 없으므로 교재와 교구의 개발이 창의적이어야 한다. 이에 따라 개별화 교육이나 소집단활동이 많이 필요하며 활동중심의 교육으로 주로 생활 자체가 교육내용이 된다.

2) 교육기관의 다양성

유아교육의 대상 연령이 다양하고 각 연령의 특성에 따른 교육이 요구됨에 따라 유아교육을 담당하는 기관이 다양하다. 특히 전통적으로 유아들은 가정에서 교육을 받아 왔고, 최근에도 3세 미만의 많은 유아가 가정에서 양육되고 있기도 하다. 3세 이상의 유아라도 부모의 선택에 따라 가정에서 교육시킬 수 있다.

우리나라의 경우 만 3세~취학 전 유아를 대상으로 하는 유치원과 0~만 5세를 대상으로 하는 어린이집에서 유아교육이 이루어지고 있다. 유치원도 사립과 공립으로 나누어져 있으며, 어린이집도 민간어린이집, 직장어린이집, 가정어린이집 등으로 구분되어 있다. 이 외에도 조기 재능교육을 주로 하는 학원을 중심으로 하는 교육도 유아교육의 일부를 담당하고 있는 것이 현실이다.

3) 교육과 보호의 역할

유아교육의 특수성 중의 또 하나는 유아를 교육할 뿐만 아니라 보호해야 한다는 것이다. 이는 유아교육이 교육학으로서뿐만 아니라 가정학, 사회복지학, 간호학 등과 함께 많은 영역을 공유하게 되는 이유이다(문미옥, 2008; 양옥승, 2005).

유아들은 자신들을 위해서뿐만 아니라 부모들을 위해서도 유아교육기관에 가야 한다. 유아교사들 역시 유아들을 위해서뿐만 아니라 부모들의 사회생활을 위해 원하는 시간까지 유아들을 돌보아 주어야 하는 것이다. 이에 유아교육은 오늘날 선후진국을 막론하고 세계의 주요 관심사로 부각되어 다양한 형태의 교육기관에서 이루어지고 있다. 유아교육은 나라마다 특수한 여건이나 교육제도에 따라 대상과 재정적 지원 등에 차이가 있으나 일반적으로 아동 양육은 부모를 위해 종일제 형태로, 유아교육 프로그램은 주로 반일제 형태로 운영되어 왔다. 그러나 여러 가지 사회적 여건으로 유아교육에 대한 요구가 증가함에 따라 이러한 구별은 희미해졌다. 사실 유아를 위한 거의 모든 프로그램은 시간 운영의 길이가 중요한 것이 아니라 유아의 조화로운 발달을 도모하는 질적인 프로그램 제공이 중요한 관건이므로 교육인가 보호인가의 구분은 무의미하다고 볼 수 있다(유구종 · 조희정, 2013).

현재 우리나라의 유아교육이 구조적으로 복잡하게 유치원과 어린이집으로 이원화되어 있는 실정이지만 유아와 가정이 행복해질 수 있는 방안을 모색해야 하는 과제를 안고 있다.

3. 유아교육의 원리

교육대상의 발달적 특성에 따라 교육의 방법과 내용이 달라진다. 유아기의 발달적 특성에 근거하여 고돈과 브라운(Gordon & Brown, 2008)이 제시하는 유아교육의 기본적인 원리를 종합해 보면 다음과 같다.

1) 전인성(Wholeness)

유아교육은 유아의 전인적 발달을 도와주는 교육이어야 한다는 측면이다. 전인교육이란 인간 발달의 모든 측면이 균형 있게 발달된 인간을 기르는 교육을 의미한다. 인간은 본래 전인적인 인격을 지닌 통합적인 존재로 발달상 인지, 언어, 사회, 정서, 신체 등으로 분화되어 성장・발달하는 것이 아니라 이 모든 발달영역이 통합적이며 전인적으로 성장・발달하여야 한다는 것이다. 따라서 바람직한 유아교육은 발달의 어느 한 측면에 치우치지 않고 발달의 모든 측면이 조화롭고 균형을 이룬 전인적 인간으로의 교육을 목표로 한다.

2) 개별성(Uniqueness)

유아교육은 유아 개개인의 독특한 권리와 가치를 인정하고 인격을 존중하여야 한다는 유아중심 교육의 핵심개념이다. 즉, 교육의 내용은 반드시 유아의 개별적인 능력과 발달에 알맞게 주어져야 하므로 개개 유아의 소질, 적성, 재능을 중시하고 이를 계발하는 교육에 역점을 두는 개념이다. 따라서 유아교육이란 유아가 독자적・개별적 개체로서 인간적 삶을 영위하면서 성장하고 발달하도록 조력하는 교육이라는 것이다.

3) 통합성(Integrated Growth)

유아교육이 발달영역별 또는 교과영역별로 분절화하여 유아를 지도하는 것은 교육의 본질적 성격이나 목적에 어긋난다. 유아교육의 통합성은 유아의 전인적 발달을 가져올 수 있도록 선정된 어떤 교육활동이 이전 활동과 이후 활동과의 유기적인 계열성을 이루도록 짜여진 교육활동의 계획을 의미한다. 또한 여러 가지 발달영역의 경험을 균형적으로 다루되, 이전의 경험과 연속되어야 하고 앞으로 경험하게 될 교육활동의 기초가 될 수 있어야 한다는 것이다(한미라 외, 2008). 따라서 유아들의 학습이 학습내용과 학습활동이 통합된 놀이를 통해 이루어질 때 유아교육의 본질적인 의미가 되살아난다고 할 수 있다.

그러므로 유아교육은 통합교육적 차원에서 각 영역의 지식이나 경험을 재구성하여 흥미중심, 문제중심, 주제중심으로 교육과정을 구성하는 교육이다. 이러한 관점에서 0~만 2세 표준보육과정의 교육내용은 6개 영역으로(보건복지부, 2020), 2019 개정 누리과정은 5개 영역으로 구성되어 있으나 각 영역을 각각 학습하는 것이 아니라 유아놀이를 중심으로 통합적으로 운영해야 한다고 제시하고 있다(교육부 · 보건복지부, 2019).

4. 유아교육의 중요성

유아교육은 아동관에 대한 변화와 함께 20세기 이후에 발표된 발달심리학의 연구 결과들로 인해 유아기 발달의 중요성 및 기초성을 인식하게 되면서 그 중요성이 커지고 있다. 이와 더불어 사회여건의 변화로 유아교육이 세계적으로 보편화 추세를 보이고 있고, 우리나라에도 유아교육기관이 많아졌으며 이제는 교육의 자료와 질 개선을 시도하고 있는 시점에 이르렀다. 이처럼 유아교육의 중요성이 강조되는 이유를 아동관을 중심으로 한 철학적 측면, 아동발달에 관한 연구결과를 중심으로 한 발달적 측면, 현대사회의 특성에 따른 사회적 측면으로 나누어 살펴보고자 한다.

1) 철학적 측면

유아는 어떤 존재이며 어떻게 성장・발달하는가에 대한 사유는 각 시대의 정치적・사회적・문화적 요인에 기인한다. 따라서 아동을 바라보는 철학적 사유의 변화 양상을 고대, 중세, 근대, 현대로 나누어 살펴보겠다.

(1) 고대

고대사회에서는 유아기의 고유성에 대한 본질적인 이해가 전혀 없었다. 고대사회에서 유아는 미래 시민으로 성장해야 하는 대상으로 성인의 축소판으로 인식되었다. 따라서 유아에 대한 교육의 목적이나 내용, 그리고 교육의 방향도 그 사회의 시민이 갖추어야 할 기본적 덕목이나 소양에 따라 결정되었다(팽영일, 2017). 즉, 유아는 그가 속한 가족이나 사회, 국가를 위하여 할 수 있는 일에 따라 가치가 평가되었을 뿐이다. 예를 들면, 도시국가 스파르타에서는 원주민들을 정복함으로 인해 국가를 성립할 수 있었으므로 교육은 전사를 양성하는 기능으로서의 역할을 하였다. 스파르타의 교육은 7세가 되면 군사훈련을 위한 단체생활을 해야 했으므로, 7세까지는 가정에서 양육되었지만 군사훈련의 준비기간으로 보냈다. 왜냐하면 입단할 때 신체가 허약한 아이는 시민자격을 박탈당하고 노예로 전락하기 때문이었다(남궁용권, 1996). 이러한 이유로 유아가 사회의 유용성에 비추어 가치가 없다고 판단될 경우 영아 살해나 유기도 행해졌으며 교육은 전사를 양성하는 기능으로서의 역할을 하였다. 따라서 고대에는 아동에 대한 인간 본연의 이해가 이루어지기보다는 사회나 국가의 유용성의 도구로 인식되었다고 볼 수 있다.

(2) 중세

중세사회에 들어와 기독교 문화의 영향으로 모든 인간의 평등사상과 더불어 아동 평등사상이 확립되기 시작하였다. 이로 인하여 출생 이전의 수태기간에 인성이 형성된다는 태아보호사상이 나타나 고대와 달리 태아나 영아 살해가 교회법으로 금지되었다(팽영일, 2017).

그럼에도 불구하고 중세사회는 교회를 중심으로 한 봉건사회였다. 따라서 중세의 아동관은 인간의 본성이 악하다고 보는 기독교적 인간관에 기초하여 아동에 대한 견해는 상당히 부정적이었다. 따라서 교육의 목적도 자연히 본성이 악한 인간을 도덕적 · 윤리적인 인간으로 만드는 데에 있었으며 성경 읽기를 배우는 것만이 인간을 구제하는 유일한 방법이라고 여겼다. 교회 이외의 세속적인 교육으로 기사도 교육이 있었으나, 기독교적 덕목을 중시한 중세 봉건주의 기사도를 교육하는 것이었다. 중세의 교사의 역할은 엄격한 훈육을 통해서 인간의 원죄를 구제하는 것이었다. 원죄를 가진 유아의 잘못된 행동에 대하여 벌이 엄격하게 적용되었으며, 체벌은 유아교육의 중요한 부분으로 여겨지기까지 하였다(김옥경 · 이선옥 · 고태순 · 이현아, 2005).

또한 중세에는 아동기에 대한 본질적인 이해가 이루어지지 않아 아동기가 성인기와 구별되는 독특하고 고유한 시기라는 인식은 이루어지지 않고 있었다. 이 시기에는 보편적으로 인간 발달의 과정을 크게 아동기와 성인기로만 구분하였으며 아동기는 대개 성인이 되기 이전까지의 시기로서 미래 성인으로 성장하기 위한 준비기로 인식하였다(이기숙 · 장영희 · 정미라 · 엄정애, 2003). 따라서 이 시기 아동을 성인과 구별시켜 주는 특성은 연령과 신체적 특성이 유일한 것이었으며(Morrison, 2001) 현대사회와 같은 아동관은 정착되지 않았다.

(3) 근대

르네상스와 종교개혁으로 시작되는 근대에 와서야 비로소 아동기는 성인기와 구별되며, 아동기 본연의 고유한 시기에 대한 인식이 시작되었다. 근대에는 16세기 르네상스 시대에 위대한 교육사상가들이 많이 나타나, 아동기 교육의 중요성과 양육에 대한 개념이 새롭게 대두되기 시작하였다. 코메니우스(Commenius)는 아동의 내재적 가능성을 인정하였고, 로크(Locke)는 백지설(Tabula Rasa)을 주장하며 아동은 선하지도 악하지도 않은 상태이기 때문에 교육에 의해 후천적으로 본성이 변할 수 있음을 주장하여 경험론적 관점에서 아동을 이해하는 계기가 되었다.

그러나 현대적 의미의 아동관이 확립된 것은 루소(Rousseau)에 의해 본격적으로 이루어졌다. 루소(Rousseau)는 어린이 속에서 자연 그대로의 속성을 발견하고 아동의 발달 특징을 세밀히 관찰함으로써 인생의 시기를 영아기(0~2세), 아동기(2~12세), 소년기(12~15세), 청소년기(15~20세까지)로 구분하였으며, 각 단계에 적합한 교육의 내용과 방법을 제시하였다.

이 무렵부터 에라스무스(Erasmus)와 같이 유아교육에 관심을 갖는 인물이 나타나 조기교육이 실현되어 페스탈로치(Pestalozzi)나 오웬(R. Owen), 그리고 프뢰벨(Fröbel) 등과 같이 직접 유아교육기관을 운영하는 교육자들이 등장하게 되었다.

(4) 현대

20세기에 들어와 발달심리학 분야의 연구결과들로 인해 유아는 약자나 무능력자가 아니라 오히려 개발되지 못한 능력을 무한히 지닌 가능성의 존재로 인식되기 시작했다. 인간지능의 80% 정도가 만 8세까지 발달한다는 블룸(Bloom)의 연구로 인해 유아를 성장과 발달 가능성의 존재로 인식함과 동시에 유아교육의 중요성이 강조되는 근거가 되었다.

무한한 가능성의 존재로서 유아에 대한 인식을 좀 더 상세히 살펴보겠다. 1960년대 이후 이루어진 발달심리학 분야의 연구결과에서 영아기와 유아기에 뇌 세포의 성장과 지적 발달이 급속히 이루어진다는 사실에 기초하여 유아에게 과거보다 더 많은 인지적・언어적 능력과 성취를 기대하게 되어 조기재능교육의 성행으로 이어졌다. 이와 같은 조기교육에 대한 잘못된 인식은 진정한 의미의 '아동기'를 상실하게 하는 현실적인 부작용을 낳았다. 즉, 조기에 많은 경험을 제공해 주기만 하면 선천적 능력을 더 향상시킬 수 있다는 생각이 팽배해졌다(지옥정 외, 2008). 현대사회에서의 아동기는 조기재능교육으로 인한 아동으로서의 고유한 권한을 누리지 못하는 또 다른 측면에서의 '아동기 실종(Elkind, 1981)' 시기라고 할 수 있다.

이와 같은 맥락에서 혼다 마스코(2002)도 다음의 글을 통해 현대의 유아들이 처한 실상을 다음과 같이 꼬집고 있다.

> "교육이 거론되고 발달이 논해지는 그 배후에 '어린이'는 묻혀버리고 마치 그들은 단지 교육이란 행위의 대상으로, 발달이라는 현상의 실현체에 불과한 존재처럼 취급된다. '어린이'를 중심으로 둔 시대는 '어린이를 위하여' 한 바퀴 회전하여 '어린이 중심'의 다양한 행위를 펼쳐온 결과 '어린이'를 잃어버리고 말았다고 할 수 있을 것 같다(p. 149)."

유아교육의 주체인 유아는 사라지고, 유아를 위한다는 명목으로 부모 혹은 사회가 원하는 방향으로 발달시키고자 하는 것은 아닌지 되짚어 보게 한다. 저출산 시대에 접어들어 자녀 수가 적은 가정에서 자녀에 대한 지나친 기대로 사교육을 중심으로 한 조기교육 열풍이 유아를 내몰고 있다. 현대의 유아교육은 유아교육의 중요성을 조기학습에 대한 중요성으로 잘못 인식하여 과도한 조기교육으로 인한 아동기 실종이라는 양면성을 갖게 되었다(전인옥・이경옥, 2014). 따라서 현대의 유아교육은 적절성이 배제된 채 조기교육으로 향하고 있어 유아교육의 본질적 의미에 충실한 새로운 방향설정이 절실하게 요구되는 시점이라고 할 수 있다.

2) 발달적 측면

인간의 성장과 발달기는 다른 동물에 비해 유난히 길다. 현대적 아동관이 성립된 이후 발달심리학의 많은 연구들은 아동 발달의 원리를 규명하면서 유아교육의 중요성을 입증하고 있다. 그중에서 특히 인간 발달의 기초가 유아기에 형성되며, 특정한 발달과업을 가장 잘 성취할 수 있는 최적의 시기가 있다는 결정적 시기 이론과 최근 뇌 과학 분야에서의 뇌 발달에 관한 연구결과를 중심으로 살펴보겠다.

(1) 결정적 시기

인간의 발달을 설명하는 연구 중에서 가장 강조되는 것 중의 하나는 결정적 시기(critical period)에 대한 이론이다. 인간의 발달과정 중에서 어느 특정한 시기에 어떤 기관이나 기능의 발달이 급격히 이루어지는데, 이러한 시기를 결정적 시기라고 한다.

오리가 부화된 직후 몇 시간 동안 처음 자기를 돌보아 준 대상에게 강력한 애착이 형성되며, 이러한 현상이 오랫동안 지속된다는 로렌츠(Lorenz)의 각인(imprinting)연구와 3주에서 12주 사이에 사람과 접촉하지 못한 개는 야생견처럼 행동하면서 사람을 두려워한다는 스콧(Scott)의 연구 등에서 인간의 발달에는 최적의 시기가 있다는 것이 입증되었다.

정신분석학자 프로이트(Freud)와 에릭슨(Erikson) 등에 의하면 인간의 성격형성 기초는 생후 초기 5년 사이에 확립된다. 특히 5세 이전의 경험 중 이유, 대소변훈련, 부모의 양육태도에 따른 유아기 경험은 유아의 성격형성에 결정적인 영향을 미친다는 것이다. 부모가 애정을 가지고 일관성 있게 수용적으로 유아를 대하면 유아는 원만한 성격을 형성할 수 있지만, 반대로 부모가 지나치게 강압적이면서 유아의 요구에 무

관심하면 강박적이고 공격적인 성격을 가질 수 있다. 즉, 인간의 생후 초기 5년이 성격형성의 결정적 시기이며, 이때 잘못되어 왜곡된 성격을 형성하게 되면 후일에 교정하기가 힘들다고 하였다.

유아기는 신체적 발달이 가장 왕성한 시기이다. 신체발달은 유전요인과 성별, 영양상태, 운동 등의 환경적 요인에 의해 영향을 받는다. 인간은 생후 1년 동안 신장은 1.5배, 체중은 3배로 급격한 증가를 보인다. 태내기를 비롯하여 생후 2년간은 뇌세포도 급격히 증가한다. 2세부터 5세 사이에는 팔과 다리가 길어지고 체중보다는 키가 증가하여 조화로운 체격을 가지게 된다. 이처럼 유아기는 신체적 성장에 중요한 영향을 미치는 시기이다.

이상에서 살펴본 것처럼 인간에게도 발달에 있어 결정적 시기가 있다는 것이 여러 학자들에 의해 개념화되어 왔다. 이를 실제로 증명해 준 것은 인도에서 발견된 늑대소녀였다. 1920년 인도의 늑대 굴에서 한 소녀가 8세 정도에 발견되었는데, 그 당시 그 소녀의 식성이나 걸음걸이가 늑대와 같았으며 인간의 언어 대신 늑대 울음소리를 내고 있었다. 학자들은 이 소녀에게 인간의 말을 가르쳤으나 8년 동안 50단어 정도밖에 가르칠 수 없었다. 언어학자들은 이 소녀가 인간의 언어를 배울 수 있는 시기를 놓쳤기 때문에 아무리 가르쳐도 언어를 습득할 수 없었던 것으로 보고 인간의 발달에서 결정적 시기가 있음을 설명하였다(이은화 · 양옥승, 1998; 지옥정 외, 2008).

(2) 뇌 발달에 관한 연구

최근 뇌 과학의 발전으로 인하여 이루어지고 있는 뇌 발달에 관한 연구들에서도 인간의 뇌 발달이 급속도로 이루어지는 시기는 유아기라는 점에서 유아교육의 중요성을 강조하고 있다. 영 · 유아기에 대뇌피질의 수상돌기와 축색돌기의 연결망이 급속도로 확장되는데 적절한 환경적 자극은 연결망의 확장을 촉진시키고 뇌가 보다 더 복잡한 기능을 수행할 수 있도록 한다. 그러나 적절한 자극을 받지 못하거나 지나친 자극을 받을 때 뉴런은 오래 생존하지 못하므로 시냅스가 형성되는 결정적 시기에 환경적 자극이 제공되어야 한다는 것이다.

신경세포끼리 연결되는 시냅스의 형성은 유아가 주위환경과 갖는 경험에 의해서 일어나기 때문에 유아기의 초기 경험은 신경세포 조직망의 밀도, 복합성, 정교성과 관계가 되며, 뇌의 지식 습득 능력과 활용 능력의 기초가 된다(김옥경 · 이선옥 · 고태순 · 이현아, 2005).

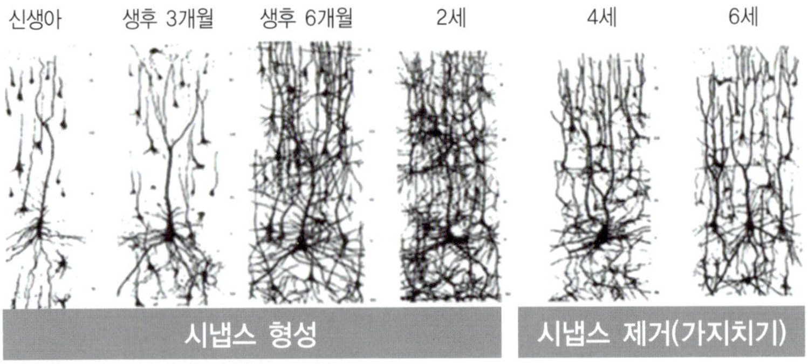

따라서 시냅스의 형성이 활발한 3세 이전의 양육경험이나 교육경험이 뇌 발달에 중요한 역할을 한다. 시냅스 연결망은 출생 시 25% 정도 형성되어 있으며 나머지 75%는 출생 후 아동이 갖는 환경과 경험에 의해 이루어진다. 시냅스 형성은 아동이 성장하면서 그 수가 많아지며 그 밀도는 복잡해지는데, 4세에 절정을 이루며 10세까지는 지속된다(Begley, 1997). 시냅스 형성 과정에서 활용이 낮은 신경세포 연결망은 차츰 소멸되어 없어지며, 환경의 경험에 의해서 강화를 받으면 받을수록 오래 남게 되고 장기기억으로 활용된다. 그러므로 양질의 경험을 반복할 때 뇌의 연결망은 강해지게 된다.

블룸(Bloom)은 1,000여 명을 대상으로 0~18세 사이의 지능발달과정을 종단적으로 분석하면서 유아기가 인간의 지적 발달의 결정적 시기라는 점을 강조하였다. 그는 17세의 지능을 100으로 볼 때, 만 0~4세에 지능의 50%가 형성되고, 만 4~8세에 나머지 50% 중 30%가 형성되며, 만 8~17세에 나머지 20%가 형성된다고 밝혔다. 즉, 유아기는 성인지능의 80%가 결정되는 중요한 발달 시기인 것이다.

헌트(Hunt, 1961)도 『지능과 환경(Intelligence and Experience)』이라는 그의 저서에서 지능은 대뇌 심층부에 조직적으로 배열된 중추작용에 기반을 둔 지적인 능력으로 중추작용의 진행과정은 정보처리과정과 비슷하다고 하였다. 그러므로 지능은 고정되어 있거나 유전자에 의해 미리 결정되어 있지 않으며, 유아에게 적합한 환경 제공으로 지능을 향상시킬 수 있다고 하였다.

이상과 같은 뇌 발달에 관한 연구결과는 유아교육에 몇 가지 시사점을 주고 있다(Begley, 1996; 1997; 2000).

첫째, 인간이 성장해서 가질 수 있는 두뇌 능력의 80%는 8세 이전에 결정된다. 이는 유아기의 양육경험과 가정환경이 중요하다는 것을 의미한다.

둘째, 인간의 지적 성장은 8세 이전에 가장 활발하게 이루어진다는 것이다.

셋째, 인간의 지능은 유전에 의해 고정적인 것이 아니라 환경에 의해 영향을 받으며 발달해 나간다.

넷째, 개인의 지능발달은 개인적 경험, 사회적 배경, 부모의 양육태도, 경제적 요인, 영양, 출생 전후의 환경 등의 변인에 따라 달라질 수 있다는 것이다. 이는 가족배경이 유전적 요소보다 개인의 지적 능력이나 교육적 성취에 더 많은 영향을 끼친다는 것이다. 여기서 가족배경이란 가족의 사회·경제적 지위뿐만 아니라 가족구성원이 유아교육에 대해 갖는 가치나 자녀교육에 대한 참여 정도를 의미하며, 이러한 요인의 중요성을 강조하고 있다.

이상에서 살펴보았듯이, 인간 발달에 있어 결정적 시기의 중요성과 뇌 발달에 관한 연구결과들은 유아교육의 중요성을 다시 한 번 강조하는 근거를 제시하고 있다고 할 수 있다.

3) 사회적 측면

유아교육의 변모와 발전은 시대적·사회적 변화와 밀접한 연관성이 있다. 미래의 시대적 요구는 곧바로 가정, 학교, 사회의 전반에 변화를 자각하고 유아교육의 방향에도 지대한 영향을 미치게 할 것이다. 여기서는 오늘날 미래의 유아교육의 방향에 영향을 줄 것으로 기대되는 주요 사회·문화적 현상들을 논의하여 보고자 한다.

(1) 복지사회 추구

유아기는 이미 앞에서도 지적했듯이 발달의 측면에서 교육적으로 중요한 시기이다. 여러 문화적 자극이 충분하지 못한 빈곤 지역이나 가정의 아이들에게 교육적으로 다양한 경험을 조기에 제공함으로써 빈곤한 환경의 악영향을 막는다는 것은 그 개인의 발달뿐만 아니라 사회적으로도 중요한 일이다.

초등학교 저학년 아동들이 교육수준에서 격차를 많이 보이고 있어 교육적 측면에서 문제가 야기되고 있는 것이 현실이다. 어떤 아이들은 취학 전에 학습에 필요한 기본 기술을 많이 익혀 들어온 반면, 어떤 아이들은 학습에 필요한 사전 경험을 전혀 하지 못하고 들어오는 경우도 있다. 이와 같은 초기의 교육적 격차는 학년이 올라갈수록 학업성취도에 많은 영향을 미치게 될 것이다. 즉, 생애 초기 가정환경과 소득 격차에 따른 기본 학습능력의 격차가 이후 누적적으로 교육격차를 발생시킨다는 것이다. 이러한 격차를 조기에 줄이기 위하여 국가적·사회적 차원에서 많은 노력을 기울이기 시작하였다.

미국의 페리 프리스쿨 프로젝트(Perry Preschool Project, 2003)에서는 유아교육에 1달러 투자 시 16.4달러의 편익이 발생한다고 보고했으며, 영국의 EPPE 프로젝트(The Effective Provision of Preschool Education Project, 2007)에서는 한 명의 유아가 유아교육기관에 다니도록 약 2,500파운드를 지원하는 것은 가난한 부모에게 약 17,000파운드를 직접 지원하는 것과 동일한 효과가 나타난다는 결과를 보고한 바 있다. 헤크만(Heckman, 2006)의 연구에서는 각 생애단계별로 투자비용을 동일하게 산정할 경우, 영유아기의 인적자원에 투자할 때 투자 대비 회수 비율이 가장 높게 나타났다. 즉, 인생의 시기 중 유아기의 교육에 투자했을 때 효용성이 높음을 밝혀주는 것이다.

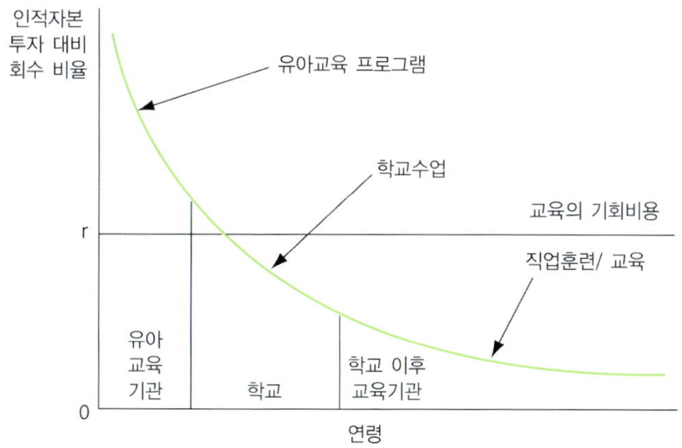

| 그림 1-5 | 교육시기별 동등 투자금 환산에 의한 인적자본 투자 대비 회수율

| 그림 1-5 | 에서 볼 수 있듯이 학교수업이나 직업훈련 시기와 비교했을 때 영유아기에 대한 교육투자가 가장 효과적이므로 각 국가들은 개인적 측면뿐만 아니라 국가 차원의 사회적 측면에서도 유아교육의 중요성을 인식하게 되었다. 영유아기는 인지·정서·사회 영역 등의 기초능력이 집중 형성되어야 하며, 이 시기의 발달 정도는 개인의 전 생애 학습에 대한 태도나 학습 능력에 크게 영향을 미치므로 생애 초기 단계인 영유아기의 교육과 보육에 대하여 국가지원이 필요하다는 것이다. 이러한 배경하에 정부는 2011년 만 5세아 교육에 대한 국가의 책임을 강화하는 「만 5세 누리과정」에 이어 2013년부터 만 3, 4세까지 누리과정을 확대 도입하게 되었다. 이를 통해 우리나라 취학 전 교육의 질을 제고하고 생애 초기의 공정한 출발선을 보장할 수 있게 되었다. 이는 결국 미래 세대를 위한 유아교육을 통해 사회적 문제의 발생을 미연에 방지하고 국가 경쟁력을 높일 뿐 아니라 나아가 빈부차이나 계층 간의 갈등, 빈곤의 세대세습을 최소화하기 위한 노력이다.

미국의 경우도 1960년대 헤드 스타트 프로그램을 시행하기 시작하였다. 이 프로그램은 저소득층 가정의 아이들을 교육적으로 지원하기 위한 것이다. 즉, 환경적인 결손으로 인하여 유아기에 적절한 교육을 받지 못하고 초등학교에 입학하여 결국 학교

생활에 성공적으로 적응하지 못하고 각종 범죄, 문제행동, 마약복용 등의 사회적인 문제를 일으켜 사회·국가적인 문제로 발전하는 것을 예방하기 위한 연방정부 차원의 유아교육 지원 프로그램이다. 헤드 스타트 프로그램의 근본 취지는 유아교육의 성패가 국가의 번영 및 사회적 안정과 직결된다는 인식에서 나온 것이다.

(2) 가족구조와 가족기능의 변화

사회체제 구성의 한 조직으로 기능하는 가족이란 성욕의 합법적 충족, 자녀 출산이라는 인간의 재생산, 자녀교육 또는 최소한의 사회화, 남녀의 성차에 기초한 경제적 협동의 네 가지 기능을 보편적으로 수행해 왔다.

현대에 와서 대가족의 형태가 핵가족으로 변화한 것은 물론이고, 자녀 수가 적은 부부중심의 핵가족이 주류가 되었다. 핵가족화로 인해 가족의 고립화가 촉진되어 가족 본래의 기능이었던 자녀양육 및 사회화의 기능이 약화되었을 뿐 아니라 가족이기주의가 만연하고, 부모역할 모델이 부족하여 부모역할에 대한 자신감과 갈등 조정 기능이 약화되어 문제가 발생하고 있으며 가족구조 또한 매우 다양하게 변화하였다.

우리나라의 핵가족화 추세는 <표 1-1>에서 보는 바와 같이 가족의 평균 가구원 수가 1970년 5.2명에서 1990년 3.77명, 2010년 2.67명, 2020년 2.3명으로 줄어든 것 또한 핵가족화의 경향을 뚜렷이 나타내고 있다.

〈표 1-1〉 연도별 평균 가구원 수 (단위 : 명)

연 도	1985	1990	1995	2000	2005	2010	2015	2020
가구원 수	4.1	3.7	3.3	3.1	2.9	2.7	2.5	2.3

출처 : 통계청(2020). 인구총조사.

이러한 핵가족화의 경향은 부모의 역할과 책임에도 변화를 가져왔다(한미라 외, 2008). 가족의 고립이 촉진되고 가족의 본래 기능이었던 자녀양육 및 사회화의 기능이 약화되었다. 비록 비취업모의 가정이라 할지라도 급변하는 사회 속에서 부모역할에 대한 자신감을 잃은 부모들은 역할 갈등을 겪거나 자녀양육 문제에 대한 사회적 도움을 원하기도 한다. 핵가족이 많아지면서 부모가 갖는 자녀양육에 대한 불안감, 부모역할에 대한 정체성 미확립, 자녀와의 갈등 발생 시 해결력 부족 등을 이유로 자녀를 유아교육기관이나 보육시설에 보내기도 한다. 따라서 유아교육기관이 가족기능을 강화시키는 역할을 담당하게 되었다. 또한 핵가족에서 부족하기 쉬운 사회적 경험의 기회, 기본생활습관 등이 가정보다는 유아교육기관에서 더 효과적이라는 인식으로 유아교육에 대한 사회적 요구가 높아지게 되었다.

(3) 여성의 사회참여 확대

현대의 산업 및 경제 구조의 변화에 따라 나타난 현상으로 여성의 직업군이 다양해졌으며 여성 노동력의 질적 향상이 이루어짐에 따라 여성 인력의 활용이 활발하게 되었다는 것이다.

여성의 교육수준이 높아지고 자아실현과 경제적 자립의 욕구가 강해졌으며 가정의 테두리 안에서 강조되던 여성의 역할이 사회적으로 확대되었다. 그 밖에도 줄어든 자녀 수, 편리한 가사용품의 출현으로 가사노동 시간의 감소 등이 여성의 경제활동 참여의 증가 요인으로 작용하였다. 이와 같이 부모 모두 자녀를 돌볼 수 없는 취업 상태에 있는 인구가 늘어나는 현상에 따라 종래 가정이 가지고 있던 교육 및 훈육적 기능이 점차 약화되고 자녀교육에 대한 책임이 부모로부터 사회로 옮겨지게 된 것이다.

1960년대 이후 대부분의 국가에서 여성의 사회진출이 현저하게 증가되었는데, 우리나라의 경우도 1963년도에 34.9%였던 것이 2012년도에는 48.4%로 증가하였다(통계청, 2012). 이처럼 여성의 사회참여 확대에 따라 유아교육에 대한 사회적 요구가 강해졌다고 본다.

연령별 여성의 경제활동 참가율을 ❙그림 1-6❙에서 볼 수 있듯이 20대 중후반의 경제활동 참여율이 60%대 이상으로 상승하다가 30대 연령층에서 50%대로 감소한다. 그 후 자녀가 어느 정도 성장한 이후 연령인 40대 여성들의 노동시장 진입이 65%

대로 활발해지다가 60대부터 정년진입과 동시에 다시 감소하는 전형적인 M자형 곡선 모양을 보이고 있다.

여성의 사회참여가 퇴보하는 시점이 30대로 나타난 점은 출산과 육아에 기인했다고 볼 수 있다. 여성 취업의 장애 요인에 대한 조사를 살펴보면 육아 부담이라고 응답한 여성이 2002년 38.8%에서 2006년 45.9%로 증가하여, '육아 부담'을 취업의 장애로 느끼는 정도가 높은 것으로 나타났다(통계청, 2012).

그러나 2020년에 들어서는 20대 이후부터 60대까지 지속적으로 경제활동 인구가 소폭씩 증가하고 있다. 이는 사회복지 차원에서 유아교육이 공교육화되고 있음을 보여준다.

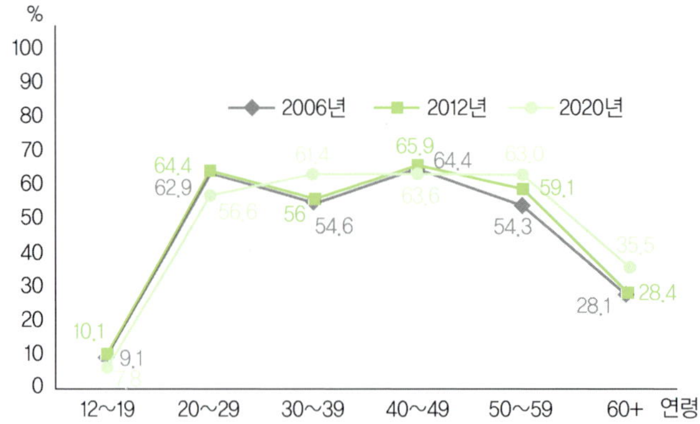

| 그림 1-6 | 연령별 여성 경제활동 참가율

출처 : 여성가족부(2020). 여성가족통계연보.

유아교육에 대한 사회적 관심과 지원 정책으로 인해 30대의 여성들이 출산과 육아 문제로 경제활동 참가율이 저하되었던 문제는 상당 부분 해소되었다. 따라서 자녀의 양육이 이제는 더 이상 개별 가정의 책임이 아니라 사회 공동의 책임이라는 의식의 확대는 국가적 차원에서 유아교육에 대한 관심을 고조시키는 결과를 가져왔다.

5. 우리나라 유아교육기관

우리나라 유아교육기관은 유치원과 어린이집의 이원화를 이루고 있다. 유아교육의 질을 제고하고, 생애 초기의 공정한 출발선을 보장하기 위하여 교육·보육과정의 국가적 책임에 근거한 누리과정을 현재 시행하고 있다. 유치원과 어린이집은 시대적·사회적 변화와 더불어 변천되어 왔고 이에 다양한 유형으로 이루어지고 있다.

1) 유아교육기관의 유형

우리나라 유아교육기관은 유치원과 어린이집으로 이원화되어 있으며 현재 대상 및 운영시간도 다양화되어 있다. 이러한 유형별 특성을 살펴보면 다음과 같다.

(1) 유치원

유아교육기관을 대표하는 명칭으로 사용되는 유치원은 독일의 프뢰벨(Fröbel)에 의하여 창시되었다. 우리나라의 유아교육법 제2조에는 "유아"라 함은 만 3세부터 초등학교 취학 전까지의 어린이를 말하며, "유치원"이라 함은 유아의 교육을 위하여 유아교육법에 따라 설립·운영되는 학교를 말한다고 명시되어 있다. 즉, 유치원은 유아교육법에 근거하여 만 3세부터 초등학교 취학 전까지의 유아의 교육을 위해 설립·운영되는 학교를 지칭하는 것이다. 따라서 유치원은 1일 3~5시간의 교육과정 운영 시간을 기본 과정으로 하고 이후 시간을 방과후 과정으로 규정하여 운영되고 있는 유아학교를 지칭한다.

유치원은 설립주체에 따라서 국·공립유치원, 사립유치원으로 분류되어 운영되고 있다. 이는 설립주체에 따라 다르며 이에 근거하여 교원 임용 절차 및 운영에 있어서도 차이를 갖는다.

① 국립유치원

국립유치원은 국가가 설립 · 경영하는 유치원을 의미한다. 국립유치원은 교육부장관의 지도 · 감독을 받으며 교육부장관 및 교육감은 유아교육을 충실히 하기 위하여 유치원에 대하여 교육과정 운영에 대한 장학지도를 실시할 수 있다.

② 공립유치원

공립유치원은 지방자치단체가 설립 · 경영하는 유치원으로 설립주체에 따라 시립유치원과 도립유치원으로 구분할 수 있다. 공 · 사립유치원은 교육감의 지도 · 감독을 받을 수 있다. 이러한 공립학교 교원의 신규 임용은 교사 임용 후보자 공개전형을 통해 이루어진다. 1990년도까지만 해도 교원의 임용은 국 · 공립 교육대학 및 사범대학의 졸업자를 우선 임용하였으나 1994년부터는 우선 임용 및 의무복무제도를 폐지하고 교원임용고사를 통해 신규 임용하도록 하고 있다.

공립유치원은 초등학교 내의 병설유치원과 초등학교에 소속되지 않고 독립된 기관으로 운영되는 단설유치원이 있다. 병설유치원은 초등학교 내 병설되어 있는 유치원으로 원장은 초등학교 교장이 겸직하여 운영되는 유치원이다. 단설유치원은 5학급 이상 단독으로 설립되어 운영하고 있는 유치원을 말한다.

③ 사립유치원

사립유치원은 법인 또는 사인(私人)이 설립 · 경영하는 유치원을 의미한다. 유치원을 설립하기 위해서는 시설 및 설비 등에서 대통령령이 정하는 설립기준을 갖추어야 하는데, 사립유치원을 설립하고자 하는 자는 특별시 · 광역시 또는 도 교육감의 인가를 받아야 한다. 그리고 또한 사립유치원을 설립 · 경영하는 자가 유치원을 폐쇄하거나 대통령령이 정하는 중요사항을 변경하고자 하는 경우에는 교육감의 인가를 받아야 한다. 사립유치원의 경우 사학의 자율성과 자주성 및 건학이념을 보장한다는 측면에서 임용의 권한을 학교 경영자에게 주고 있다. 따라서 사립유치원의 경우 원장이 운영과 교사 임용을 관장하게 된다.

(2) 어린이집

어린이집은 영유아보육법에 의하면 보호자의 위탁을 받아 영유아를 보육하는 기관이라고 볼 수 있다. 여기서 영유아라고 함은 6세 미만의 취학 전 영유아를 지칭하고 있다. 즉, 어린이집은 영유아보육법에 근거하여 설립·운영되는 기관으로 보육을 담당하는 기관이며, 영유아보육법 제2조에 따르면 보육이란 영유아를 건강하고 안전하게 보호·양육하고 영유아의 발달 특성에 맞는 교육을 제공하는 어린이집 및 가정양육 지원에 관한 사회복지서비스를 말한다.

어린이집의 유형은 설립주체에 따라서 국·공립어린이집, 사회복지법인어린이집, 법인·단체 등 어린이집, 직장어린이집, 가정어린이집, 협동어린이집, 민간어린이집으로 분류할 수 있다. 이러한 어린이집은 12시간 종일제를 원칙으로 하고 있으며 공휴일을 제외하고 연중 계속 운영하여야 한다. 보육기준 시간은 1일 12시간이나 보호자의 근로시간 등을 고려하여 조정 운영이 가능하다.

① 국·공립어린이집

국·공립어린이집은 국가나 지방자치단체가 설치·운영하는 어린이집을 지칭하는 것으로 영유아보육법 제10조 제1호에 근거하고 있다. 2018년 제3차 중장기보육기본계획에서 국공립어린이집 확충을 주된 과제로 삼고 있다. 국정과제에서는 저출산 극복의 일환으로 매년 어린이집을 대폭 확충하여 2022년까지 국·공립어린이집 이용률 40% 달성을 목표로 하고 있다(이재훈·김아름·유해미·김나영·박은영, 2018).

② 사회복지법인어린이집

사회복지법인어린이집은 사회복지사업법에 따른 사회복지법인이 설치·운영하는 어린이집으로서 영유아보육법 제10조 제2호를 근거로 한다. 지역 보육수요와 어린이집의 공급현황 등을 감안하여 지역별로 균형 있게 배치하도록 하고 있다.

③ 법인 · 단체 등 어린이집

법인 · 단체 등 어린이집은 각종 법인(사회복지법인을 제외한 비영리법인)이나 단체 등이 설치 · 운영하는 어린이집으로서 대통령령으로 정하는 어린이집을 지칭한다. 이는 법인이나 단체 등이 비영리적 목적으로 설치 · 운영하는 어린이집으로서 사회복지법인어린이집과 더불어 법인이 어린이집의 대표를 담당한다.

④ 직장어린이집

직장어린이집은 사업주가 사업장의 근로자를 위하여 설치 · 운영하는 어린이집이다. 직장어린이집은 국가나 지방자치단체의 장이 소속 공무원 및 국가나 지방자치단체의 장과 근로계약을 체결한 자로서 공무원이 아닌 자를 위하여 설치 · 운영하는 어린이집을 포함한다. 영유아보육법 제10조에 의하면 대통령령으로 정하는 일정 규모 이상의 사업장의 사업주는 직장어린이집을 설치하여야 하며, 사업장의 사업주가 직장어린이집을 단독으로 설치할 수 없을 때에는 사업주 공동으로 직장어린이집을 설치 · 운영하거나, 지역의 어린이집과 위탁계약을 맺어 근로자 자녀의 보육을 지원하여야 함을 명시하고 있다.

⑤ 가정어린이집

가정어린이집은 개인이 가정이나 그에 준하는 곳에 설치 · 운영하는 어린이집으로 영유아보육법 제10조 제5호를 근거로 한다. 가정어린이집의 명칭은 "○○어린이집"으로 한다.

⑥ 협동어린이집

협동어린이집은 보호자 또는 보호자와 보육교직원이 비영리 조합을 결성하여 설치 · 운영하는 어린이집으로서 영유아보육법 제10조 제6호를 근거로 한다. 출자는 조합원의 약정에 따라 금전, 기타 재산 또는 노무로 할 수 있고, 조합원은 아동보육의 필요성이 없게 되거나 기타 조합계약으로 정하는 시기에 탈퇴할 수 있으며, 출자금은 탈퇴 당시 조합의 재산상태 및 지분에 의한다. 보육시설 운영의 통상 사무는 시설장이 전임하고, 주요 사항은 조합원 과반수 이상의 찬성으로 결정한다.

⑦ 민간어린이집

민간어린이집이란 이상의 유형에 해당하지 않는 어린이집으로서 영유아보육법 제10조 제7호를 근거로 한다. 어린이집의 경우 유형에 따라 보육하는 인원에 차이가 있을 수 있다.

〈표 1-2〉 **유치원과 어린이집의 비교**

	유치원	어린이집
관련법규	유아교육법	영유아보육법
관할부처	교육부	보건복지부
정 의	1. "유아"란 만 3세부터 초등학교 취학 전까지의 어린이를 말한다. 2. "유치원"이란 유아의 교육을 위하여 이 법에 따라 설립·운영되는 학교를 말한다. 3. "보호자"란 친권자·후견인 그 밖의 자로서 유아를 사실상 보호하는 자를 말한다. 4. "방과후 과정"이란 제13조 제1항에 따른 교육과정 이후에 이루어지는 그 밖의 교육활동과 돌봄활동을 말한다.	1. "영유아"란 6세 미만의 취학 전 아동을 말한다. 2. "보육"이란 영유아를 건강하고 안전하게 보호·양육하고 영유아의 발달 특성에 맞는 교육을 제공하는 어린이집 및 가정양육 지원에 관한 사회복지서비스를 말한다. 3. "어린이집"이란 보호자의 위탁을 받아 영유아를 보육하는 기관을 말한다. 4. "보호자"란 친권자·후견인, 그 밖의 자로서 영유아를 사실상 보호하고 있는 자를 말한다. 5. "보육교직원"이란 어린이집 영유아의 보육, 건강관리 및 보호자와의 상담, 그 밖에 어린이집의 관리·운영 등의 업무를 담당하는 자로서 어린이집의 원장 및 보육교사와 그 밖의 직원을 말한다.
이용 대상	만 3~5세	0~만 6세
교육·보육 내용	2019 개정 누리과정	표준보육과정(만 0~2세) 2019 개정 누리과정(만 3~5세)
교사자격 양성과정	유치원 1, 2급 정교사 전문대학 이상 학과제(유아교육과)	보육교사 1, 2, 3급 고졸 이상, 학점제(51학점 이상)
운영 시간	3~5시간 기본과정, 방과후 과정(선택)	12시간, 시간 연장제(선택)

2) 유아교육기관의 변천

우리나라에 형식적 유아교육기관이 설립된 것은 1910년대 이후로 약 100여 년의 역사를 지니고 있다. 개항 이전에도 유아들을 위한 형식적 학교제도는 없었지만 뚜렷한 교육적 가치관, 교육실천은 이루어지고 있었다. 그러나 형식적 형태의 유치원과 어린이집의 형성과정을 살펴보는 것은 현재 유아교육을 이해하는 기초를 제공할 것이다.

(1) 유치원

우리나라 유치원의 역사는 시대적 변화와 요구에 따라 다양한 변혁의 과정을 거쳐왔다. 이러한 역사적 변화를 살펴보면 다음과 같다.

① 초기 설립 시기

우리나라 유치원의 역사는 1897년부터 조선에 거주하는 일본인 고급관료와 부잣집 자녀를 위해 부산 서구에 세워진 '부산유치원'을 시설적 측면에서는 최초라고 보는 입장이 있다. 그러나 '부산유치원'은 국내에 설립된 유치원이기는 하나 일본인 자녀를 위해 일본인 교사가 교육을 한 것으로 우리나라 유치원으로서는 인정되지 못하고 있다. 이후 한국인을 위해 최초로 설립된 유치원은 '경성유치원'이다. 그러나 이 또한 일본에 동조하는 특수계층의 자녀를 대상으로 한 일본인 동화훈련이 목표였으므로 진정한 의미의 한국인을 위한 교육기관으로 보기는 어렵다.

우리나라 최초의 유치원은 일반적으로 1914년 선교사 브라운 리(Brown Lee)가 세운 '이화유치원'으로 볼 수 있다. 한국 어린이를 위한 최초의 유치원으로 오랜 역사를 가지고 있으며, 오늘날 이화여자대학교 사범대학 부속유치원으로 이어지고 있다.

1922년 2월 4일에 공포된 조선교육령은 1949년 교육법이 제정 공포되기 이전까지의 유일한 우리나라 유치원 관련 규정이었다.

② 과도기 시기

광복 이후 1948년에 대한민국 정부가 수립되고, 1949년 12월 31일 법률 제86호로 교육법을 공포하였다. 이 중 제146, 147, 148조가 유치원에 해당하는 조항으로 유치원의 교육 목적, 목표, 방법, 유치원의 유형, 설립인가, 교원의 임무 등을 규정하며, 교육대상을 만 4세부터 초등학교 취학 전까지로 규정하고 있다. 이와 같은 유치원 관계규정이 세워지면서 유치원 설립 확대 계획이 있었으나 6·25전쟁으로 무산되었다.

③ 유치원 교육과정 제정 시기

1969년 문교부령 제207호에 의해 최초의 「유치원 교육과정령」이 공포되었고 이를 통해 유아교육과정을 국가수준에서 구성하여 유아교육의 틀을 잡는 기초가 되었다. 1970년대 조기교육의 성황에 따라 국민의 유아교육에 대한 열기가 고조되었고, 1976년에는 부산과 서울에 공립유치원이 설립되었으며 유치원 교육의 공교육화 움직임이 시작되었다. 1980년 제5공화국 출범 시 유아교육이 정부시책으로 채택되었으며, 1982년에는 유아교육진흥법에 근거하여 유아교육의 양적 확대와 질적 개선을 위한 방안을 내놓았다.

1990년대에 들어서 유아교육에 대한 관심이 급증하면서 1992년부터 만 3세 유아의 유치원 입학이 가능하게 되었고, 1995년부터는 유치원 종일반 운영이 공식적으로 가능하게 되었다. 이러한 유아교육에 대한 사회적 요구와 관심이 증가하고, 유아교육에 대한 지원체제의 필요성에 근거하여 2004년에 유아교육법이 제정되었고, 이를 계기로 하여 유치원의 설립 및 운영이 유아교육법에 근거하여 이루어지게 되었다.

유치원 교육과정은 1969년 제 1차 유치원 교육과정을 시점으로 1998년 제6차 유치원 교육과정에 이르기까지 개정되었고, 2007년도에는 2007년 개정 유치원 교육과정으로 개정되기에 이르렀다.

④ 누리과정의 시기

우리나라 유아교육에 대한 논란의 중심에는 세계 최저 수준의 저출산이라는 문제와 유아기에 대한 국가적 투자에 대한 요구가 있다. 이러한 배경하에 2011년 5월 2일, 교육과 보육에 대한 국가의 책임을 강화하기 위해 「만 5세 공통과정」을 시행하고자 함을 발표하였고, 이에 근거하여 「5세 누리과정」을 2012년 3월부터 시행하였다. 누리과정은 유치원과 어린이집의 모든 만 5세 유아에게 공통적으로 적용할 수 있는 공통과정으로 개발되었다.

2012년 3월부터 시행되었던 5세 누리과정은 만 3, 4세까지 확대 도입됨에 따라 「3~5세 연령별 누리과정」이 고시되었다. 이에 근거하여 2013년 3월부터 유치원과 어린이집의 만 3세, 4세, 5세를 대상으로 한 누리과정이 전면 시행되었다. 이후 2019년 누리과정이 개정되면서 2020년부터 유아놀이 중심의 교육과정이 전면적으로 시행되고 있다.

(2) 어린이집

어린이집의 변천은 우리나라 보육정책이 어떻게 변화, 발전해 왔는가에 대해 법과 제도를 중심으로 4단계로 나누어 제시하고자 한다.

① 법 제정 이전 시기

우리나라의 보육사업의 시초는 일반적으로 1921년 태화기독교사회관에서 빈민아동을 위한 구제사업의 일환으로 탁아 프로그램을 개설한 시점으로 보고 있다. 이렇게 보육은 1920년대에는 빈민지역이나 취업여성의 자녀를 일정한 기간 동안 맡아서 돌보아 주는 탁아소의 형태로 시작되었다. 태화기독교사회관은 빈민아동이나 사회적 소외 계층에 대한 사업을 실천함으로써 초기 보육의 실천적 사례를 제시하였다. 이후로도 보육은 선교사나 교회교육, 빈곤 가정에 대한 사회적 운동 등과 연계하여 이루어졌다. 즉, 보육사업의 시작은 빈민아동을 위한 탁아사업으로 시작하게 된 것이다.

② 아동복리법의 시기

우리나라 보육의 문제가 복지적 측면에서 시작될 수 있었던 근거는 1961년에 제정된 아동복리법이라고 볼 수 있다. 이는 보육시설의 설치기준, 직원배치기준, 보육시간, 보육내용을 법적으로 규정하면서 보육사업의 본격화를 이끌었다. 특히 이 시기의 전쟁고아 및 가난이라는 사회적 문제와 더불어 경제발전의 과제를 해결하고자 하는 사회적 관심이 부각되었으며 이를 통해 탁아 공급 부족을 해결하고자 하였다. 그동안 탁아소의 형태로 운영되던 보육기관을 어린이집이라는 이름으로 바꾸게 되었다.

③ 아동복지법 · 유아교육진흥법 시기

1980년 제5공화국이 들어서면서 정부의 주요 개혁시책 중의 하나로 유아교육 사업이 채택되면서 1981년 4월 31일에 아동복리법이 아동복지법으로 전면 개정되었으며 탁아사업도 이를 근거로 실시되었다. 1982년에는 유아교육진흥법을 제정하여 기존의 어린이집, 새마을협동유아원 및 농번기 탁아소를 새마을 유아원으로 흡수 · 통합하여 운영하였다. 새마을 유아원은 초등학교 취학전 유아의 교육과 보호를 동시에 충족시키는 시설로서 저소득층 취업모의 자녀를 위한 탁아기능을 담당하기 위해 전국으로 확대되었다.

그러나 새마을 유아원은 여러 가지 면에서 실행의 한계에 직면하게 된다. 새마을 유아원은 내무부가 설치 및 운영, 행정지도를 담당하고 있었고, 급식 및 보건은 보건사회부, 교사양성이나 장학지도는 문교부가 맡고 있었다. 이러한 관할부처의 다양화가 가져온 폐단과 더불어 운영 특성의 모호함으로 관리 소홀 및 혼돈의 문제가 발생하기에 이르렀다.

④ 영유아보육법 시기

이러한 탁아사업이 분산되고 다원화된 문제 가운데 체계적 관리가 힘들었다는 점과 급변하는 사회에서 보육의 문제를 가정의 문제가 아니라 사회적 문제로 인식해야 한다는 요구가 급증하면서 새로운 보육에 대한 해답을 요구하기에 이른다. 이러한 사회적 요구와 학계의 다각적 요구에 근거하여 1991년 영유아보육법이 제정·공포되기에 이르렀다. 보육사업에 대한 독립 법안의 마련은 보건복지부로 관할 부처를 통일하여 설치 및 운영을 체계적으로 지원하는 근거가 되었다. 영유아보육법 이후 보육시설은 양적 성장을 거듭하여 급속도로 확대 생산되었다. 그러나 보육시설의 확대에도 불구하고 질적 관리가 부족하다는 논의를 거쳐 개정되었고, 현재는 '어린이집'이라는 명칭으로 '유치원'과의 일관적인 질적 성장을 위해 노력하고 있다.

또한 2006년 영유아보육법 시행규칙 개정을 통해 표준보육과정을 마련함으로써 영유아가 건강하고 안전하며 바르게 생활하는 데 필요한 내용과 신체, 사회, 언어, 인지, 정서 등 전인적 발달을 위해서 영유아가 갖추어야 할 지식, 기술, 태도를 제시하여 보육의 질을 높이고자 하였다.

chapter 02

유아교육 사상과 철학

chapter

02 유아교육 사상과 철학

1. 유아교육 사상과 사상가

유아교육의 역사와 변천에는 인간과 유아, 그리고 교육에 대한 이해의 변화가 철학적 기반으로 깔려있다. 서양의 유아교육 사상은 크게 시대적으로 고대사회, 중세사회, 근대사회, 20세기 이후로 볼 수 있는데 이에 대하여 살펴보고자 한다.

1) 고대

유아교육의 뿌리가 되는 사상적 기반을 찾아 거슬러 올라가다 보면 고대 그리스의 여러 철학과 사상을 발견할 수 있다. 이러한 유아교육의 사상에 기반이 되었던 고대사회의 대표적 사상가인 플라톤과 아리스토텔레스를 소개하면 다음과 같다.

(1) 플라톤(Platon, B.C. 427~347)

아테네의 귀족이었던 플라톤은 소크라테스를 만나면서 그에게 매료되어 소크라테스가 부당한 판결로 처형을 당할 때까지 모든 것을 버리고 스승으로 따랐다. 소크라테스의 시대에 태어난 것을 신에게 감사한다고 할 정도로 소크라테스를 존경하였을 뿐 아니라 자신의 철학적 사상에서도 소크라테스의 가르침을 체계화하려는 노력이 있었다. 또한 유럽 최초의 대학인 아카데미아를 설립하였고, 그의 철학적 가르침의 배경이 되었으며 우수한 제자들을 육성하였다.

플라톤은 절제와 용기, 지성, 정의의 덕이 지배하는 정의로운 국가를 그린 『국가론』에서 어린 시기의 교육의 의미와 놀이의 중요성을 강조하였다. 인간의 이성적 부분의 덕에 해당하는 지혜, 정욕적 부분을 조절하는 덕에 해당하는 절제, 이성의 명령에 따르는 기개의 덕에 해당하는 용기를 통해 사회 전체의 윤리설을 주장하였다.

플라톤 철학의 핵심개념은 이데아(Idea)라는 개념으로서 현실에서 발견될 수 없는 영원불변의 참된 존재를 의미한다. 세상은 불완전한 현상으로 나타나기 때문에 현실에서 정확하게 드러날 수 없으므로 결국 이성을 통해서 알 수 있다고 보았으며 이러한 것이 이상주의(Idealism) 또는 관념론으로 제시된다. 플라톤은 『국가론』에서 동굴의 비유를 통해 동굴 안의 사고는 그림자에 불과한 편견이 있을 수 있다고 보면서 참다운 앎에 대해 설명하고자 하였다. 이러한 사상적 기반에 따라서 플라톤은 만물의 근원인 선의 이데아를 파악하는 것을 교육의 목적으로 보았고, 유아기에 내적 덕의 교육이 이루어져야 한다고 주장하였다.

또한 플라톤은 금, 은, 동의 세 가지 인간 본성을 분류하고 그 본성에 맞도록 직업을 가질 때 정의로운 국가가 이루어질 수 있다고 보았다. 즉, 적성과 본성에 맞는 교육의 중요성이 제시되었고, 유아기 교육방법적 측면에서 강제적 학습이 아니라 어린 시기의 성향과 덕이 나타날 수 있도록 놀이를 통하여 교육되어야 함을 강조하였다.

특히 유아기는 정신과 성격의 형성에 중요한 시기로서 이야기나 동화, 음악, 미술, 체육 등으로 영혼에 도움이 되는 덕성의 교육이 이루어져야 한다고 주장하였다.

(2) 아리스토텔레스(Aristoteles, B.C. 384~322)

플라톤의 제자였던 아리스토텔레스는 플라톤의 이상주의(Idealism)에 대해 반기를 들면서 정신과 육체를 통합적으로 인식하고, 자연탐구를 중시하는 실재론자로서의 길을 걷게 되었다. 아리스토텔레스는 교육의 목적이 사람들이 행복한 삶을 살게 하는 것이며, 특히 유아기에 이러한 덕성과 행복을 추구하는 습관을 가지도록 하여야 함을 강조하였다. 유아기는 인생의 기초가 형성되는 시기로서 좋은 습관을 가지도록 건강과 섭생에 유의하여 신체단련이 있어야 하며 교육의 방법으로 강제적 훈련보다 놀이와 적절한 교육환경 등을 중시하였다.

아리스토텔레스는 국가 위주의 교육을 강조하였기 때문에 교육적인 문제를 다루는 학문이 '정치학'이며 국가가 기관을 설립해서 유아기 교육을 담당해야 한다고 주장하였다. 또한 가정과 부모교육의 중요성과 유희를 통한 교육 방법에 대한 중요성을 강조하였다.

관념론적 이상주의였던 플라톤에 반해 아리스토텔레스는 경험론적 현실주의자로 불리는데 사물의 본질이 이데아라는 사물과 분리된 세계에 있는 것이 아니라 사물 개개 속에 내재되어 있다고 보았다. 따라서 실재하는 사물 속에서 본질과 원리를 발견하려는 접근을 취하였다. 또한 교육의 목적이 이성적 능력을 계발하여 덕을 획득하는 것이라고 주장하였는데 단지 유아기는 신체적 건강을 중심으로 가정에서 양육되어야 함을 강조하였다.

2) 중세

중세시대의 전기는 기독교 사상의 영향으로 종교적 성격이 강한 교육 특성을 가지고 있었다. 특히 신앙활동과 더불어 교육활동을 병행하는 학교 체제가 들어섰다. 중세시대의 교육기관의 유형을 보면 초등교육의 성격을 가졌던 문답학교가 있었는데 이는 초신자 교육의 성격을 가지고 운영되었고 고급문답학교는 교사양성을 위한 목적으로 운영되기도 하였다. 고등교육의 성격을 가지고 있었던 본산학교는 귀족 자제의 교양교육이나 성직자 양성을 위해 문답학교보다는 전문적 지식이 더 강조되는 학교였다.

또한 중세시대의 대표적인 학교인 수도원학교는 보통 수도원의 부속학교로서 전문적 학문 연구의 본산지로 귀족 자제의 교양교육이나 성직자 양성을 담당하였다. 수도원학교는 문법, 수사학, 변증법의 3학과 더불어 산수, 기하학, 천문학, 음악의 4과를 포함하는 7자유과를 가르쳤다. 중세사회는 종교가 정치, 문화, 사회에 영향을 미치는 시대로서 아동을 성인의 축소판으로 여기며 종교에 기초한 유아교육관이 이루어진 시대였다. 따라서 유아는 성인과 같은 교육적 접근에 기초하여 때때로 절제와 놀이에 대한 규제가 있었다.

따라서 유아교육에 있어서 놀이가 악마의 유희라고 보는 접근으로 놀이활동의 규제와 통제가 있었다. 더불어 훈육의 필요성이 강조되면서 신사숙녀로서 기본적 예절을 중시하고, 경건한 인간으로서의 변화를 지향하는 현상이 있었다. 성 바실(Saint Basil)은 천국에 갈 영혼을 키우기 위해 세속적인 것에서 벗어나도록 하는 것을 교육의 목적이라고 보았으며, 보베(Beauvais)는 힐책과 체벌 등의 벌을 통한 훈련을 강조하기도 하였다. 물론 유아기의 교육의 중요성을 강조한 경우도 있었다. 에라스무스(Erasmus)는 조기교육을 중요시하여 2세까지는 가정교육, 2세에서 6세까지는 교사교육이 이루어져야 한다고 하였으며, 6세에서 8세에 이르기까지는 언어교육의 시기라고 보았다.

아우구스티누스(Aurelius Augustinus, 354~430)는 기독교 원리에 기초하여 참된 행복이 현세보다 다른 세계인 미래에서 이루어질 수 있다고 보고 은혜와 구원을 받기 위해 원죄 속에서 발견되는 욕망을 절제하며, 이를 위해 어린 시기부터 교육이 필요하다고 보았다. 이러한 관점은 중세시대에 주요한 영향을 미치게 되었고, 이러한 특성으로 인해 중세 유아교육은 훈육이나 통제를 강조하게 되었다. 그러나 유아기부터 신의 은총을 받고 자신의 욕망을 절제할 수 있도록 도와야 한다는 필요성에 기초하여 유아기부터 교육이 이루어져야 한다는 중요성이 강조되기도 하였다.

3) 근대

이러한 유아교육에 대한 중요성에 대한 인식은 퀸틸리아누스(Quintilianus), 에라스무스(Erasmus) 등을 통해 유아기 교육 방법에 대한 논의에서도 드러난다. 그러나 그 후 본격적으로 유아기 교육에 대한 관심이 증폭된 것은 17세기 자연 과학의 등장으로 나타난 실제론적 교육철학인 사실주의 영향에 근거한다. 이를 대표하는 학자들은 로크(Locke), 코메니우스(Comenius), 루소(Rousseau), 페스탈로치(Pestalozzi) 등이다.

20세기 초 교사중심적, 교과중심적 교육에 대한 반성으로 부각된 것이 진보주의적 교육사조이다. 이러한 진보주의는 실용주의와 아동중심적 교육관에 근거하는데 이는 지식이나 진리를 변화하는 것으로 보고, 실재란 영원하지 않으며, 변한다고 보았다. 따라서 진리와 가치도 변화하는 조건에 적응할 수 있도록 해야 하는 것이라고 본다. 이러한 진보주의적 교육을 주장한 대표적인 사람으로 듀이(Dewey), 킬패트릭(Kilpatrick) 등을 들 수 있다. 근대의 유아교육의 대표적 사상가들을 살펴보면 다음과 같다.

(1) 루터(Martin Luther, 1483~1546)

16세기에 접어들면서 형식적 교육이 이루어지기 시작한 계기의 중심에는 루터(Luther)가 있다. 루터는 로마 가톨릭 교회의 면죄부 판매를 비판하면서 1517년 비텐베르크 대학교 교회 문에 95개 논제를 게시하였는데, 이것이 종교개혁의 시작이 되었다. 루터가 종교개혁 당시에 시의회에 보낸 편지에서 교육에 대한 정부의 책임을 강조하였다.

루터는 공적 의무교육이 개인과 사회의 선을 위해 필요함을 주장하였고, 이러한 면에서 교육의 확대나 여성교육의 중요성을 주장하였다. 특히 라틴어가 아닌 모국어 교육의 중요성 및 자국 언어의 성경 번역 등을 주장하였고, 이는 성직자 중심의 교육이 아닌 보편교육으로 나아가는 실천적 배경이 되었다. 개인과 사회의 선을 위해 학교교육을 주장한 측면이나 남성과 여성 모두에게 교육이 필요함을 주장한 것은 형식적 교육이 보편화되는 계기를 마련한 것이다. 루터는 종교개혁자이면서 학교교육의 확대에 영향을 미치게 되었고, 아동교육에 대한 관심을 촉발시키는 계기를 제공하게 되었다.

(2) 코메니우스(John Amos Comenius, 1592~1670)

체코슬로바키아의 교육 사상가이기도 한 코메니우스는 성직자로서 교육개혁에 큰 영향을 끼친 인물이다. 인간은 하나님의 형상으로 태어났으며, 교육은 인간 본성의 자연적 순서에 따라 진행되어야 한다는 신념을 가지고 있었다.

코메니우스는 『대교수학』에서 인간의 삶과 거주처를 '어머니의 배', '지구', '하늘나라'라고 보고, 하나님과 더불어 영원한 행복을 누리는 것을 교육의 목적이라고 보았다. 인간의 지식,

덕성, 신앙을 길러주는 것이 교육이어야 하는데, 인격의 형성은 어린 시절부터 이루어질 수 있도록 함께 교육되어야 한다고 주장하였다. 또한 교육의 원리는 자연의 질서가 가르치는 기술의 지배적 원리라고 보았고, 교육에 있어서 실물을 통한 감각교육 및 시청각 교육의 방법적 기초를 강조하였다.

그리고 코메니우스는 각 시기에 맞는 교육으로서 어머니 무릎학교(출생~6세), 모국어 학교(7~12세), 라틴어 학교(13~18세), 대학 및 외국어여행(19~24)이라는 4단계 교육을 제시하였다. 첫 단계로 제시한 '어머니 무릎학교 단계'는 유아기 교육의 중요성을 강조하였을 뿐 아니라 어머니의 역할에 대해 설명하고 있다. 특히 어린이들을 위한 최초의 그림책으로 평가받는 『세계도회』는 유아기 교육의 방법적 특성에 대한 그의 관점을 보여주는 것이다. 즉, 코메니우스는 인간 발달 단계에 따른 교수방법과 교육제도를 강조하면서 유아기 교육의 중요성을 제기하였다.

(3) 로크(John Locke, 1632~1704)

로크는 자신의 경험철학에 근거해 백지설을 주장하면서 경험주의 사상가로 경험철학을 창시하였다. 백지설에 따르면 인간은 백지상태로 출생하여 후천적 경험에 의해 모든 관념이 획득된다고 보고 있다. 즉, 후천적 교육에 입각하여 인간 발달과 변화가 이루어진다고 보았기 때문에 학습 환경의 중요성을 강조하게 되었다. 로크는 관념이 실재를 보증할 수 없으며 전적으로 경험으로 인해 인식에 이를 수 있다고 보았다. 합리론자들은 사물의 본질, 실재성을 관념이 드러낸다고 보는 반면 로크는 관념은 경험을 통해 얻어지는 것으로 외적 경험의 감각이 내적인 반성으로 이어져 관념으로 이어지는 것이 인식이라고 하였다.

그의 교육사상은 인간의 정신 능력을 경험에 의해 계발할 수 있다고 봄으로써 교육의 필요성과 교육방법론에 지속적인 영향을 미치게 되었다. 그러나 경험에 대한 지나친 강조는 인간 발달에 대한 후천적 영향력을 강조함으로 인해 인간을 수동적 존재로 파악하고, 구조적 경험을 강조하는 문제가 있다는 지적 또한 이어져 왔다.

(4) 루소(Jean Jacques Rousseau, 1712~1778)

루소는 자연주의 교육사상의 대표적 사상가로 자연성을 강조하는 교육을 주장하였다. 그의 자연주의 교육사상은 『에밀』에 잘 나타나 있다. 여기서 드러나는 인간관은 선하게 성장하려는 선천적 경향성을 가진 존재이다. 중세시대를 이어온 '성인의 축소판'으로서 유아를 바라보는 관점을 거부하고 유아가 가지고 있는 선천적 선을 자연적 시간표에 의해 발전하도록 돕는 것이 중요함을 강조하였다. 『에밀』에서는 교육단계를 동물적 인간(유아기), 야만인(아동기), 로빈슨 크루소적 인간(소년기), 사고하는 인간(청년기), 사회인(성인기)의 5단계로 구분하여 설명하고 있다.

이러한 자연주의적 가치관은 인간 발달의 자연적 시간표를 중시하고, 유아기 발달에 적합한 자연적 성장 발달을 강조하였다. 이는 유아의 감각과 직관을 중심으로 한 교육과 놀이의 중요성이 강조되는 계기가 되었다.

(5) 페스탈로치(John Heinrich Pestalozzi, 1746~1827)

페스탈로치는 스위스 교육자로서 루소의 영향을 받아서 자연주의 전통에 근거해 유아의 본성에 따라 양육하는 교육적 방법을 실천하고자 했던 사상가이다. 교육은 정신적 · 도덕적 · 신체적 조화로 전인적 발달을 향해 나아가는 것이 목적이라고 보았다. 또한 인간의 정신적 내면력을 3H인 정신(Head), 심정(Heart), 기술(Hand)로 구분하여 이들의 조화로운 발달을 교육의 원리로 하여 자연의 법칙에 따라 아이가 스스로 적합한 내용을 자발적으로 익히도록 해야 함을 주장하였다.

페스탈로치는 빈민교육, 고아교육, 노작교육, 가정교육을 통해 사회개혁이 가능함을 주장했을 뿐 아니라 사랑을 실제로 실천하고자 했던 교육자였다. 가정은 가장 좋은 자연의 장이며, 부모는 자연의 교사라고 보고 부모의 역할을 강조한 바 있다.

(6) 프뢰벨(Friedrich Fröbel, 1782~1852)

세계 최초의 유치원 창시자로 불리는 프뢰벨은 독일의 대표적 유아교육 사상가로서 불우한 유년기를 보내다가 산림감독관, 건축사 등의 다양한 시도들을 하게 되었다. 그러다가 페스탈로치의 사상적 견해를 따르는 프랑크푸르트의 한 학교에서 교사 경험을 하게 되고, 가정교사로서 경험을 하면서 자신의 교육적 사상을 세워나갔다. 프뢰벨은 결정학(結晶學)을 공부하였고, 1814년 베를린대학교에서 광석박물관의 관장이 되기도 했지만, 2년 후 튀링겐의 그리스하임이라는 마을에서 '일반 독일 교육연구소(Universal German Educational Institution)'라는 학교를 설립했다. 1년 후 학교는 케일하우 근처로 옮겨 지속적으로 연구와 논문을 발표하였으나 '선동의 근원지'라는 혐의로 1832년 프뢰벨의 직접적 감독권을 박탈했다.

그 후 스위스에 있다가 5년 뒤 독일로 돌아와 1837년에 블랑겐부르크에서 '아동의 양육 활동강습소(Child Nurture and Activity Institute)'라는 유아학교를 세웠는데 후에 '유치원(Kindergarten)'이라는 정식 이름으로 고쳐졌다. 그러나 프뢰벨은 프로이센 정부로부터 위험 인물이라는 혐의를 받아 1851에서 1860년에 유치원 교육을 금지당하게 되었고, 이후 학자와 전문가들 사이에서 다양한 구명운동이 일어나서 세계적 지원을 받기에 이르렀다. 마렌홀츠 빌로브 남작부인은 튀링겐의 마리엔탈에 프뢰벨이 설립한 유치원을 보고 감동을 받아 영국과 전 유럽에 유치원을 세우게 되었다. 프뢰벨의 교육 원리는 플라톤의 영향을 받아 이상주의와 상징주의를 기초로 하였으며, 코메니우스, 루소, 페스탈로치의 사상 등에도 영향을 받았다.

프뢰벨의 기본 교육 개념은 '통합의 개념'이라고 볼 수 있다. 즉, 신과 인간과 자연의 불가분의 관계를 주장하는데 만물에는 하나의 영원한 법칙이 깃들어 있어 작용하는데, 그 작용에는 반드시 통일자가 존재할 수밖에 없으며 이 통일은 곧 만물의 근원인 신이라고 보는 것이다. 따라서 세상의 만물은 신의 조화이며 교육의 궁극적 목적은 이러한 신, 인간, 자연의 통합을 이해하는 것이라고 보는 '통합의 개념'을 제시하게 되었다. 여기서 교육의 원리로 통일의 원리, 발달의 원리, 자기 활동의 원리, 행동의 원리(노작의 원리), 사회화의 원리를 제시하였다. 프뢰벨에 의해 이루어진 교육과정은 유아의 본성과 세계관에 기초한 그의 '통합'의 개념이 잘 나타나 있다. 교육의 목적을 신, 인간, 자연의 통합으로 보고 있었기 때문에, 교육의 궁극적 목적은 신, 인간과 자연의 통합을 이해하는 것이라고 주장하였다.

그의 유치원 교육과정의 기본 요소는 은물, 작업, 게임과 노래, 자연학과 언어, 수교육이었다. 은물은 부분이 모여 전체적 통합을 경험하도록 고안된 상징적 학습 교구이다. 프뢰벨은 이러한 교수방법을 통해 유아가 가지고 있는 내면적 힘을 기르는 창조적 자기 활동을 하는 과정을 중요하게 보았다.

(7) 오베르랑(Jean Frederic Oberlin, 1740~1826)

프랑스 사상가이자 목사인 오베르랑은 신학을 공부하여 1767년 프랑스 동부 보주(Bosges)의 작은 마을 발더바흐(Ban-de-Roche)의 목사로 부임하게 되었다. 오베르랑은 그 지역의 가난한 교구민들이 영적으로나 물질적으로 풍요롭게 살도록 돕기 위해 농업협동조합을 설립하였고, 교육의 개혁을 시도하게 되었다. 마을마다 초등학교, 중간학교, 성인학교라는 7세부터 16세까지의 아이들을 대상으로 한 학교를 세우게 되었다.

1770년에는 이어서 유아들을 보호하는 탁아기관의 형태였던 '편물학교'를 설립하게 되었는데 이는 1840년에 설립된 프뢰벨의 유치원보다 70년이나 앞선 시설로 프랑스뿐만 아니라 유럽 최초의 유치원이라고 불리고 있다. 이 편물학교는 3세 이상의 취학 전 유아와 수업시간 외에 필요를 가진 아동을 대상으로 신앙, 학습, 놀이를 지원하면서 부모가 일을 하는 동안 유아를 보호하는 역할을 맡았다. 그러나 소극적 보호의 차원이 아니라 프랑스어 학습, 찬송 및 성경 학습, 관찰이나 그림, 지리 등을 포함하였고, 놀이와 더불어 바느질하는 방법이나 뜨개질 등의 활동도 이루어졌다.

(8) 오웬(Robert Owen, 1771~1858)

로버트 오웬은 1771년 영국 중부 웨일즈의 한 마을에서 태어났는데 10세 때 직조공장에서 노동생활을 하게 되면서 고용주의 배려로 독서의 기회를 가지게 되었다. 이후 19세에 맨체스터에 있는 대규모 면직공장 지배인이 되었고, 1800년에 뉴라나크에서 큰 공장의 경영을 맡게 되면서 자신이 가지고 있던 교육에 대한 생각을 실천하게 되었다.

영국의 교육 개혁 운동가인 오웬은 영국에서 뉴라나크(New Lanark) 방직공장을 경영하면서 공상적 사회주의 입장으로 자신의 교육관을 실천하였다. 그 당시 6세에서 7세 정도였던 아동의 노동연령을 10세 이상으로 제한하고, 10세 미만인 아동들이 부속학교에 입학해 교육을 받을 수 있도록 하였으며, 그의 교육관이 포함된 『신사회관』을 출판하기도 하였다. 이러한 그의 교육사상에 기초하여 1816년에 방직공장 내에 최초의 유아학교(infant school)인 '성격형성학원'을 창설하였다.

인간형성의 책임을 개인에게 맡기고 환경의 역할을 간과하는 것은 교육의 근본적 문제라고 보고, 인간의 본성을 해치지 않고 합리적 성격까지 형성하는 사회 환경의 역할을 강조하였다.

4) 현대

(1) 듀이(John Dewey, 1859~1952)

존 듀이는 미국의 철학자로서 실용주의 철학 분야를 창시한 한 사람이자 교육사상가로서, 기능주의 심리학 분야를 개척하였다. 미시간대학교에서 철학과 심리학을 강의하기도 하였고 1894년 시카고대학교 철학교수가 되면서 연구성과를 내고 대외적 명성을 얻기 시작하였다. 시카고대학교에서는 그의 심리학과 철학의 방식을 시험할 수 있는 실험학교를 설립하여 실천하기도 하였다. 그 후 1904년 시카고대학교를 나와 컬럼비아대학교의 철학교수에 이어 명예교수로 재직하면서 연구와 강의를 이어갔다.

듀이는 초기에 플라톤과 헤겔의 이상주의 철학에 영향을 받았으나 '관념이 우주의 이성적 질서를 반영한다'라는 헤겔의 이상주의적 이론을 버리고, 실용주의에 기초하여 '관념은 환경 속의 문제를 해결하는 도구이다'라고 보는 도구주의 인식론을 받아들이게 되었다. 이러한 관점에 근거하여 듀이는 프뢰벨의 상징주의를 비판하고, 인간과 환경 간의 사회적 상호작용을 교육의 주요 기본 원리로 제시하였다.

그는 경험의 원리로 교육의 본질을 설명하고자 하였는데 이는 '상호작용의 원리'와 '계속성의 원리'이다. 듀이의 진보주의는 전인적 성장을 교육의 궁극적 목적으로 보고 있는데 교육의 기본적 원리로 상호작용, 변화, 계속성을 중요시하고 있다. 즉, 교육은 생활하고, 성장하고, 끊임없는 경험의 재구성과 사회화를 통해 이루어져 간다고 보았으며, 이러한 그의 사상은 경험중심, 학생중심, 생활중심을 강조하는 교육이론으로 체계화되었고, 경험중심 교육과정에 큰 영향을 미치게 되었다.

(2) 몬테소리(Maria Tecla Artemisia Montessori, 1870~1952)

몬테소리는 이탈리아 고급 공무원인 아버지와 학자 집안의 어머니 사이에서 태어나 부모의 반대에도 불구하고 의사라는 길을 택하여 이탈리아 최초의 여의사가 되었다. 그녀는 로마대학병원 정신과 임상부 부의사로서 장애아 교육문제에 관심을 가지기 시작하였고 심리학과 교육학을 연구하기에 이르렀다.

장애아를 위한 교육뿐 아니라 몬테소리는 1907년에 어린이를 위한 학교인 '어린이의 집(Casa dei Bambini)'을 로마의 슬럼가 산로렌츠에서 열게 되었고, 자신의 교육철학에 기초하여 정상아에게 교육방법을 적용하게 되었다. 이후 몬테소리는 몬테소리 교육방법을 체계화하고 흡수정신, 민감기, 정상화 등의 주요 개념에 따른 교육방법을 펼치게 되었다.

즉, 유아가 무의식적인 모든 것을 마치 스펀지처럼 흡수하고 빨아들이는 '흡수정신'과 이러한 흡수와 학습이 결정적으로 이루어지는 시기인 '민감기'를 중요한 유아발달의 특징으로 제시하였다. 이러한 유아는 내면에 정상적인 성질을 잠재적으로 가지고 있는데 이를 '정상화(normalization)'라고 하였다. 몬테소리는 민감기에 흡수정신을 통해 잠재된 질서를 내면화하는 과정을 통해 정상화가 이루어진다고 보고, 이를 교육의 목적으로 보았다.

2. 우리나라 유아교육 사상의 배경

1) 불교에 나타난 유아교육 사상

우리나라는 삼국시대 고구려에 전파된 불교사상에 나타난 교육이나 문화적 영향을 받았다. 불교는 동북인도에서 창시된 종교로서 석가모니를 교주로 부처의 가르침을 따르며 수행하는 종교이다. 모든 인간의 마음에는 불성이 있으며, 유아기 역시 불성을 가지고 있다고 보기 때문에 인간은 나이, 성별, 신분의 귀함과 천함에 상관없이 깨달음이 가능한 존재로 인식한다. 그러므로 수행과 정진을 통해 깨달음에 이를 수 있는 존재로서 스스로 깨달음을 통해 부처의 인격을 닮아가도록 돕는 것을 교육의 목표로 두고 있다.

불교에서는 유아라는 개념을 제시하지는 않고 4세에서 20세 사이의 남자 아이를 동아(童兒), 동자(童子), 동진(童眞)으로 지칭하고, 여자 아이는 동녀(童女)라 일컫는다. 이러한 아이는 순수한 존재로 세상을 바르게 하고 심정 평정을 갖도록 하는 교육이 필요하다고 본다. 불교경전인 「육방예경」에서는 아동은 방임이나 방치될 존재가 아니라 부모의 보호와 교육을 받아야 한다고 하였으며, 이에 따라 부모의 역할과 마음가짐이 중요함을 제시하고 있다(권대원, 2015).

우리나라의 전통사회에서는 동자(童子)와 관련된 의례 등을 볼 수 있는데 이는 불교의 영향으로 볼 수 있다. 고려시대 금강동자(金剛童子)는 아이들의 병을 없애거나 임산부의 순산을 기원하는 대상으로 여겼으며, 삼국시대 이후 문수동자상이 지혜의 상징으로 여겨지기도 하였다. 이러한 동자나 동자상이 신앙의 대상이 된 것은 어린 아이를 이상적 인간상으로 보는 인간관이 드러난 부분이다. 즉, 어린 아이의 시기를 순수하고 이상적 인간의 시기로 보고 있으며, 스스로 깨달음에 이를 수 있는 존재로 보았다. 이러한 불교는 전통사회의 문화나 유아교육의 사상적 측면에 영향을 주었다고 볼 수 있다.

2) 유교에 나타난 유아교육 사상

중국의 공자가 창시하여 맹자와 순자로 계승된 유교는 삼국시대와 고려시대에도 영향을 미치기는 하였으나 조선시대 우리나라에 정치와 문화, 교육에 커다란 영향을 미치게 되었다. 유교는 사후 세계에 대한 신념에 기초한 것이 아니기 때문에 종교적 성격보다는 윤리적 성격을 가지고 있으며, 태아에서부터 아동기에 이르기까지 교육의 중요성을 강조하고 있다.

유교에서는 인간은 불완전한 존재이지만 하늘로부터 받은 성품을 길러 성인군자가 되기에 이르러야 한다고 보았다. 유학에서 소아(小兒)는 성인과 대조적인 의미인데 좋은 교육을 통해 습관과 성품을 기르도록 하는 것을 중요하게 여겼다. 또한 출생 이전의 임신 중 태교의 중요성을 강조하여서 임신 기간에 부모의 마음가짐, 몸가짐 등을 포함한 부성 태교와 모성 태교를 강조했던 우리나라 전통은 이러한 유교의 영향이 있었다고 볼 수 있다(유안진, 1990). 또한 『소학』이 소아를 대상으로 하지만 성인에게서 기본적 지침서 역할을 한 것을 보면 태아 및 가정에서의 교육에서 성인의 교육에 이르기까지 교육이 연계적으로 이루어졌다고 볼 수 있다.

「논어」에서 인간이 지켜야 할 덕목으로서 인(仁)을 강조하는데 이는 공자의 가르침에 따라 남을 위해 베푸는 어진 마음으로 물욕을 이기고 자신의 마음을 단련하는 것과 서로 사랑하고 베풀 줄 아는 마음을 유교에서 중시함을 나타내고 있다. 유교에서는 공자와 맹자 등의 가르침에 기초하여 옛 선조들의 지혜와 성과를 배우고 나아가 교육을 통해 완전한 군자로 나아가고자 하는 교육방향을 가지고 있다. 이러한 유교적 가르침은 우리나라 전통교육에서 '세 살 버릇 여든까지 간다'라는 속담과 같이 어린 아이 때부터 습관화 교육을 강조하고, 참거나 조절하는 예의를 강조하는 것 등으로 나타났다.

3) 천도교에 나타난 유아교육 사상

조선 말기 1860년에 수운 최제우에 의해 일어난 동학운동은 1906년 손병희에 의해 천도교로 명칭이 바뀌게 되었다. 천도교는 인내천(人乃天) 사상으로 유교적 습관을 비판하며 사람이 곧 하늘이라는 만민평등사상을 주장하게 되었다.

동학사상에서는 모든 사람 안에 한울님이 존재하므로 유아를 한울님을 모시듯이 소중하게 길러야 한다는 관점을 가지고 소파 방정환의 아동중심 사상으로 이어졌다. 소파 방정환은 1917년 천도교 교주인 손병희의 딸과 결혼하면서 천도교의 영향을 받아 이후 천도교소년회를 조직하고 '어린이날'을 선포하였으며, 한국 최초의 순수아동잡지인 「어린이」를 창간하였다.

방정환은 어린이가 성인과의 서열적 관계 속에서 인식될 것이 아니라 스스로의 자율적 삶을 살아가도록 인식과 환경의 변화가 있어야 한다고 보았다. 이는 유교적 전통에서 아이를 바라보았던 우리나라 전통사회의 유아관에서 아동중심의 근대 유아관의 변화에 영향을 미쳤다고 볼 수 있다.

4) 기독교에 나타난 유아교육 사상

기독교는 창조, 타락, 구속의 세계관에 기초하여 하나님의 형상을 따라 창조된 인간이 타락의 역사 안에서 예수그리스도의 사랑으로 구원에 이를 수 있다는 점에서 사회적 계층이나 대상을 구별하지 않고 교육받아야 한다는 평등사상으로 나아간다. 『성경』에서는 유아를 하나님의 형상을 받은 존재로서 '누구든지 내 이름으로 이런 어린아이 하나를 영접하면 곧 나를 영접함이니(마태복음 18장 5절)'라고 귀하게 여겼다. 즉, 기독교에서 유아는 하나님의 형상을 받은 존재로서 귀하게 살피고 돌보아야 하는 각자의 사명을 가진 귀한 존재로 보고 있다.

우리나라 유아교육의 역사에 있어서 기독교는 1900년대에 유치원 설립과 유아교육의 기초가 형성되는 데 가장 큰 영향을 주었다. 1914년 한국 최초의 유치원으로 논의되는 이화유치원의 경우에도 미국 선교사인 브라운 리에 의해 기독교 정신으로 설립되었으며, 비공식적 문서를 포함하여서 살펴보면 그 이전에 평양 등에서는 선교사와 교회를 중심으로 유아교육기관이 설립되고 기독교 유아교육적 배경이 포함되었다고 볼 수 있다. 우리나라 보육사업도 1921년 태화기독교사회관에서 빈민아동의 구제사업 일환으로 실시된 탁아프로그램을 개설한 것을 모태로 확장되어 왔다.

기독교에서 가장 강조하는 것은 하나님의 사랑이다. 그의 아들 예수 그리스도를 통해 인간을 구원에 이르기까지 사랑하셨으므로 인간은 새 계명으로 '서로 사랑하라'는 실천적 사명을 가진다. 따라서 아이를 사랑하고 귀하게 여기셨던 예수님의 본을 따라 교육적 실천을 하여야 한다고 보았으며, 이는 우리나라 초기 유치원과 유아교육의 실천적 역사 속에 그 영향이 나타나게 되었다. 특히 초기 유아교육기관에 영향을 미친 교육자들은 기독교 정신에 입각하여 프뢰벨 사상, 페스탈로치 사상, 진보주의 교육이념 등을 배경으로 우리나라 교육 현장에 실제적 영향을 미치게 되었다.

chapter 03

유아 발달이론의 이해

chapter

03 유아 발달이론의 이해

1. 발달의 이해

1) 발달의 개념

인간에 대해 이해하고자 하는 갈망은 인류 초기부터 이루어져 왔다고 해도 과언이 아니다. 그렇다면 발달이란 무엇인가? 발달의 사전적 의미를 살펴보면 생체가 자라서 차차 완전한 모양과 기능을 갖추어 감을 뜻한다. 즉, 일반적으로 수정이 이루어지는 순간에서 죽음에 이르는 전 생애에 걸쳐 이루어지는 구조와 기능의 모든 변화와 그 과정을 의미한다고 볼 수 있다.

인간이 전 생애를 걸쳐 역동적으로 변화해 나가는 과정으로 볼 때 특히 유아기는 인간 발달의 과학적 이해에 있어서 중요한 과정으로 인식되어 왔다. 예로부터 '아이 발이 첫발'이라고 하였다. 유아의 처음 성장과 발달은 작고 미흡해 보이지만 무한한 변화와 발달 과정을 내포한 옛 선조들의 경험이 담긴 속담이다. 즉, 영유아발달은 태어나서 영유아기를 거치면서 겪는 신체적, 심리적, 사회적 성장과 변화를 의미하게 된다.

따라서 지금까지 인간 발달에 대한 논의들은 영유아기에 집중되어 왔다. 산업사회 이후 영유아기에 대한 사회적 관심과 더불어 과학의 발달로 인한 인간 이해의 폭넓은 시도들은 영유아기 발달에 대한 지평을 넓혀왔으며 이는 현대 영유아기 교육의 발달적 기초가 되어왔다. 유아의 발달의 특성을 파악하고 그 심리적 문제를 살핀다는 것은 학문적 관심뿐 아니라 실제적이고 구체적 현장에서도 요구되는 실증적 문제인 것이다. 실제로 유아교육현장에 있어서 유아의 발달을 이해한다는 것은 그들의 눈높이에 맞추어서 무엇을 하여야 하는가에 대한 기초적 정보를 제공하게 된다.

특히 현대사회는 급증하는 맞벌이와 가족 구조의 변화로 유아들의 삶의 영역에 커다란 변화를 일으키고 있다. 여성의 사회적 진출이 늘어나고 사회구조가 변화하면서 자연적으로 유아의 발달 과정에서 환경과 맥락의 변화가 야기되었고, 발달 심리적 문제 상황에 직면하는 경우도 많아지고 있다. 유아 발달의 특성을 이해하고 이에 따른 유아교육 현장 지원을 논의하는 것은 유아교육에 대한 이해와 변화를 위한 기초임에 틀림이 없다.

2) 발달의 원리

태동을 시작으로 하는 아이들의 움직임은 때로 생명의 신비를 느끼게 한다. 그 움직임은 발달과정에서 건강한 유아들의 지표가 되기도 하는데 이러한 움직임이라는 것은 발달의 가장 기저의 원동력이자 유아들의 발달과 함께 변화되는 증거이다. 이러한 유아들의 발달 특성은 기본적 방향과 원리를 가지고 이루어지는 것으로 보인다. 보편적으로 보는 발달의 원리는 다음과 같다.

(1) 발달에는 일정한 순서가 있으며 순차적이다

발달에는 유전적 특성이나 누적적 특성으로 인해 순서대로 진행되는 특성을 가진다. 유아의 발달을 보면 무질서하게 나타나는 것이 아니라 순차적으로 발달되는 경향을 나타낸다. 예를 들어서, 영유아의 언어를 보면 울음, 옹알이, 일어문, 이어문, 다어문으로 나타나게 된다. 이러한 특성은 운동 및 신체, 언어, 사고, 성격 등의 발달에서도 찾아볼 수 있다. 발달에 일정한 순서가 있다는 것은 발달의 예측을 가능하게 하며, 문제 발견의 준거가 될 수도 있다는 것이다.

(2) 발달은 일정한 방향으로 진행된다

일반적으로 발달의 방향은 위에서 아래로(cephalo-caudal), 중앙(심장)에서 말초 부분으로(proximal-distal), 전체에서 세분화된 특수운동(mass-specific)으로 진행된다고 보고 있다. 이러한 일정한 방향의 특성은 영유아 신체발달에 있어서 두드러진다.

(3) 발달에는 개인차가 있다

인간이 유전인자나 환경의 차이로 인해 발달에는 속도나 정도에 있어 개인적 차이를 가지고 있다. 즉, 개인에 따라 성장 시기와 성장 속도가 다른 측면을 가지고 있기 때문에 발달의 영역에 따라 다양한 양상을 보이게 된다. 발달에 있어서 개인차는 실제 현장에서 '모든 유아들은 다르다'라는 경이로운 사실에 기반을 두고 있다.

(4) 발달에는 결정적 시기가 있다

발달이 가장 잘 이루어질 수 있는 최적의 시기를 결정적 시기라고 본다. 이는 좀 더 교육적 영향에 따른 변화의 가능성을 내포하는 용어인 민감기(sensitive period)라는 용어로 제시될 수 있다. 따라서 발달에 있어서 민감한 시기적 특성을 이해하고 교육적 환경 조성에 대한 이해가 함께 이루어져야 한다.

(5) 발달은 분화와 통합의 과정을 거친다

인간의 발달은 부분과 전체를 하나로 보아야 한다. 유아는 신체적 특성, 언어적 특성, 인지적 특성, 정서적 특성의 독특한 경향성을 가지면서 발달하되, 이들의 제 특성은 독자적으로 발달하기보다는 서로 영향을 주게 된다. 따라서 발달의 여러 영역 간에 있어서나 영역 내에 있어서도 독자적 발달과 이에 대한 상호 관련성의 특성이 나타난다. 이러한 발달의 특성은 부분의 구체적 분화와 이를 연결하는 통합의 과정이 이어지면서 통일된 조화와 발달이 이루어지기 때문에 나타나는 것이다.

3) 발달의 쟁점

발달에 대한 일반적 원리가 있고, 이러한 발달적 특성과 방향에 대한 이해가 있다고 하더라도 여전히 발달의 근본적 특성에 대한 많은 논란들은 남아 있다. 발달의 원인은 무엇이며, 발달에 영향을 미치는 요인은 무엇인가에 대한 학자들 간의 다양한 입장들은 발달에 대한 이해와 연구에 있어서 지속적 쟁점으로 남아 있다. 이러한 발달에 대한 다양한 쟁점 중에서 영유아발달에 대한 논의해 볼 만한 사항으로 다음 몇 가지를 제시하고자 한다.

(1) 유아는 자생과 보호 사이에서 발달하고 있다

유아들의 존재와 발달적 특성에 대한 이해는 학자들마다 다양한 견해를 내놓으며, 인간의 본질에 대한 논의와 결부되어 이루어지고 있다. 유아들은 어떤 존재적 특성을 가지는가를 발견하여 그들의 세계를 이해하고자 하는 노력은 유아교육에서 항상 중요한 논지였음에 틀림이 없다. 여러 가지 논의를 언급하지 않더라도 유아가 가지는 세계를 인정하고자 하는 접근은 유아 발달에 대한 기초가 될 수 있다.

유아들의 발달과 변화를 살펴보면 때때로 그 놀라운 조화와 자발성에 놀라지 않을 수 없다. 루소(Rousseau)는 그의 저서 『에밀』에서 교육의 목적을 '건강한 자연인'을 기르는 데 두고 있다. 즉, 아동에게 내재된 자기개발 욕구에 근거한 발달의 중요성을 제기한 것이다. 아이마다 자신이 가진 자연적 시간표와 모양을 가지고 빚어내는 개개인의 이야기는 유아가 가지는 순수한 자연성의 표출이다.

그렇다면 유아의 자연적 본성은 어떠한가? 유아들의 발달적 특성은 기본적으로 의존적이라고 보일 수 있다. 인간은 태어날 때 보호의 욕구를 가지고 삶을 이끌어 가게 되는 것은 사실이다. 그러나 인간의 발달은 '시키는 것'이 아니라 '하는 것'이라는 본질에 유의하여야 한다. 임재택(2005)은 인간의 발달에 있어서 '자생력 · 면역력'과 '공생력 · 적응력'을 가지고 있음을 제시한 바 있다. 즉, 인간은 부모와 사람 및 자연 공동체의 보호를 받을 뿐 아니라 그 속에서 자신의 독립성을 드러내며 스스로 생명을 이끌어 가는 능력이 있을 뿐 아니라 자신을 보호하는 환경 및 공동체와 함께하는 적응력을 본질적으로 가지고 있음을 제시하였다. 즉, 생명의 원리에 근거한 발달의 이해는 다른 유아에 대한 구체적이며 실제적인 삶의 모양에서 나올 수 있을 것이다.

유아가 가지는 지성, 감성, 영성 등의 본질적 특성은 영유아가 자연인으로서 가지는 본질에 대한 겸허한 이해를 통해서만 그들의 세계를 이해할 수 있나는 결론에 도달한다. 즉, 유아발달의 이해는 유아의 자연성이 가지는 본질을 이해할 때만 근접할 수 있는 영역이라 볼 수 있다.

(2) 유아들은 독특한 특성을 가진 발달의 과정을 가지고 있다

유아들의 발달과정을 살펴보면 다른 시기와 다른 독특한 특성을 가지고 있다. 신체, 인지, 정서, 사회, 언어발달의 과정을 통해 드러나는 유아기의 특성을 살펴보면 그들 세계의 독특성을 인정하지 않을 수 없다. 이러한 유아기 발달 특성은 단계에 따른 특성을 지닌다는 연구들에 주목할 필요가 있다.

피아제(Piaget)가 제시하는 유아기 사고의 특성인 자아 중심적 사고나 직관적 사고는 유아들의 직감이나 인식의 현상적 특징으로 알려져 왔다. 그러나 최근 유아기 사고는 독특한 자신의 방식으로 세계와 대화하고 있다는 것에 대한 다양한 시각차를 드러내고 있다(Carey, 1991; Spelke, 1994).

최근 연구들에 의하면 유아들은 일상생활과 놀이의 과정에서 과학 및 수학 관련 능력을 가지고 있다는 결과가 제시되고 있다. 아이들은 교육이라는 이름을 빌리지 않더라도 삶 속에서 꾸준히 관찰하고 느끼면서 능동적인 탐색을 할 뿐 아니라 여러 가지 상황을 민감하게 인식하고 다양하고 독특하게 풀어내는 기본 능력과 태도를 가지고 있다.

(3) 유아들은 사회적 영향 속에서 발달하고 있다

영유아의 발달은 유아들이 처해 있는 사회적 환경과 맥락을 벗어날 수 없다. 영유아 발달은 현대사회 체제 및 구조 안에서 발달하게 되는 것이다. 그렇다면 영유아들은 어떤 환경 속에서 발달의 과업을 수행하게 되는가?

첫째, 현대사회는 유아에 대한 양육이 개별화되어 있다. 과거 전통사회는 씨족사회로서 마을공동체가 아이를 함께 키웠다. 그러나 현대사회는 자녀의 발달과 교육이 핵가족 단위의 부모들의 개별적 문제에 국한되는 경향이 나타난다. 따라서 유아발달에 대한 고민과 해결책을 가족 단위 내에서 스스로 감내해야 하는 사회에 직면해 있는 것이다.

둘째, 현대사회는 맞벌이 가족이 늘어나면서 부모로서 육아의 책임을 제 손으로 하지 못한다. 전통사회에서는 아이를 잉태하여, 그 아이와 대화를 나누면서, 아이를 위해 밥을 짓고, 옷을 짓는 어머니를 기대한다. 그러나 현대사회에서는 가족의 구조와 역할의 변화로 유아 성장에 대한 가족구성원의 이해나 도움이 상실되거나 갈등을 겪게 되는 경우가 생기게 된다.

셋째, 현대인들의 바쁜 일상과 핵가족이라는 특성은 부모들의 육아와 유아교육에 대한 불안을 가중시키게 되고, 이러한 상황 속에서 자녀 성장과 발달에 대한 부담감과 불안은 지나친 기대나 과잉 해석으로 유아들의 삶을 힘겹게 만들고 있다.

2. 발달이론

1) 성숙주의적 접근

(1) 루소의 자연주의

루소는 프랑스 철학자로서 '자연으로 돌아가라'는 자연주의 견해를 표방하며, 인간 발달을 자연주의적 관점에서 논의하였다. 그는 인간의 발달은 내부의 생물학적 시간표에 의해 진행된다고 보고, 아동의 일련의 계열적 단계를 주장하였다. 즉, 아동은 자신이 가지고 태어난 천성에 따라 교육되는 능동적인 존재이며, 교육자의 역할은 아동을 성인세계로부터 보호하는 것으로 보았다. 이러한 루소의 자연주의는 이후 성숙론적 입장의 기초를 형성하였다고 볼 수 있다.

자연주의 철학에 근거하여 인간발달을 규명하고자 한 루소의 대표적 저서인 『에밀』은 아동기 발달의 자연주의적 현상을 설명하고 이에 따른 교육적 의미를 던져주고 있다. 루소는 인간의 발달단계를 인류가 변화되어 온 역사적 발달을 반복하는 것으로 보고 네 가지 발달단계를 제시하고 있다. 이러한 루소의 발달단계는 다음 <표 3-1>과 같다.

〈표 3-1〉 **루소의 『에밀』에 나타난 발달단계**

단 계	발달 특징
동물의 단계	• 출생~5세경 • 신체적 욕구와 미분화된 감정의 지배를 받는 시기
야만인의 단계	• 5~12세경 • 감각능력이 두드러지는 특성을 보임 • 놀이나 게임 등을 통해 감각경험에 초점을 두고 양육하여야 함

이성의 단계	• 12~15세경 • 이성과 자의식이 발달하는 시기 • 탐색적 행동이나 진리 발견의 욕구가 많아짐
사회정서의 성숙 단계	• 15~20세의 발달 시기 • 사회적 이해와 자아 존중감이 발달하는 시기 • '제2의 탄생'이라 할 만큼 타인에 대한 관심과 애정 욕구가 나타남 • 양심과 도덕이 습득되고 성숙과 더불어 결혼을 준비하는 과정

이러한 루소의 자연주의는 자연주의 철학의 토대를 형성하고 현대 발달이론에 생물학적 성숙의 중요성에 대한 논의의 기초를 제공하였을 뿐 아니라 질적인 발달전환인 발달단계에 대한 기틀을 제공했다는 점에서 커다란 의의를 가지고 있다.

(2) 게젤의 성숙이론

인간의 발달에 있어서 내재적 요인과 외재적 요인의 영향력에 대한 논의는 지속적으로 있어 왔다. 성숙주의 이론은 이러한 인간 발달의 근원적 요인을 생물학적 내부 요인으로 보고 있다. 이는 다윈(Darwin), 홀(Hall) 등의 발달의 예정론적 입장을 근원으로 하고 있으며, 홀의 제자였던 게젤(Gesell)의 표준행동연구에 의해 확립되었다. 그는 예정론적 입장을 발전시켜 성숙주의 이론으로 발전시켰다. 여기서 '성숙'이라는 개념은 인간의 발달은 내적인 힘에 의해 이루어지는 것으로 보았다. 게젤은 아동의 성장 발달에서 표준이 되는 행동목록을 만들어 발달적 변화에 대한 규준적 접근(normative approach)을 설정하였다.

이러한 게젤의 성숙이론은 인간 발달의 몇 가지 특성을 제시하고 있다. 우선 신체발달처럼 행동도 계획된 방식에 따라 발달하므로 예측 가능하다고 보고 있다. 따라서 일련의 발달적 시간표에 따라 성숙이 이루어지는 것이 중요하다는 것이다. 둘째로는 행동은 신체구조와 어느 정도 함수관계를 가진다. 이러한 측면으로 볼 때 인간의 신체구조가 다름으로 인해 같은 환경에서도 다른 행동을 하게 된다고 보는 것이다. 셋째로는 환경은 아동의 행동발달에 있어 영향 요인이지만 작용은 개별적이라고 보고 있다. 이는 아동의 연령과 특성에 따라 환경의 영향은 매우 다를 수 있음을 시사하고 있다.

이러한 성숙주의 이론에서는 '준비도'의 개념이 중요하다. 인간 발달은 내재적 성장의 영향을 받고 있기 때문에 자연적 시간표에 따른 성숙이 이루어지는 것이 중요하다. 따라서 성숙이라는 개념에 근거하여 어떤 것을 할 충분한 준비가 되어 있을 때까지 '기다림'이 중요하다고 본다. 즉, 성인이나 교사는 준비도를 갖출 때까지 기다리면서 안내하는 역할이 중요하다. 자연적 발달을 위해 충분한 환경과 자기 성장을 위한 터전을 마련해 주며 '준비도'에 따른 교육적 실제를 중시하게 된다. 이러한 인간 발달은 몇 가지 발달의 원리를 가지고 있다고 주장하였는데 다음 <표 3－2>와 같다.

〈표 3-2〉 **게젤의 발달의 원리**

원리	특징
발달 방향의 원리	• 발달이 정해진 순서로 이루어진다는 것 • 머리에서 꼬리로, 중심에서 말초로 일정한 방향으로 발달한다는 것
상호적 교류의 원리	• 대칭되는 두 부분이 서로 한 부분씩 발달한 뒤 균형적으로 통합되어 발달되어 간다는 것 • 아이가 한 손을 먼저 사용한 뒤 다른 한 손을 사용하다 양손을 함께 사용하게 되는 것
기능적 비대칭의 원리	• 약간의 불균형이 인간에게 기능적일 수 있다는 것 • 신생아의 경직성 목반사(tonic neck reflex)와 같이 펜싱 자세로 한쪽 팔다리는 구부리고 다른 쪽 팔다리는 쭉 펴는 것과 같은 원리
자기규제의 원리	• 아이 스스로가 자신의 수준에 맞도록 성장을 조절해 나가는 것 • 아이가 스스로 자신의 능력에 맞추어 자기규제를 하며 발달해 가는 과정을 나타냄

이러한 게젤의 성숙이론은 아동연구방법에 있어서도 다양한 검사와 연구기술을 시도했다는 점에서 의의를 가지고 있을 뿐 아니라 아동의 내적인 능력에 따른 발달의 특성을 과학적으로 입증함으로써 자연성숙론의 이론적 발전을 형성하였다.

2) 행동주의적 접근

행동주의 이론은 인간 발달에 있어서 인간 행동을 형성되는 과정을 분석함으로써 시작되었다. '행동분석(behavior analysis)'이라고 불리기도 했던 초기의 행동주의는 조건형성의 학습 원리로부터 인간 행동의 발달과 변화를 해석하였다. 이러한 행동주의 이론과 학습이론의 형성과정을 살펴보면 다음과 같다.

(1) 고전적 조건형성

① 파블로프의 고전적 조건형성

러시아의 생리학자인 파블로프(Ivan Petrovich Pavlov, 1849~1936)에 의해 처음으로 고전적 조건형성의 원리가 발견되었는데 이는 행동주의 이론의 기초를 형성하였다. 파블로프는 개의 타액 분비에 대한 연구를 통해 고전적 조건형성의 과정을 설명하였다. 고전적 조건형성은 일정한 자극에 의해서 선천적으로 유발되는 반사를 처음에는 그것과 아무 관계없는 중립자극과 연합시킴으로써 그 중립자극이 선천적 반사반응을 유발시키게 되는 과정이다. 즉, 다음 그림과 같이 개의 타액 실험을 통해 중립자극이던 종소리가 조건자극이 되어 조건반응을 형성하도록 하게 되는 것이다.

★ 개의 타액 실험 ★

소화액 분비에 대한 연구 수행을 위해 개의 타액 분비 자료를 수집하는 과정에서 개가 먹이를 주지 않아도 종소리만으로 침을 흘린다는 사실에 흥미를 가지고 실험을 하여 고전적 조건형성 원리를 확립하게 되었다.

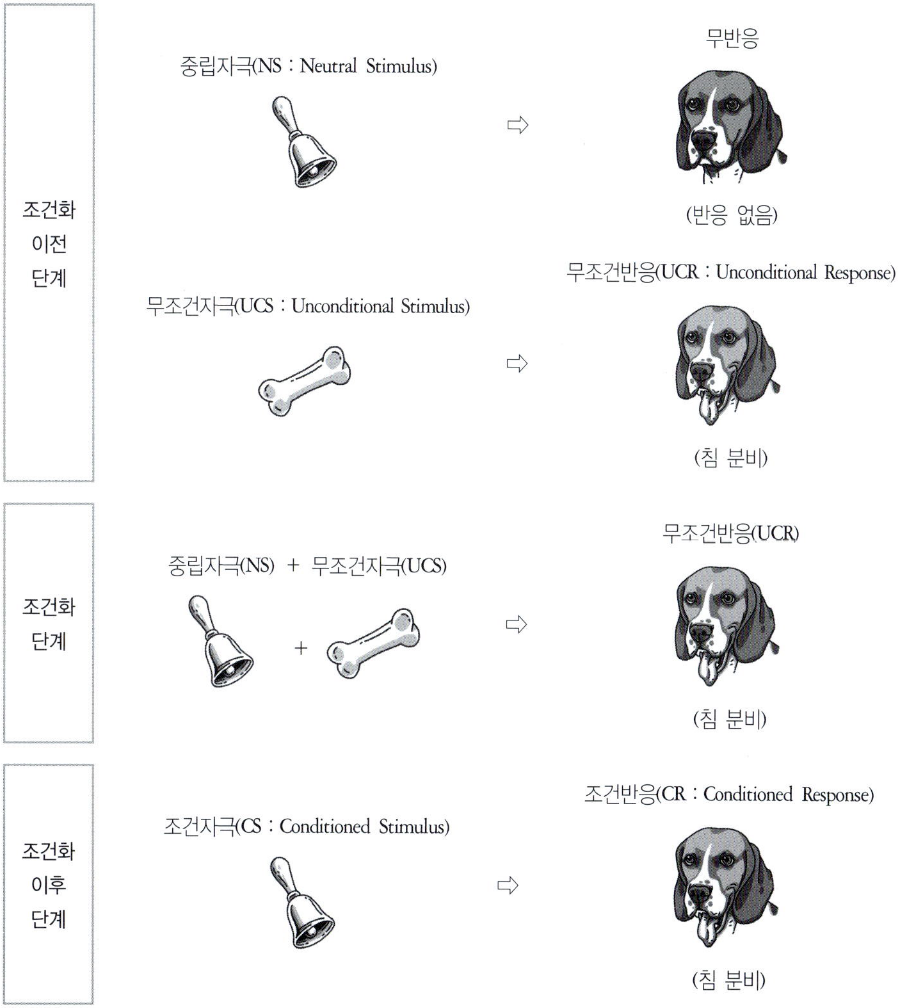

그림 3-1 개의 조건형성의 단계

② 왓슨의 고전적 조건형성

이러한 고전적 조건형성 원리를 아동의 발달에 적용시킨 학자가 왓슨(John B. Watson, 1878~1958)이다. 왓슨은 이러한 조건형성이 인간 행동의 변화를 유발할 수 있을 뿐 아니라 정서적 행동까지도 변화시킬 수 있음을 입증하고자 하였다. 그의 유명한 앨버트(Albert) 실험은 자극과 반응의 연합을 통해 정서를 포함한 인간 행동 형성의 실제를 드러내었다. 왓슨은 여기서 영유아는 수동적 존재로서 자극과 반응의 연합을 통해 원하는 방향으로 만들어질 수 있다고 믿음으로써 외부 환경의 영향을 극대화시킨 입장이었다. 그는 인간 행동의 조건형성 가능성을 제시하면서 "나에게 12명의 아이와 잘 형성된 환경을 준다면, 당신이 원하는 사람으로 키워주겠다"는 유명한 말을 남기게 된다.

왓슨에 따르면 고전적 조건형성 원리를 통해 인간의 정서반응이 형성될 수 있다는 것을 실험을 통해 드러내었다. 즉, 중립자극이었던 흰쥐가 큰 소리에 대한 놀람의 정서와 결합되면서 흰쥐만 보면 놀라는 정서가 형성된다는 것이다. 이것은 흰쥐뿐 아니라 하얀 토끼, 흰 옷을 입은 간호사, 털 코트, 개, 심지어 산타클로스 가면을 보아도 아이가 두려움에 울음을 터트리는 일반화가 일어나게 되었음을 보여줌으로써 정서의 고전적 조건형성과 일반화 과정을 설명하고 있다.

또한 왓슨의 이론과 실험은 동료인 마리 존스(Mary Jones)의 실험에 많은 영향을 주어 탈조건 형성(deconditioning)을 낳게 되었다. 이는 조건형성된 정서를 탈조건 형성시키는 것으로 불안이나 공포를 유발하는 자극을 체계적이고 점진적으로 노출시킴으로써 차츰 탈조건화를 형성하도록 하는 것으로, 이후 조셉 울페(Joseph Wolpe, 1958)의 체계적 둔감법 개발로 발전된다.

★ 앨버트(Albert) 실험 ★

11개월 된 영아를 대상으로 자극과 반응의 연합을 통해 정서를 포함한 인간 행동 형성의 과정을 실험하여 고전적 조건형성과 일반화 과정을 구체화하였다.

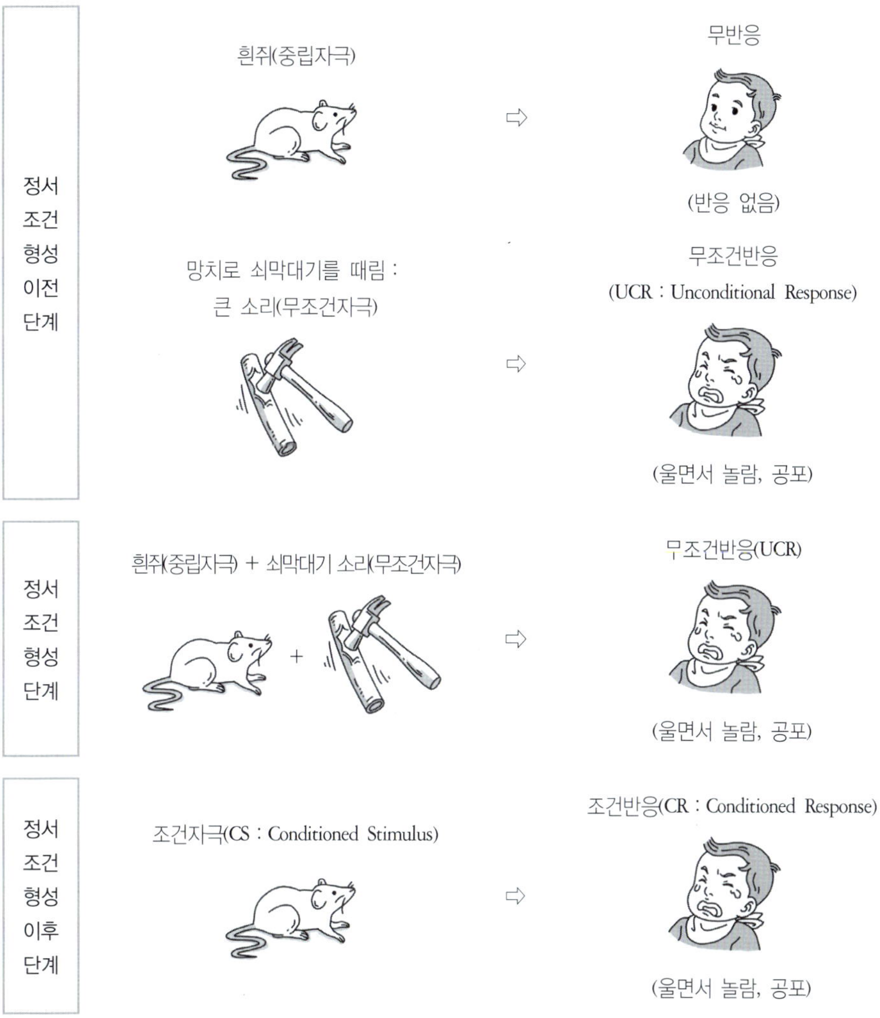

그림 3-2 앨버트(Albert)의 정서조건 형성의 단계

(2) 조작적 조건형성과 강화이론

이후 다양한 입장에서 행동주의 이론이 논의되고 연구되었고, 스키너(B. F. Skinner, 1904~1990)에 이르러 조작적 조건형성의 원리를 발견하고 강화이론으로 발전시켰다. 스키너는 내적 신념이나 태도 등의 존재 자체를 부정하지는 않지만 이런 내적 사상은 과학적으로 연구할 수 없으며 연구할 가치조차 없다고 생각했다. 즉, 학습자는 'black box'이기 때문에 학습자 내부에서 무슨 일이 일어나는지는 알 수 없다는 것이다.

그러므로 밖으로 드러나는 행동의 이해와 예측이 중요한데 이는 자극-반응의 관계를 통해 이해될 수 있다고 본다. 이것은 행동 뒤에 나타나는 결과에 의해서 그 행동이 학습될 수 있다고 보고, '강화'의 중요성을 강조한 것으로, 즉 어떤 행동에 있어서 어떤 강화를 받느냐에 따라 달라질 수 있다는 것이다. 조작적 조건형성 이론에서는 유기체의 자발적인 조작적 행동을 유발시키는 과정에 관심을 두게 된다. 즉, 스키너의 실험 상자에서 배고픈 쥐는 우연히 지렛대를 밟았고, 먹이가 제공되는 과정이 반복되자 지렛대를 계속 밟는 행동을 보였다. 여기서 강화는 유기체가 스스로 반응을 할 때, 그러한 반응을 야기하는 과정으로 설명될 수 있다.

강화이론에서 강화(强化)라는 것은 반응의 확률 혹은 강도를 증가시키는 과정 및 결과를 포함한다. 이러한 측면에서 강화물은 반응의 확률을 증가시키기 위해 반응 후 제시하는 자극을 의미하게 된다. 강화의 유형은 정적 강화와 부적 강화로 구분된다. 정적 강화(positive reinforcement)는 반응확률을 증가시키는 기능을 하기 위해 반응 후 자극을 제시하는 것을 말한다. 이때 자극은 대상이 반응확률을 증가시킬 수 있는 의미 있는 강화물로서 물질 강화물, 교환 강화물, 활동 강화물, 사회적 강화물 등이 있을 수 있다. 그리고 부적 강화(negative reinforcement)는 반응확률을 높이기 위해 반응 후 싫어하는 자극이나 대상을 제거해 주는 절차를 뜻한다.

강화는 학습자의 반응에 대해 언제 어떻게 강화를 줄 것인가를 정해 놓은 강화계획에 따라 이루어질 수 있다. 정확한 반응을 할 때마다 강화물을 제공하는 연속강화, 정확한 반응 중 일부 반응에만 간헐적으로 강화를 주는 간헐강화 등이 있을 수 있다.

★ 스키너 상자 실험 ★

스키너 상자 속의 쥐가 레버를 누르는 반응을 할 때 먹이를 주면, 쥐는 먹이(강화물)를 얻기 위해 레버를 자주 누르게 된다는 실험을 통해 조작적 조건형성의 구체적 원리를 제시하였다.

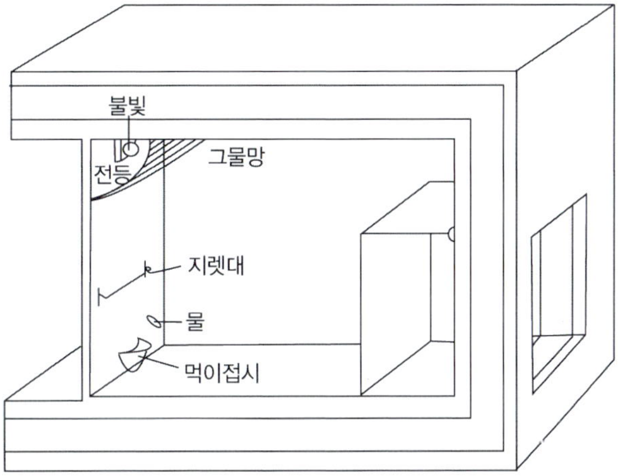

| 그림 3-3 | 스키너 상자

동물이 돌아다니는 내부를 보기 위해 상자의 옆부분을 자른 그림(Skinner, 1938)

(3) 사회학습이론

1950년대에는 사회학습이론(social learning theory)이 대두되어 직접 행동의 학습과는 다른 사회적 관찰 학습에 대한 입장이 부각되었다. 대표적인 학자 반두라(Albert Bandura, 1925~2021)는 모델을 통한 모델링(modeling)의 과정을 통해 행동 학습의 과정을 설명하고자 하였다. 이러한 모방은 반복적 직접 행동이 아닌 단순한 관찰만으로도 행동이 형성될 수 있다는 '관찰학습'의 개념을 제시하게 되었다.

즉, 인간의 학습과정은 직접적인 강화에 의한 경험을 통해서 학습되기도 하지만 타인의 행동을 관찰만 하여도 이를 모방함으로써 새로운 행동을 학습할 수 있다고 주장하였다. 관찰학습의 인지과정은 네 가지의 과정을 거치게 된다고 본다.

첫째, 주의집중의 과정으로 모델의 행동에 주의를 기울여야 한다. 모델의 유사성, 사회적 힘 등이 주의집중의 요인이 되기도 한다. 둘째, 기억과정으로 이때는 모델의 행동을 상징적 형태로 기억해 두어야 한다. 셋째, 운동재생과정은 관찰했던 것을 운동기술을 통해 수행하는 단계이다. 이때는 자신의 관찰과 비교하며 스스로 교정하고 연습하게 된다. 마지막 동기화 과정은 강화요인이 있어야 새로운 행동을 학습한 것이 행동으로 나타날 수 있다는 것이다.

이러한 사회학습이론은 행동주의와 인지주의의 만남이라고도 불리면서 최근에서 사회인지이론(social cognitive theory)으로 불리고 있다. 즉, 조작적 조건형성의 원리를 통해 인간의 학습을 설명하지만 또한 인지과정의 중요성을 인정하고 있다는 이론적 특성을 가지고 있다.

주의과정 — 모델의 행동에 주의를 기울이게 되는 과정

⇩

기억과정 — 모델의 행동을 상징적 형태로 기억하는 과정

⇩

운동재생과정 — 운동기술을 통해 수행으로 나타낼 수 있는 과정

⇩

동기화 과정 — 강화가 있어서 행동으로 나타날 수 있는 과정

| 그림 3-4 | 관찰학습의 과정

3) 정신분석이론

(1) 프로이트의 심리성적 발달이론

정신이론의 창시자인 프로이트(Sigmund Freud, 1856~1939)는 신경증 환자에 대한 임상적 연구를 통해 인간발달의 과정을 이해하고자 하였다. 그는 건전한 성격 발달에 있어서 중요한 요인을 다음과 같이 제시하고 있다.

① 정신의 위상

프로이트는 인간의 정신을 빙산에 비유하며 의식, 전의식, 무의식으로 구성되어 있다고 하였다. 즉, 빙산에서 물 위에 보이는 부분은 의식으로서 우리가 인식할 수 있는 사고, 감정, 지각 등이라고 본다. 물속에 감추어진 부분은 무의식으로 정신의 가장 큰 부분을 차지함에도 불구하고 전혀 볼 수 없고, 관련 정보를 의식할 수 없다. 그러나 인간의 거의 모든 행동은 이러한 무의식의 지배를 받으며 인간의 사고와 행동에 영향을 미치게 된다. 전의식은 원할 때 의식화할 수 있는 것으로 기억, 사고, 꿈 등으로 이루어져 있다.

② 성격의 구조

프로이트(Freud)에 의하면 인간의 성격은 원초아(id), 자아(ego), 초자아(superego)의 조화를 통해 발달된다고 보고 있다. 이러한 성격은 원초적인 쾌락원리가 지배하는 원초아(id), 현실원리가 지배하는 자아(ego), 양심적인 도덕원리가 지배하는 초자아(superego)로 구성되어 있어, 그것들이 어떻게 상호작용하는가에 따라 한 사람의 성격이 결정된다는 것이다. 예를 들어, 오이디푸스적 동일시와 초자아의 발달이 미약한 사람은 그것이 미약한 만큼 원초아(id)의 힘이 강하기 때문에 충동적이며 원시적인 성격을 가지게 되는 반면 초자아가 강한 사람은 도덕적인 성격을 가지게 된다는 것이다. 그러나 성격역동에서 자아가 초자아와의 별다른 마찰 없이 원초아를 만족시키면 세 가지 요소 간에 균형을 유지하게 되는데, 이것이 정상인의 경우이다.

③ 심리성적 발달단계

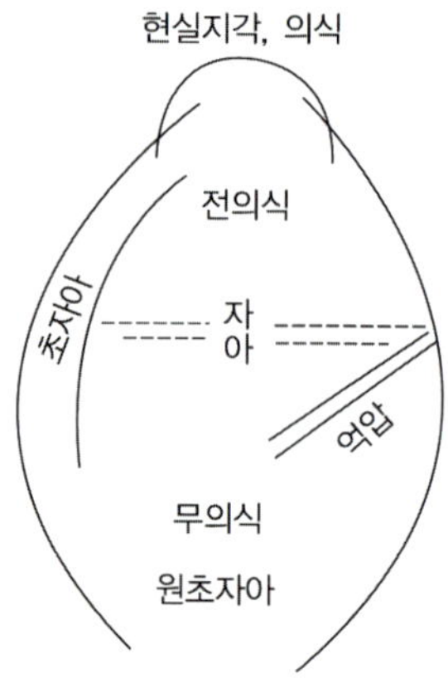

그림 3-5 프로이트가 그린 성격구조(Crain, 1994)

프로이트(Freud)에 의하면 우리가 선천적으로 가지고 태어나는 심리 성욕적 에너지라고 하는 리비도(libido)가 신체의 어느 부위에 집중되어 있는가에 따라 사람의 성격이 결정된다고 하였다. 이때 리비도가 신체의 특정 부위에 집중되어 있는 것을 성감대라고 하며, 프로이트(Freud)는 이 성감대의 변화에 따라 구강기, 항문기, 남근기, 잠복기, 생식기로 단계를 구분하였다.

가. 구강기(0~2세)

이 시기에는 심리 성욕적 에너지인 리비도가 입, 입술, 구강, 혀 그리고 뺨 등에 집중되어 있어, 어린 영유아는 이 신체 부위를 통해 성적 쾌감을 얻는다. 따라서 어린 유아가 구강을 통해 성적 쾌감을 얻을 때 지나친 충족을 하거나 지나친 좌절을 경험하게 되면 그 다음 단계로 넘어가지 않고 현재의 단계에 계속적으로 머물려고 하는 경향이 있는데, 이것을 고착(fixation)이라고 한다. 특히 이때는 어린 유아가 수유를 하는 시기이기 때문에 양육자의 수유방식은 자녀의 성격에 중대한 영향을 준다. 양육자가 어린 유아에게 지나친 충족의 수유를 할 경우에, 어린 유아는 낙천적이며 보살핌을 받고 싶은 욕구, 의존적, 수다 떨기, 노래하기, 퍼마시기, 씹기, 사랑받으려고 애쓰기, 보호를 요구하기 등의 성격을 형성한다. 또한 지나친 좌절을 경험하게 하면 어린 유아는 염세적이고 우울하며 불안하고 의심스러운 성격을 형성한다. 특히 젖니가 난 후 좌절을 하게 되면 어린 유아는 공격적인 요구와 빈정거리는 행동을 하게 된다.

나. 항문기(2~3세)

이 시기는 심리 성욕적 에너지인 리비도가 항문에 집중되어 있는 시기이기 때문에 똥, 오줌 같은 배설물을 보유하고 그것을 배출하면서 쾌감을 느낀다. 따라서 부모의 용변 훈련 방법과 배설물을 대하는 양육자의 느낌에 따라 특정한 성격 및 가치관을 형성한다.

양육자의 대소변 훈련방법이 엄격하고 억압적이면 어린 유아의 반응은 두 가지 형태로 나타난다. 첫째는 대소변을 제때에 보지 않고 양육자의 질타가 두려워 보유하려고만 하는 행동을 하게 된다. 이런 아동의 성격을 보유적 성격 혹은 항문기 강박적 성격이라고 하며, 완고하고 인색한 경향을 나타낸다. 둘째는 훈련방법이 엄격하고 억압적이면 마음대로 배설하지 못하는 분노를 바람직하지 못한 방법으로 발산하게 되는데, 이런 성격을 항문기 폭발적 성격(항문기 공격적 성격)이라 한다. 이 성격은 잔학하고 변덕스러우며, 파괴적이고 급하며, 지저분한 경향을 나타낸다. 한편 양육자가 대소변 훈련을 즐겁게 또는 적절하게 칭찬을 하면서 할 때, 어린 유아는 배설물을 만들어 내는 일이 극히 중요하다는 생각을 가지게 되며, 이것은 창의성 및 생산성의 기본이 된다.

다. 남근기(3~6세)

이 시기는 리비도가 성기에 집중되는 시기로, 아이들은 부모와의 성관계를 상상하고 자신의 성기를 만지작거리며 자위행위를 하면서 성적 쾌감을 얻는다. 특히 이 시기의 아이들은 이성의 부모를 사랑하여 남자 어린이는 어머니를 좋아하게 되고 여자 어린이는 아버지를 좋아하게 된다. 그러나 현실적으로 남자 어린이는 아버지 때문에 어머니를 차지할 수 없음을 알고 아버지를 살해하려고 하는 적의를 품게 되는데, 이것을 오이디푸스 콤플렉스(Oedipus complex)라고 한다. 여자 어린이는 반대로 엘렉트라 콤플렉스(Electra complex)라고 한다.

라. 잠복기(6~12세)

이 시기는 심리 성욕적 에너지인 리비도가 사라졌기 때문에 아무런 특징이 나타나지 않는 것이 아니라, 그동안에는 특정 신체의 부위에 집중되어 있기 때문에 각 단계마다 특징이 나타났던 것과는 달리 이 시기에는 리비도가 온몸에 고루 퍼져 있기 때문에 특정한 성감대를 형성하지 않는다. 그래서 리비도가 사라진 것처럼 보일 뿐이다.

마. 생식기(12세 이후)

잠재되어 있던 리비도가 사춘기가 시작되면서 다시 활성화되어 성기에 집중되는 시기이다. 이 시기에 리비도가 집중되는 신체의 부위는 남근기와 같으나, 남근기에는 자기의 성기를 만지거나 자위행위, 부모와의 상상적인 성교를 통해 쾌감을 느끼지만, 성기기에는 이성과의 직접적인 성교를 추구하고 이를 통해 쾌감을 얻으려고 하는 것이 남근기와 다르다고 할 수 있다. 한편 성기에 집중된 리비도가 잘 해소되면 사회적으로 원만한 인간관계를 형성하고, 책임감이 발달하여 이성과의 사랑도 원만하지만 반대로 그렇지 못할 경우에는 부적응으로 인한 반사회적 성격 특성을 나타낼 수 있다고 본다.

(2) 에릭슨의 심리사회적 이론

에릭슨(Erik, H, Erikson, 1902~1994)은 프로이트의 영향을 받아 자신의 이론을 발전시켰다. 그러나 프로이트처럼 성격발달이 성적 에너지에 의한다는 심리성적 발달에 대한 관점 대신 사회적 에너지에 의하여 개인과 사회의 상호작용으로 인간의 성격이 발달됨을 주장하게 되었다. 이러한 특성으로 인해 발달에 있어서 자아의 역할을 강조하면서 전 생애를 걸쳐 8단계를 제시하였다. 이러한 에릭슨의 심리사회적 이론은 몇 가지 특성을 가진다.

첫째, 프로이트의 정신분석학에 기초하였기 때문에 인간의 초기 경험을 중요시하며 어린 시절의 경험의 발달의 영향을 강조하였다. 이러한 경향에 기초하여 사회적 요인들로 인한 인간 발달의 범위를 확장하였다.

둘째, 심리사회적 이론은 프로이트가 무의식과 원초아를 중시하였던 점과 달리 자아와 의식을 중시했다. 개인이 속해 있는 사회적 관계 속에서 개인의 자아의 역할을 중시하면서 사회문화적 경험을 중시하였다.

셋째, 에릭슨은 발달을 생애 전 단계로 확장하여 출생에서 노년에 이르기까지 각 단계마다 거쳐야 하는 발달과업으로 제시하였다. 각 단계마다 대칭되는 두 개념이 균형을 이루며 발달해야 성공적으로 다음 단계로 이행이 가능하다고 본다. 이러한 에릭슨의 생애 8단계는 다음 <표 3-3>과 같다.

〈표 3-3〉 에릭슨의 생애 8단계

단 계	연 령	발달과제
기본적 신뢰감 대 기본적 불신감	출생에서 1세까지	주양육자와의 신뢰감을 형성하는데, 일관성 있는 관계를 지속하지 못하면 불신감을 형성하게 된다.
자율성 대 수치감과 회의감	1세에서 3세까지	배변 활동의 괄약근 통제, 걷기 등을 자율적으로 수행하면서 자율성이 형성되지만 배변 실수 등 기대에 적합한 행동을 수행하지 못하면 수치심과 회의감이 형성되기도 한다.
주도성 대 죄책감	3세에서 6세까지	프로이트의 남근기에 해당되며, 어떤 목표나 계획을 수행하려는 과정에서 주도성이 형성된다. 그러나 미숙함과 금지된 것들을 느끼면서 초자아를 내면화하여 죄책감을 경험하게 된다.
근면성 대 열등감	6세에서 12세경까지	여러 가지 기능을 열심히 배우는 과정에서 근면성을 형성하지만 실수나 실패를 하면 열등감을 형성하기도 한다.
정체감 대 역할 혼미	13세경부터 사춘기까지	자신의 위치, 역할, 능력 등에 대한 자아 정체감을 고민하면서 정체감을 형성하려고 한다. 그 과정에서 동일시 대상을 찾기도 하고, 역할 혼미가 생기기도 한다.
친밀감 대 고립감	20세경부터 초기성인기	직업과 배우자를 찾게 되며 이러한 과정에서 다른 사람과의 친밀감을 형성하기도 하지만 잘 이루어지지 않으면 고립감을 느끼게 된다.
생산성 대 침체성	중년기	자녀 출산 및 양육, 사회적이고 직업적 성취 등에서 생산성을 발휘하게 되지만 제대로 이루어지지 않을 경우 침체성을 겪게 된다.
자아통합 대 절망감	노년기	자신의 삶을 되돌아보고 인생의 의미를 발견하면 통합감을 형성하게 되나 후회와 실패로 무력감을 느끼면 절망감을 가지게 된다.

4) 인지이론

(1) 피아제 인지발달이론

인지발달에서 대표적인 이론은 인간의 지적 능력의 발달과정에 대한 이해에 기초한 스위스의 생물학자이며 심리학자인 피아제(Jean Piaget, 1896~1980)의 인지발달이론이다.

① 인지구조와 도식발달

피아제는 인간의 인지를 생물학적 적응의 한 형태로 보았다. 그의 주장에 의하면 인간은 태어날 때부터 환경과 상호작용을 하여 끊임없이 인지구조를 변화시켜 나간다고 한다. 이러한 인지구조의 기본 개념으로 도식(scheme 또는 schema)이라는 지식의 기본 단위를 제시하고 있다. 이러한 도식은 한 유기체가 외부의 사물을 인지하기 위해 사용하는 영유아의 인지구조, 즉 '이해의 틀'로서 피아제가 사용한 개념이다.

그런데 인간은 신체구조가 환경에 적응하는 것처럼 정신구조도 외부 환경에 적응하는 것으로 보았는데 이러한 적응은 동화와 조절을 통해 이루어진다. 동화는 외부의 환경이나 요소를 영유아(유기체)의 기존 도식 속으로 통합하는 과정이다. 또한 조절은 특정 환경이나 요인이 유아 자신의 기존 도식으로 이해되지 않을 경우 기존의 도식을 변형하는 과정으로 인지구조를 수정하는 과정이다. 새로운 경험은 긴장과 갈등을 통해 인지구조의 불평형을 유지하게 되는데 이러한 인지구조의 균형을 유지하려는 정신과정이다. 따라서 동화와 조절 또는 무시 등의 과정을 통해 인지구조는 평형화로 나가려고 하며 이 가운데 발달이 이루어지게 된다. 따라서 평형화는 발달의 원동력이 되는 셈이다. 유아는 자신의 기존 도식을 바탕으로 외부의 환경을 세계에 대한 지각과 이해를 결정하게 된다.

② 인지발달단계

인지구조는 더 복잡하고 정교한 형태로 구성되며, 그 과정에서 질적으로 상이한 인지발달단계가 존재한다고 보았는데 이것이 피아제의 인지발달단계이다. 이들 각 단계의 주요 발달적 특징을 살펴보면 다음과 같다.

가. 감각운동기(0~2세)

첫 번째 단계는 감각운동기(0~2세)로서 지적 발달의 최초의 단계로서 생득적인 반사(reflex)기능을 기초로 초보적인 감각적 도식에 의한 활동에 의존하는 단계이다. 즉, 감각운동의 행동적 도식을 형성해서 외부환경을 이해하고 적응해 가는 시기이다. 시각, 청각, 촉각, 미각, 후각의 인간 오관을 통해 감각적 경험을 하는 가운데 인지의 기초가 발달하는 단계로서 이후의 인지발달의 기초적인 역할을 하게 된다.

이러한 감각운동기 동안 아동들은 어떤 사물이나 사람이 눈앞에서 사라졌다 하더라도 계속 존재한다는 사실을 인식하는 대상영속성의 인지개념을 발달시키기 시작한다. 또한 어떤 사건은 다른 사건을 일으킨다는 인지관계를 인식하기 시작한다. 그러나 이런 능력은 다음 단계인 전조작기에 들어서야 완전히 발달하게 된다.

나. 전조작기(2~7세)

두 번째 단계는 전조작기(2~7세)로 약 2세에서 7세 사이의 입학 전 아동기를 말한다. 이때는 인지가 내면화되기는 하였으나 아직 그 작용에 한계가 많아 성인의 사고와 큰 차이를 보이는 시기이다. 전조작적 사고기 인지발달의 두드러진 특징은 기호적 기능(semiotic function), 자기중심성(ego-centrism), 중심화(centration)의 경향을 보이는 것과 더불어 보존성(conservation)의 개념을 가지고 있지 못하다는 점을 들 수 있다.

기호적 기능은 내재적으로 형성된 표상을 유아가 여러 형태의 상징 또는 기호로 표현하는 것을 말한다. 예를 들어서, 가상놀이, 그림 그리고 언어는 대표적인 기호적 기능이라고 할 수 있다. 자기중심성이란 타인의 생각, 감정, 지각, 관점 등이 자신과 동일한 것으로 가정하는 전조작적 사고의 특징을 말한다. 즉, 다른 사람의 역할과 견해를 고려할 줄 모른다.

중심화란 대상물을 여러 관점에서 보지 못하고 한 가지 방식으로만 본다. 어떤 사물이 있을 때, 아동은 그것의 한정된 지각에 국한시켜서 생각하기 때문에 다른 모든 측면을 탐색할 수 없다. 또 이런 중심화로 인해서 아동은 어떠한 사물의 피상적인 측면만을 동화하는 경향성을 가진다. 보존성이란 어떤 수, 길이, 질량, 면적, 부피 등을 그 형태나 순서를 바꾸어 여러 가지 다른 방식으로 제시한다 하더라도, 그것들은 변하지 않고 남아있다는 것을 아는 능력을 말한다. 이 시기의 아동들이 보존성이 없는 것은 사고가 감각과 밀접하게 관련되어 있기 때문이다.

다. 구체적 조작기(7~12세)

세 번째 단계는 구체적 조작기(7~12세)로서 전조작적 사고기와는 달리 중심화에서 벗어나는 탈중심화(decentration)가 이루어진다. 즉, 한 가지 차원만 고려하고 두 가지 이상의 차원을 동시에 고려하지 못하는 전조작적 사고기와는 달리 두 가지 이상의 차원을 동시에 고려할 줄 안다. 따라서 자기중심성에서 벗어나게 되고 체계적이고 논리적인 사고가 발달하게 된다. 논리적 사고의 가장 대표적인 것이 가역적 사고(reversibility)이다. 구체적 조작기에 들어서게 되면 아동은 반환성과 상보성을 가지게 되면서 가역적 사고가 가능하게 된다. 이 시기에 가역적 사고가 가장 잘 드러나는 대표적인 조작 형태가 보존개념, 분류조작, 그리고 서열조작이다.

라. 형식적 조작기(12세 이후)

마지막 단계를 형식적 조작기(12세 이후)라 하는데, 대략 15세에 완전한 발달을 이룬다. 이때에야 비로소 성인의 인지와 같아져서 논리적·추상적·과학적 사고가 가능해진다. 이 시기는 순전히 추상적이고 가설적인 수준에서도 체계적 사고를 할 수 있는 능력이 발달한다. 예를 들어서, 'A는 B보다 크고, B는 C보다 크면 A는 C보다 크다'라는 사고가 구체물을 제시하지 않는 가설적인 수준에서도 가능하다는 것이다.

이와 같이 피아제의 인지발달이론은 아동의 인지작용에서 그 시기만의 특별한 무언가를 가지고 있음을 보여주었다. 따라서 아동이 어떻게 사고하는지에 대한 체계적 이론을 제시하였다는 점에서 인지발달에 중요한 시사점을 던져주고 있다.

(2) 비고츠키의 인지발달이론

피아제가 인지발달에 있어서 유기체를 중시하였다면 비고츠키(Lev Vygotsky, 1896~1934)는 인지발달에 있어서 사회, 문화, 역사적 측면을 강조하였다. 러시아 태생인 비고츠키는 인간 발달의 사회문화적 요인의 중요성을 강조하면서 인간의 사고과정과 학습의 전체적 상호과정을 이론화하였다. 비고츠키의 인지이론은 피아제가 발달의 원동력을 유기체 내부의 주체적 역할을 강조한 것에 비해 사회, 문화적 환경을 중시하였다는 점에서 차이를 보이고 있다. 특히 외부가 내부로 내면화되는 과정을 설명함으로써 사회적 상호작용과 학습의 중요성을 중시하는 새로운 견해를 제시하였다.

① 인지발달의 사회문화적 영향

비고츠키는 인지발달에 있어서 사회문화적 기원을 중시하였다. 한 유아가 속해 있는 사회문화는 가치와 신념을 내재하고 지적 적응 도구를 제시하게 된다. 즉, 사회의 구조가 한 개인의 행동 및 정신의 구조에 결정적 역할을 한다고 보는 것이다. 즉, 인간의 사고과정은 사회적 상호작용을 통해 형성된다고 본다.

② 근접발달영역

비고츠키는 유아가 타인과 형성하는 상호작용이 학습 및 발달에 중요한 영향을 가진다고 주장하였다. 그는 근접발달영역(ZPD : Zone of Proximal Development)이라는 개념을 통해 역동적 발달의 개념을 제시하고 있다. 근접발달영역이란 한 개인이 스스로 문제를 해결할 수 있는 실제적 발달수준과 성인이나 더 나은 또래의 도움을 얻어 문제를 해결할 수 있는 잠재적 발달수준 사이의 영역을 말한다. 즉, 현재 수행할 수 있는 문제 해결 수준이 비슷한 두 아이라 할지라도 성인이나 더 나은 또래의 도움을 받아 해결할 수 있는 수준은 다를 수 있으며, 이러한 차이는 학습자의 발달에 있어서 중요한 차이라고 볼 수 있다는 것이다.

③ 비계설정

비고츠키는 발달에 선행하여 학습이 발달을 유도할 수 있다고 보았다. 즉, 발달을 주도할 수 있도록 학습을 통해 사회, 문화적 환경을 조성해야 하며 이를 위한 지원이 필요함을 제시하였다. 특히 교사와 학생 간의 상호작용이나 학생과 학생 간의 상호작용을 중시하였다. 스캐폴딩(발판화, scaffolding)은 상호작용과정을 통해 학습이 점진적으로 이루어져 가는 것을 비유한 개념이다. 스캐폴딩이란 일반적으로 콘크리트 구조물을 만들 때 콘크리트가 굳을 때까지 구조물의 모양을 지탱해 주는 지지대를 가리킨다. 이러한 스캐폴딩을 설정해 주는 것이 비계설정(飛階設定)이라고 보는데, 이는 아동이 좀 더 나은 또래나 성인이 도움을 주면 혼자 습득하기 어려운 지식이나 기능을 내면화하도록 지지해 주는 과정에 대한 설정이라고 볼 수 있다.

④ 내면화

비고츠키는 내면화(internalization)를 통해 개인이 지식을 획득하는 과정을 설명하려고 하고 있다. 이는 사회적 현상인 개체 외부의 활동을 심리적 현상인 내적 수준으로 실행시켜 나가는 과정으로, 이때 사회와 문화에 대한 지식이 매개가 된다. 이러한 과정에서는 독특한 문화가 가지는 상징인 언어가 중요한 역할을 한다고 보았다. 따라서 발달에서 언어는 사고발달의 중요한 도구적 역할을 하게 되는 것이다. 피아제가 발달이 학습에 선행한다고 보고 언어를 단지 사고발달의 결과물로 여긴 것과 달리 비고츠키는 언어가 사고발달의 도구적 역할을 하는 것으로 보고 학습이 발달에 선행한다고 봄으로써 학습의 중요성과 방법적 필요성에 대한 논의를 열어놓았다고 볼 수 있다.

5) 생태학적 이론

생태학적 이론은 인간이 환경과 상호 관련을 어떻게 맺으며 발달해 나가는가 등의 사회・문화적 맥락을 중시하는 접근이다. 생태학적 이론의 대표적 학자인 브론펜브레너(Urie Bronfenbrenner, 1917~2005)는 인간은 인접 환경의 구조로부터 확산된 생태계 구조 속에서 발달한다고 하여 생태학적 모델(ecological model)을 제시하였다. 그는 이러한 생태학적 모델을 생물생태학적 모델(bioecological model)이라고 재명명하였다(Bronfenbrenner, 1995). 이러한 생물생태학적 모델은 미시체계, 중간체계, 외체계, 거시체계로 나누어 볼 수 있다.

(1) 생물생태학적 모델

① 미시체계

미시체계는 유아가 가장 인접하고 있는 환경인 가정, 친구, 학교, 이웃 등을 포함한다. 이러한 체계 안에서는 집의 크기, 놀이터의 시설물과 같은 물리적 특성과 사회・경제적 지위, 부모의 교육수준, 교사의 신념 등과 같은 특성들이 아동의 발달에 영향을 미칠 수 있다.

② 중간체계

중간체계는 미시체계들 간의 상호관계들을 말한다. 예를 들면, 형제관계, 또래집단 간의 관계, 유치원과 부모 간의 관계가 이에 해당한다. 즉, 형제관계가 원만하지 않은 경우 또래집단 간의 관계를 긍정적으로 맺기 어려울 수도 있다는 것이다.

③ 외체계

아이가 직접 참여하여 상호작용하지는 않지만 아이에게 영향을 미치는 사회적 환경을 의미한다. 즉, 부모의 직장, 정부기관, 대중매체, 문화시설 등이 포함된다. 예를 들어, 정부에서 국가수준으로 정하는 정책은 아이가 직접 참여하지 않지만 아이에게 영향을 미치는 외체계가 될 수 있다.

④ 거시체계

거시체계는 미시체계, 중간체계, 외체계에 포함된 모든 요소와 더불어 문화적 환경까지 포함한 것이다. 이는 문화적 신념, 국가관습, 정치체제, 전통 등과 같은 것으로 이러한 사회·문화적 배경이 아이에게 영향을 미칠 수 있다.

⑤ 시간체계

시간체계는 최초의 생태학적 모델에는 포함되지 않았으나 새롭게 포함된 체계이다. 이는 전 생애에 걸쳐 일어나는 변화와 사회·역사적 환경을 의미하는 것으로 출생한 시대와 처한 시대적 상황 등과 같은 시간체계는 아이의 삶에 영향을 미친다고 보는 것이다.

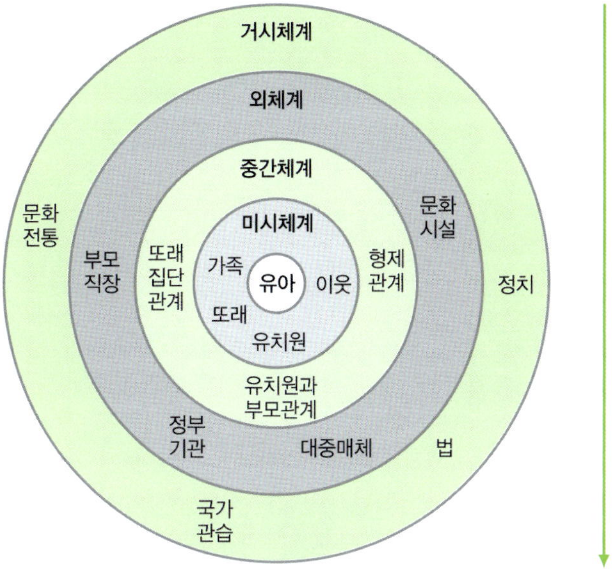

【그림 3-6】 브론펜브레너의 생태체계

(2) 생물생태학적 모델의 의미와 한계

이상과 같이 생태학적 이론은 아동발달에 대한 환경의 맥락을 체계적 관점에서 좀 더 포괄적이고 거시적으로 고려하였다는 점에서 의의를 가지고 있다. 특히 인간의 발달이 이루어져 가는 맥락과 환경에 대한 중요성이 제기되고 있는 현대사회에서 생태학적 이론은 환경이 가지는 발달의 영향력에 대한 의미를 던져주고 있다. 그러나 이러한 이론이 생태적 환경을 넘어 아동의 능동적 발달과정에 대한 설명력이 부족하다는 점도 지적되고 있다.

현대사회에서 유아교육의 환경 맥락이 가지는 의미가 강조된다는 점은 생태학적 이론의 의미를 부각시키고 있다. 따라서 맥락적, 생태적 관점에서 구체적 아동발달의 과정을 설명할 수 있는 심층적 연구와 접근이 필요할 것이다.

chapter 04

우리나라 유아교육과정

chapter

04 우리나라 유아교육과정

1. 유아교육과정의 개념

'교육과정'이라는 용어가 사용되기 시작한 시기는 명확하지 않지만 이러한 용어가 교육학 분야에서 최초로 쓰인 것은 1918년 프랭크 보비트(Bobbit)의 『The Curriculum』이라는 책에서이다. 원래 '커리큘럼(curriculum)'이라는 용어의 어원은 라틴어의 '쿠레레(curere)'에서 근거하는데 이는 말이 달리는 경주로를 의미하는 것이다. 즉, 경주로는 말이 목표점을 향해 나아가 다른 곳으로 이탈할 수 없도록 하는 틀이라고 본다면 교육에 있어서 교육과정은 학생들이 일정한 목표를 향해서 학습하는 진로 또는 내용이나 과정을 의미한다고 볼 수 있다. 보비트(Bobbit)에 의해서 커리큘럼이라는 용어가 처음 사용된 이래 교육과정은 학문적 대상으로 자리잡으며 시대적 사조나 관점에 따라 다양하게 논의되어 왔다.

유아교육과정은 이러한 교육과정이라는 개념에 기초하여 대상을 영유아에 둔 교육과정이라고 볼 수 있다. 교육과정을 무엇으로 보는가에 대한 문제는 그 시대를 주도하는 교육철학 사조에 따라 다를 수도 있고 또 교육과정을 보는 시각에 따라서도 다를 수 있다. 교육철학 사조에 따라서 교육과정은 교과중심 교육과정, 경험중심 교육과정, 학문중심 교육과정, 인간중심 교육과정으로 다양한 논의를 거듭해 왔고, 교육과정에 대한 정의도 다양하다. 유아교육과정을 보는 시각과 정의도 다양한데, 특히 로빈슨과 슈바르츠(Robinson & Schwartz, 1982)의 유아교육과정의 분류에 근거하여 유아교육과정을 보는 관점을 정리하면 다음과 같다.

1) 유아교육과정을 우연히 일어난 것으로 보는 입장

유아교육과정을 영유아가 자신의 흥미와 요구를 바탕으로 교육활동을 선택하여 이루어 가는 교육과정으로 본다. 이러한 입장에서는 놀이나 활동을 중심으로 하는 과정에서 우연히 학습이 발생할 수 있다고 보는 것이다. 따라서 영유아의 흥미중심, 생활중심의 과정을 통해 의미 있는 학습이 발견될 수 있어야 함을 강조한다.

2) 유아교육과정을 유아가 갖는 경험의 총체로 보는 입장

영유아는 경험을 통하여 의도적이건 비의도적이건 교육이 이루어질 수 있다고 보는 입장이다. 즉, 유치원이나 어린이집에서 경험하게 되는 모든 경험이 교육이 될 수 있으므로 이를 교육과정의 범주에 포함해야 한다고 보는 것이다. 따라서 의도하지 않았던 잠재적 교육과정에 해당하는 모든 경험을 교육과정이라고 본다.

3) 유아교육과정을 교수를 위한 계획으로 보는 입장

유아교육과정을 교육목표, 내용, 방법, 평가 등의 체계적인 교수계획을 의미한다고 보는 보편적 개념의 교육과정 접근이다. 교육과정에 있어서 내용의 성취를 향하여 가는 교육목표, 수업시간에 가르치는 내용, 그리고 이를 실천하는 방법이나 평가에 근거한 일련의 계획을 포함하게 된다. 이는 교육과정이 미리 정해져서 상황에 따라 융통성이 부족할 수 있다.

4) 유아교육과정을 교수요목으로 보는 입장

문서 속에 무엇을 담는가에 따라 교육과정의 모양이 달라질 수 있다. 그런데 일반적으로 문서 속에 교육목표를 이룰 수 있는 내용을 문서화하는 경우가 대부분이며, 이는 교수요목을 교육과정으로 보는 입장이 된다. 유아교육과정을 이러한 접근으로 본다면 국가나 시・도 교육청, 유치원 등에서 제시된 교육목적과 교육내용의 체계에 근거한 교수요목을 문서화해 두고 이에 근거하여 의도된 형태의 교육을 하도록 하는 것은 이러한 입장을 반영한 것이라고 볼 수 있다.

5) 프로그램으로서의 유아교육과정

이러한 관점은 특정 이론이나 가정에 근거하여 구성된 협의의 의미로 보는 교육과정이라고 볼 수 있다. 특정 프로그램을 교육과정이라고 볼 수 있는 것이다. 몬테소리 프로그램, 발도르프 프로그램 등의 특정 이론이나 관점에 근거하여 이루어진 프로그램 사체를 교육과정이라고 보는 입장이다.

2. 유아교육과정의 구성체계

교육과정의 구성에 대한 체계는 일반적으로는 타일러(Tyler)가 제시하고 있는 교육과정 구성 요소에 근거한다. 타일러는 그의 저서 『교육과정과 수업의 기본 원리』에서 교육과정 개발이나 수업설계에 포함되어야 할 요소로서 다음과 같은 네 가지를 제시하고 있다(Tyler, 1949).

- 학생들이 달성하고자 하는 교육목표는 무엇인가?
- 이 목표를 달성하기 위하여 어떤 경험을 선정해야 하는가?

- 이 교육적 경험을 어떻게 효율적으로 조직해야 하는가?
- 이 목표의 달성 여부를 어떻게 알 수 있는가?

물론 교육과정의 구성요소를 타일러(Tyler)의 전통적 교육과정의 형식에 근거하여 보는 접근의 문제점을 제시하는 재개념주의자들과 같은 다각적 논의가 있지만 사실상 현행 교육과정은 이러한 전통주의적 교육과정의 기본 틀에 근거하고 있다. 따라서 이에 근거하여 유아교육과정의 구성에 대한 기본적 논의를 교육과정의 일반적 구성요소인 교육목표의 설정, 교육내용의 선정 및 조직, 교수-학습 방법, 교육평가로 나누어 살펴보면 다음과 같다.

1) 교육목표의 설정

교육목표는 교육을 통해서 달성하고자 하는 행동 변화를 나타내는 말이며 이것은 교육이 나아갈 방향을 제시해 주고 교육활동의 지침적 역할을 수행한다. 교육내용 그 자체의 가치를 주장하며 교육목표를 설정할 필요가 없다고 주장하는 사람도 있으나 교육내용에서 도달점을 설정하는 교육목표를 강조하기도 한다.

교육목표가 분명할수록 교육적 활동은 더욱 의미를 가지게 되며, 교육 효과도 상승할 가능성이 높아진다. 교육의 목표가 명확하다는 것은 그 이후에 따라 오는 교육내용의 선정이나 조직, 교수-학습 과정, 평가에 뚜렷한 방향을 제시한다는 의미이기 때문이다. 교육목표 설정 자원은 대체로 다음과 같은 몇 가지로 들 수 있다.

첫째, 학습자의 필요와 요구이다. 가르치는 교육내용은 학습자의 흥미와 요구에 적합하여야 한다. 물론 학습자의 흥미나 요구에 관계없이 정신적 도야 가치를 주장하는 학자들도 있지만, 학습자가 원하지 않는 것이라면 성공적인 교육적 효과를 기대하기 힘들 것이다. 예를 들면, 직업에 관련된 목표, 건강에 관련된 목표, 그 외 부딪히는 문제 해결에 관련된 목표 등은 언제나 학습자들이 관심을 갖는 것들이다. 그리고 중요한 것은 학습자들의 발달단계도 함께 고려되어야 한다는 점이다. 아무리 필요한 목표라고 하더라도 학습자들이 신체적으로 혹은 정신적으로 미숙한 상태라면 그 목표는 달성하기 힘들 것이기 때문이다.

둘째, 그 사회의 필요와 요구이다. 즉, 사회가 바라는 바가 교육목표 설정의 원천이 된다는 것이다. 교육은 결국 주어진 사회의 테두리 안에서 행하여진다. 그 사회의 요구를 거부하는 교육은 존재할 수 없다. 단적으로 말해서, 사회에서 필요한 인력의 공급, 지역사회에서 요구하는 목표 등을 학교가 거부할 수는 없다. 나아가 그 사회에 적응하고 자신의 성취를 이루어 가는 데 필요한 지식, 기능, 태도는 반드시 학교의 교육목표에 반영되어야 할 것이다.

셋째, 교과 전문가들의 교과에 관한 의견이 교육목표에 반영되어야 한다. 어떤 교과에서 기본적으로 학습해야 할 내용이 무엇이고, 중요하게 다루어야 할 내용이 어떤 것인가를 연구하고 분석하여 잘 파악하고 있는 전문가의 의견이 중요하다. 따라서 교과 전문가는 교과별 교육목표나 단원을 설정하는 데 있어서 매우 귀중한 의견을 제시할 수 있다. 다시 말하여, 교과 전문가들의 제안은 교육목표 추출의 또 다른 자원이 될 수 있다.

넷째, 교육철학은 교육목표의 자원이 된다. 이것은 그 국가의 국가이념을 포함해서 그 시대의 교육사조도 교육목표의 설정에 영향을 미친다는 것이다. 예를 들면, 우리나라는 민주주의 이념을 따르고 있는데, 우리나라의 교육목표는 민주주의 철학에 바탕을 두고 설정되어야 한다. 그리고 진보주의, 본질주의, 항존주의, 재건주의, 실존주의 등 이러한 여러 가지 교육철학적 사조도 교육목표 설정에 영향을 미칠 수밖에 없다. 어느 사조에 교육목표 설정의 근거를 두는가에 따라서 가르치는 방향과 내용은 전혀 달라질 수밖에 없을 것이다.

2) 교육내용의 선정 및 조직

(1) 교육내용의 선정

교육내용 선정에 관련된 원리는 여러 가지로 생각할 수 있다. 어떠한 것이 가치 있는가는 교육사조나 철학에 따라 다르지만 일반적으로는 다음과 같은 원리들을 따를 것을 권하고 있다.

첫째, 일관성의 원리이다. 교육내용은 교육목표를 달성할 수 있는 것이어야 한다. 다시 말하면, 독서 능력을 향상시킨다는 목표가 있으면 독서 능력을 향상시킬 수 있는 바로 그 경험이 교육내용으로 선정되어야 한다. 창의력을 향상시킨다는 목표를 세워두고 암기의 기능을 향상시키는 내용을 선정해서는 곤란하다.

둘째, 중요성의 원리이다. 이것은 학문중심 교육과정에서 강조되는 내용인데 교과를 구성할 때에는 학문을 구성하는 기본 개념을 중시하여야 한다는 것이다. 오늘날의 지식의 양은 엄청나게 늘어나 있으므로 일반적 사실을 다 가르치기는 불가능하다. 따라서 일반적 사실보다도 전이가(轉移價)가 높은 지식의 구조, 기본 개념, 일반적 원리들을 가르쳐야 한다.

셋째, 사회적 유용성의 원리이다. 진보주의, 사회재건주의의 관점에서 본다면 교육의 내용은 학습자가 사회에서 문제 해결을 하는 데 도움을 줄 수 있는 것들이어야 한다. 따라서 사회적으로 필요한 기능이 무엇인가, 학생들이 생활하는 데 필요한 내용은 어떤 것인가를 잘 분석하여 교육내용에 반영하여야 한다.

넷째, 학습 가능성의 원리이다. 아무리 좋은 교육내용이라고 하더라도 학생들이 학습할 수 있는 가능성이 있는 내용을 선정해야 할 것이다. 학습 대상의 학습 능력, 그들이 처해 있는 학습환경, 시설, 혹은 선행학습 정도 등을 고려하여 학습내용이 선정되어야 보다 효율적으로 교육목표를 달성할 수 있을 것이다.

다섯째, 흥미의 원리이다. 교육내용의 선정은 학습자들의 흥미를 고려해서 선정되어야 한다. 학습자들이 흥미를 갖지 않을 때 그것이 제대로 학습될 가능성은 그만큼 줄어들 것이기 때문이다. 유치원이나 초등학교 학습 단원에서 학습자의 주변에서 학습내용을 찾고, 중·고등학교에서 선택 과목의 폭을 넓히는 것 등은 바로 학습자의 흥미의 원리를 존중하는 것이라고 볼 수 있다.

(2) 교육내용의 조직

교육내용이 선정되면 이를 조직하여야 할 것이다. 이와 같은 교육내용 조직에 있어서는 일반적으로 교육내용 상호 간 밀접하게 관련지으면서 쉬운 것에서 어려운 것으로, 구체적인 것에서 추상적인 것으로, 일반적인 것에서 특수한 것으로, 학습자의 가까운 것에서 먼 것으로 조직하는 것이 원칙이다. 다음에 제시하는 것들은 특히 교육내용 조직에서 유의해야 할 것들이다.

첫째, 계속성(continuity)의 원리이다. 내용의 계속성이란 학습 경험의 수직적 조직에서 어떤 특성의 경험 요소가 지속적으로 반복되게 조직하는 것이다. 즉, 중요한 교육내용은 한 번만 학습자들에게 제공되는 것이 아니고 일정한 기간을 두고 계속적으로 반복 제시함으로써 학습자들에게 충분한 학습기회를 제공한다는 것이다. 이것은 일회적 내용제시로 교육목표의 달성이나 행동 특성의 변화를 기대하기 어려울 경우 특히 강조되는 원리이다. 예를 들면, '날씨의 이해'라는 목표가 있을 경우, 이러한 목표는 일회적 내용 제시만으로 달성이 어려울 것이다. 따라서 일정 기간을 두고 계속해서 날씨를 살피고 언어로 표현하도록 학습자들에게 제시되어야 하는 것이다.

둘째, 계열성(sequence)의 원리이다. 계열성은 학습자에게 어떤 내용을 먼저 제시하고 어떤 내용을 뒤에 제시할 것인가를 결정하는 학습경험의 수직적 조직에 요구되는 원리이다. 이것은 계속성과는 다른 차원의 원리이다. 계속성이란 비슷한 수준의 경험이 일정한 기간을 두고 반복 제시되는 경우를 말하지만, 계열성의 원리는 동일한 내용의 단순한 반복이 아니라 점차적으로 내용의 수준을 높여서 더욱 깊이 있고 폭

넓은 내용으로 제시되는 경우를 말한다. 이것은 학문중심 교육과정에서 강조하는 나선형 교육과정(spiral curriculum)과 유사한 개념이다. 즉, 동일한 교육내용을 나이나 학년이 올라감에 따라 그 표현 방식(작동적 표현, 영상적 표현, 상징적 표현 등)을 달리해서 폭과 깊이를 더해가면서 조직하는 것이다.

셋째, 통합성(integration)의 원리이다. 통합성이란 교육내용을 하나하나 단편적 지식으로 조직하기보다는 교육내용들의 관련성을 바탕으로 상호 조화롭게 연결지어 조직하는 것을 말한다. 보다 구체적으로는 관련 있는 내용들끼리 동일한 단원 내에 혹은 비슷한 시간대에 조직하여 수업의 효율성을 높이도록 조직하는 것을 말한다. 이렇게 될 경우, 학습자들은 여러 학습 장면에서 얻은 교육내용들이 학습자의 두뇌 속에서 서로 연결되고 관련되기 때문에 학생 경험의 통합을 가져올 수 있다. 즉, 이러한 교육내용의 통합적 조직은 논리적이고 사회적 측면에서 관계와 통합을 이루도록 고려하는 방식으로 교육과정을 개발할 것을 요구하게 된다.

3) 교수-학습 방법

교육내용의 선정과 조직이 이루어지면 그 다음의 문제는 이것을 어떻게 가르칠 것인가를 정하고 수업을 진행하는 단계가 된다. 이 단계는 교육내용이 실제로 학습자에게 전달되고, 학습자가 그것을 경험하는 단계이다. 아무리 교육목표가 훌륭하게 설정되고 교육내용이 적합하게 선정·조직되었다고 하더라도 그것이 학습자에게 제대로 전달이 되지 않는다면, 아무런 소용이 없을 것이다.

유아교육에서는 교육내용이 교수와 학습으로 이어지기 위해 어떠한 방법으로 나아가야 하는가에 대해 지속적 논의가 있어 왔다. 유아의 흥미에 맞추어 놀이를 통한 교수-학습이 이루어질 수 있으며 또한 대그룹과 소그룹의 적절한 조화를 통해 학습이 이루어지도록 돕기도 한다. 나아가 교수-학습의 환경이 실내와 실외를 모두 고려하기도 한다. 때로는 개별의 활동으로, 놀이로, 탐색으로 교수-학습의 바람직한 방향을 모색하게 된다.

4) 교육평가

평가는 교육과정 구성의 마지막 단계이다. 이 평가 단계는 앞에서 설정된 교육목표가 어느 정도 달성되었는지 측정해 보고 판단하는 과정이라고 할 수 있다. 이러한 평가는 두 가지 측면에서 이루어져야 한다. 한 측면은 교육과정 구성요소에 대한 평가이며, 다른 한 측면은 학습 성과에 대한 평가이다.

(1) 교육과정 구성요소에 대한 평가

교육과정 구성요소에 대한 평가는 각 구성요소의 단계가 모두 평가의 대상이 된다. 즉, 다음과 같은 다양한 부분을 포함하여 전반적인 과정을 모두 평가하는 것이다.

- 교육목표의 설정이 올바른 절차와 자원 아래서 결정되었는가?
- 교육내용의 선정・조직이 주어진 원리에 충실하여 이루어졌는가?
- 교수-학습 과정이 적절한 수업 모형과 학습자의 수준에 맞게 진행되었는가?
- 학습 성과의 평가가 올바르게 이루어지고 이 결과는 다시 교육목표의 설정, 교육내용의 선정・조직, 교수-학습 과정 등에 반영이 되었는가?

이러한 계속적인 평가의 과정을 통하여 교육과정 구성의 각 요소들은 수정되고 상호 밀접한 관련을 가지게 된다.

(2) 학습 성과의 평가

학습 성과의 평가는 크게 목표지향평가, 가치지향평가, 선택과 의사결정의 평가로 정리된다. 교육평가에 관한 최초의 정의를 한 타일러는 교육평가를 본질적으로 "교육과정과 수업 프로그램에 의해 주어진 교육목표가 어느 정도 달성되었는지를 밝히는 과정이다"라고 정의했다(Tyler, 1949). 이는 어떤 교육과정이나 수업 프로그램은 달성하고자 하는 교육목표를 가지고 있으며, 그 목표에 비추어 교육과정이나 수업 프로그램이 어느 정도 달성되었는가를 측정하고 판단하는 과정이 교육평가라는 것이다.

타일러의 교육평가 정의가 지나치게 목표지향적인 데 반하여, 탈목표 가치지향적으로 평가의 의미를 해석하려는 입장이 스테이크(Stake)나 스크리븐(Scriven) 등에 의해 제기되었다. 즉, 평가는 어떠한 경험, 개념 또는 과정의 가치를 판단하는 데 초점을 두어야 한다고 믿는 입장이다. 이러한 입장에서는 타일러의 입장처럼 목표에 관련된 틀을 정해 놓고 평가하는 것이 아니라 평가 과정에 있어서 자유로운 관찰과 반응에 기초한 가치 판단을 평가의 본질적인 의미로 내세우고 있다. 그리하여 교육에 관련된 다양한 집단, 즉 생산자나 소비자 모두를 위한 교육 실제에 관한 전문적 판단을 형성하는 것이 교육평가의 의미로 받아들여진다.

또한 판단의 입장에서 한 걸음 더 나아가 평가를 선택과 의사결정을 그 본질로 삼는 입장이 있다. 스터플빔(Stufflebeam) 등이 대표적인 인물인데, 이 입장에서는 교육평가를 의사결정의 대안들을 판단하는 데 유용한 정보를 기술하고 획득, 제공하는 과정으로 보았다. 즉, 교육적 의사결정이 필요한 곳을 확인하고, 이러한 의사결정이 요구되는 문제에 관해 여러 가지 해결 대안을 마련하며, 대안 선정 시의 기준을 설정하고, 여러 가지 대안을 판별할 수 있는 정보를 규명·수집하고, 마지막에는 선택된 대안이 본래의 기대에 부응하였는가를 결정하는 과정이 평가의 본질이라고 보고 있다(김대현·김석우, 1996).

결국 교육평가는 다음과 같은 과정이 포함되는 일련의 활동이라고 할 수 있을 것이다.

첫째, 교육과정이나 수업 프로그램에 대한 체계적인 증거의 수집 활동이다.

둘째, 학습자의 행동 변화 및 학습과정에 관한 정보 수집 활동이다.

셋째, 이러한 증거에 따라서 목표에 기준을 두어 교육활동의 효율성을 따져보는 활동이다.

넷째, 앞의 여러 가지 활동에 비추어 가치를 판단하는 활동이다.

위의 과정들이 어떤 점에서는 약간씩 겹치거나 중복되는 부분이 있지만 여러 학자들의 견해를 종합해 보면 결국 평가는 위와 같은 활동들이 포함되고 있으며 위와 같은 활동들에 의하여 평가가 이루어지고 있다고 보아야 할 것이다. 결론적으로 교육평가라는 것은 학습자의 행동변화 및 학습과정에 관한 제반 정보를 수집하고 이용함으로써 교육적 의사결정을 내리는 데 도움을 주거나 한 걸음 더 나아가 의사결정을 내리는 과정이라고 할 수 있다.

3. 누리과정 이전의 유치원 교육과정의 변천

1) 제1차 유치원 교육과정

1966년 7월 15일 문교부는 유치원 교육과정을 마련하기로 결정하고 이 분야의 전문가와 문교부 교과과정 운영회의 심의를 거쳐 제1차 유치원 교육과정(1969. 2. 19. 문교부령 제207호)을 공포하였다. 그 주요 사항은 다음과 같다.

- **(제정취지)** 교육과정 제정취지는 바람직한 인격 형성을 위하여 어린이의 심신발달에 알맞은 조건을 주어야 하며 이를 위해서 어린이의 흥미와 욕구에 맞는 환경을 주어 어린이들로 하여금 즐거운 가운데서 도움이 될 수 있는 경험을 몸에 익혀 나아갈 수 있도록 하기 위함이다.
- **(목적과 목표)** 유치원 교육의 목적은 건강한 신체와 건전한 정신으로 행복하게 생활할 수 있는 유능한 한국 국민이 될 기초를 닦음을 목적으로 하고 구체적 목표는 다음과 같다.
  - 건강 및 안전 교육
  - 기초적인 생활 습관, 바른 사회적 태도와 도덕성
  - 자연과 사회의 제 현상에 관심 가지기, 과학적이고 민주적인 사고력
  - 듣기와 말하기 바로하기, 바른말과 고운 말 사용하기
  - 심미적 태도, 창조적 표현 능력 배양 등
- **(교육영역 및 교육내용)** 교육과정상의 교육내용은 건강, 사회, 자연, 언어, 예능 등의 5개 영역으로 이루어지며, 유아는 종합적인 생활을 영위하므로 초등학교와 같은 교과 중심의 교육을 피하고 생활을 중심으로 종합적인 교육을 계획, 실천하여야 한다.

- (**교육일수와 시간**) 유치원의 교육일수는 연간 200일 이상으로 하고, 하루의 교육시간은 3시간(180분)을 기준으로 기후, 계절, 어린이의 발달 정도, 학습 경험, 내용의 성질 등을 감안하여 각 유치원 실정에 맞도록 시간 단위를 조절한다.
- (**종합특징**) 1차 교육과정은 건강, 사회, 자연, 언어, 예능 등 초등학교의 교과적 요소를 내포하고 있으면서도 초등학교와 같은 교과중심의 교육은 피하고, 생활중심을 강조하고 있다. 또한 바람직한 인격 형성, 건강과 위생, 신체발달을 강조하며 5개 영역 모두 습관과 태도를 중요하게 취급하고 있다. 지역사회와 밀접한 관련을 갖고 유치원의 교육목적, 교육방법, 교육평가 등을 운영토록 하였다. 그러나 제1차 유치원 교육과정은 운영 지침 및 자료를 충분히 마련하지 못한 상황에서 미국 유치원 교육내용을 단순하게 도입했다는 평가를 받고 있다.

2) 제2차 유치원 교육과정

제1차 유치원 교육과정 제정 이후 1979년 제2차 유치원 교육과정(1979. 3. 1. 문교부 고시 제424호)이 개정되었다. 주요 사항은 다음과 같다.

- (**제정취지**) 시대, 사회적 변화에 대응하고 유아교육의 새로운 이론적 체계를 반영하며, 유치원 교육의 공교육화에 대비하기 위함이었다.
- (**교육목표**)
  - 남과 잘 사귀고 남과 더불어 생활하는 것을 즐길 수 있도록 한다.
  - 사회와 자연현상에 호기심과 흥미를 가지고 느끼고, 심미하고, 상상하며, 다양하게 표현하는 능력과 습관 및 태도를 기른다.
  - 새로운 현상과 사태에 스스로의 힘으로 탐구하고, 적응할 수 있는 능력과 태도를 기른다.
  - 타인의 말을 이해하고 자신의 경험과 생각을 표현하는 데 필요한 언어구사력과 고운 말을 쓰는 습관 및 태도를 기른다.
  - 기초적인 운동능력을 기르며, 건강생활을 영위하는 데 필요한 이해와 습관 및 태도를 기른다.
- (**교육활동**) 교과별 편제를 지양하고, 발달 과업을 중심으로 사회정서 발달영역, 인지발달 영역, 신체발달 및 건강 영역 등 4개 발달영역별로 편성한다. 여기서 발달영역별 편성이란 발달영역별 지도를 의미하는 것이 아니라 내용 진술의 편의를 위한 것에 불과하다.
- (**교육일수**) 유치원의 연간 교육일수는 200일로 하고 주당 교육시간은 18~24시간으로 한다. 하루 학습시간은 3~4시간으로 한다. 유치원의 한 시간의 지도 시간은 지역사회의 특성, 유아의 발달수준, 기후, 계절, 학습 과제의 특성, 아동의 흥미 등을 고려하여 그 실정에 맞도록 조절한다.

- (**종합특징**) 제1차 때의 교과적 분류와는 달리 사회정서, 인지, 언어, 신체발달 및 건강에 관한 유아발달이론을 체계적으로 도입했다는 것이 특징이다. 특히 정서발달과 인지발달을 새롭게 강조하였으며, 조국근대화에 발맞춘 국가발전을 강조한 것도 특이한 점이다.

3) 제3차 유치원 교육과정

제3차 교육과정은 1981년 12월 31일에 개정・공포되어 1982년 3월 1일부터 시행되었다. 그 주요 사항은 다음과 같다.

- (**제정취지**) 제3차 유치원 교육과정은 유아교육과정의 절실한 개정의 필요성에 의해서라기보다는 유치원, 초등학교, 중학교, 고등학교의 교육과정을 전반적으로 개정하는 작업의 일환으로 이루어졌다. 교육개발원이 주축이 되어 유아교육역사상 처음으로 유치원 교육과정에 대한 연구가 집중적으로 이루어졌다.
- (**교육목표**) 학교교육의 목적은 민주, 복지, 정의 사회의 건설에 적극적으로 이바지할 수 있는 자주적이고 창의적인 국민을 길러내는 것을 목적으로 하며, 따라서 학교교육은 건강한 사람, 심미적인 사람, 능력 있는 사람, 도덕적인 사람, 자주적인 사람으로 자라게 도와주어 전인적 발달이 이루어지도록 하는 데 목적이 있다. 이를 위해 건전한 심신의 육성, 지력과 기술의 배양, 도덕적인 인격의 형성, 민족 공동체 의식의 고양 등에 역점을 두어 구성한다. 또한 유치원 교육은 유치원 아동에게 알맞은 교육환경 속에서 즐겁고 다양한 활동을 통하여 전인적으로 성장할 수 있도록 도와주는 데 목적이 있다.
- (**교육과정 편성**) 유치원 교육과정은 발달영역별로 편성하며, 발달영역은 신체발달 영역, 정서발달 영역, 언어발달 영역, 인지발달 영역, 사회성발달 영역으로 편성하였다.
- (**교육일수**) 연간 교육일수는 200일(1, 2차 때의 연간일수)에서 180일 이상으로 하며, 하루 교육시간은 3~4시간을 기준으로 지역사회의 특성, 아동의 발달수준, 흥미, 기후, 계절 및 과제의 특성 등을 고려하여 조정할 수 있도록 하였다.
- (**종합특징**) 유치원 교육과정을 단독으로 제정 혹은 개정하는 데서 벗어나 문교부가 유치원을 초등학교, 중학교, 고등학교 교육과정을 동일선상에 놓아 이들 교육과정을 전반적으로 개정하기 위한 일환으로 이루어졌다는 특징을 가진다. 평가에 대한 지침이 유치원 교육과정을 통해 처음으로 제시되었다. 평가는 아동의 발달 상황을 이해하고 도와주는 긍정적 측면에서 하되, 목표지향적 평가가 이루어지도록 하였다. 또한 구성방침, 운영지침, 지도상의 유의점 등으로 제시했던 내용이 운영지침(계획, 지도, 평가)으로 재구성하여 현장에 실질적인 도움을 주려고 노력했고, 초등학교와의 연계성을 고려하여 초등학교(당시 초등학교) 초기학습기능의 바탕을 준비하도록 하였다. 우리나라에서 초등연계교육을 고려한 최초의 교육과정이었다.

4) 제4차 유치원 교육과정

당시 교육법 제155조 제1항의 규정에 의하여 제4차 유치원 교육과정이 교육부 고시 제87-9호로 1987년 6월 30일에 고시되어 1989년 3월 1일부터 시행되었다. 그 주요 내용은 다음과 같다.

- **(제정취지)** 제4차 유치원 교육과정은 주기적인 교육과정 개정의 필요성과 제3차 유치원 교육과정의 내용 및 운영상에 나타나는 문제점 개선을 위하여 제3차 때와 마찬가지로 교육부(당시 문교부)의 위촉으로 한국교육개발원이 주축이 되어 개정하였다.
- **(교육목표)** 우리나라 교육은 홍익인간의 이념 아래, 모든 국민으로 하여금 인격을 완성하고 자주적 생활능력과 민주시민으로서의 자질을 갖추게 하여, 민주 국가발전에 봉사하며, 인류공영의 이상실현에 기여하게 함을 목적으로 하고 있다. 이러한 목적에 따라 이 교육과정은 건강한 사람, 자주적인 사람, 창조적인 사람, 도덕적인 사람을 기르는 데 역점을 두어 구성하였다. 이에 따라 유치원 교육목표 건강, 안전, 생활습관, 기본적인 감각·운동기능, 신체의 조화로운 발달을 이루며, 타인의 말을 이해하고 자기생각 말하기 기초기능을 가지며, 주변현상에 관심을 갖고 알아보려는 태도를 가지며, 자신의 일에 자부심을 갖고, 기본적인 생활 습관을 기르고 가족과 이웃 사랑하는 마음씨를 지니게 한다고 규정하였다.
- **(교육과정 영역)** 교육과정 영역은 제3차와 마찬가지로 신체, 언어, 인지, 정서, 사회성 등 다섯 개의 발달영역으로 편성하고 각 영역별 일반 목표에 하위목표를 두었다. 과거의 교육과정에서는 각 발달영역이 교과로 오인되는 소지가 많아 이러한 문제를 없애기 위하여 내용영역을 없애고 목표수준만을 제시하였다.
- **(교육일수)** 연간 교육일수는 3차 때와 마찬가지로 180일 이상으로, 다만 하루 교육시간은 3차때 3~4시간 기준이던 것을 3시간 기준으로 하고 유아의 발달수준, 지역사회의 실정, 유치원의 특성, 활동내용 및 계절 등에 따라 조정, 운영할 수 있도록 하였다.
- **(종합특징)** 유치원 교육과정은 교사들이 교육내용을 자율적으로 설정할 수 있게 함으로써 다양성을 가질 수 있었으나 교육의 기회균등 보장이 어려웠고, 일정수준의 질적 수준을 유지하기 힘든 단점을 드러냈다. 교육의 질이 교사의 질에 좌우된다고 볼 때, 유치원 교사들의 학력이나 경험, 자질의 편차가 심하여 교육내용이나 활동 선정 시 큰 폭의 차이를 보인 것은 목표중심의 교육과정에 의한 문제점이었다(교육부, 1994).

5) 제5차 유치원 교육과정

교육법 제155조 제1항에 의거하여 제5차 유치원 교육과정이 1992년 9월 20일 고시되어 1995년 3월 1일부터 시행되었다. 그 주요 사항은 다음과 같다.

- (제정취지) 제5차 유치원 교육과정은 교육현장의 요구, 즉 발달영역별 생활경험 내용의 추출과 사회적 관계 강조, 3세 유아의 교육문제를 포함시키는 것, 취업모 증가에 따른 종일반 운영 필요성 등을 반영하기 위해 개정하였다. 주목할 점은 제5차 유치원 교육과정부터 교육과정 개정의 주축이 교육개발원에서 한국유아교육학회로 이전하게 되었다는 점이다.
- (교육목표) 유치원교육의 목표는 건강한 사람, 자주적인 사람, 창의적인 사람, 도덕적인 사람을 구현하기 위함이다. 이러한 목표를 구현하기 위한 교육과정의 구성방침은 네 가지(① 도덕성과 공동체의식이 투철한 민주시민을 육성한다. ② 사회의 변화에 대응할 수 있는 창의적인 능력을 개발한다. ③ 유아의 발달 특성을 고려하여 교육내용과 방법을 다양화한다. ④ 교육과정 편성·운영체제를 개선하여 교육의 질 관리를 강화한다)로 제시하였다.
- (교육과정 구성) 제5차 유치원 교육과정의 구성중점은 기본생활교육 강조, 유아의 요구와 흥미, 개별성 존중, 놀이중심의 교육, 유아의 전인적 성장과 발달 돕기이다. 교육과정은 건강생활, 사회생활, 표현생활, 언어생활, 탐구생활로 편성되었다.
- (교육일수) 교육일수는 연간 180일을 기준으로 하되, 유아의 연령을 고려하여 조정할 수 있다. 하루의 교육시간은 180분을 기준으로 하며, 제4차 때의 3시간을 180분이라는 분단위로 바꾸어 진술하였다.
- (종합특징) 1991년에 개정된 교육법에서 1992년 3월부터 유치원 입학 연령을 기존의 4~5세에서 만 3~5세로 조정하고, 이를 반영하여 교육과정의 내용을 Ⅰ수준과 Ⅱ수준으로 구분하여 제시하였다. 시·도 교육청도 교육과정 편성 운영 지침을 작성하였는데 이는 각 지역의 특수성, 유치원의 실태, 유아들의 발달 정도를 고려하여 국가수준의 교육내용을 융통성 있게 변화시킬 수 있는 교육자치 반영의 형태로 구성하였다. 또한 발달 영역과 생활 영역을 통합하였고, 기본생활교육 및 사회적 관계를 강조하며, 건강, 사회, 표현, 언어, 탐구 생활 등 전 영역에서 기본습관과 태도를 형성시킬 수 있는 내용을 강조하였다. 그리고 유치원에서의 언어교육은 기능 중심의 문자 쓰기 지도보다는 다양한 언어사용의 기회를 제공함으로써 장래 언어교육의 기초가 자연스럽게 형성되도록 한다는 언어교육의 방향을 제시하였고, 유치원의 교수-학습 방법을 제시하였다. 제5차 교육과정부터 교육의 지방자치시대를 맞이하여 국가수준의 교육과정, 시·도 교육청 교육과정, 시·군 교육청 교육과정, 단위유치원 교육과정으로 분리를 시도하게 되었다.

6) 제6차 유치원 교육과정

2000년 3월 1일부터 실시된 제6차 유치원 교육과정은 교육부가 제5차에 이어 한국유아교육학회에 위촉하여 개정이 이루어졌다. 그 주요 사항은 다음과 같다.

- (제정취지) 제6차 교육과정 개정의 중점사안은 세계화, 정보화 사회를 주도할 자율적이고 창의적인 인간 교육, 생활주제 중심의 통합적 교육운영과 유아의 자기주도활동을 강조함으로써 학습자 중심의 교육 실천, 유아의 계속적인 성장 발달을 고려하여 가능한 한 초등교육과의 연계성 도모 등이었다.
- (구성방침)
  ① 사회 변화의 흐름을 주도할 수 있는 기본 능력을 길러줄 수 있도록 교육과정을 구성한다.
  ② 교육내용의 양과 수준을 적정화하고, 유아발달에 적합한 수준별 교육과정을 구성한다.
  ③ 유아의 발달 특성을 고려하여 교육내용과 방법을 다양화한다.
  ④ 교육과정 편성과 운영에 있어서 현장의 자율성을 확대한다.
  ⑤ 교육과정 평가체제를 확립하여 교육에 대한 질 관리를 강화한다.
- (교육과정 내용) 교육과정의 영역별 교육내용을 Ⅰ·Ⅱ수준과 공통수준으로 구분하고 있다. 이러한 수준별 교육내용의 구성 이유는 3, 4, 5세의 유아들이 발달적 차이를 가지고, 이들의 발달이 통합적, 연속적으로 이루어지며, 학습의 속도가 점진적으로 이루어진다는 점에 있다. 따라서 제6차 교육과정에서는 3, 4, 5세 유아들의 발달수준에 적합한 개별화 교육이 이루어지도록 하고 있다. 일반적으로 Ⅰ수준은 3, 4세의 발달 특성을 나타내는 유아에게, Ⅱ수준은 4, 5세의 발달 특성을 나타내는 유아에게 적합한 교육내용이라고 보며, 공통수준은 3, 4, 5세에 걸쳐 지속적으로 경험되어야 할 내용으로 본다. 제6차 교육과정은 3, 4, 5세 유아들의 발달적 특성과 차이를 반영한 교육내용의 선정과 Ⅰ·Ⅱ수준 간의 연속성을 타당화할 수 있도록 하는 데 개정의 중점을 두고 있다. 또한 Ⅰ수준과 Ⅱ수준 간의 모호성을 되도록 탈피하면서 위계성을 가지도록 노력하였다.
- (교육일수) 제5차에서도 종일반 운영에 대한 사항을 시·도 교육청에서 마련하도록 제시한 바 있으나, 교육현장에서는 종일반을 운영할 때 그 지침이 분명치 않아 여러 가지 혼란을 초래하였다고 판단하고 구체적인 지침을 마련하였다. 1999년부터 시행되는 유아교육진흥법에서는 유치원의 수업과정을 1일 3시간 이상 5시간 미만의 반일제, 5시간 이상 8시간 미만의 시간연장제, 8시간 이상의 종일제 프로그램으로 구분, 운영하여 부모들이 선택하도록 하고 있다.
- (종합특징) 제6차 교육과정에서는 유치원에서 할 수 있는 기본생활습관과 협동적인 생활태도를 길러줄 수 있는 구체적인 교육내용을 마련하여 인성교육의 방향을 제시하는 데 중점을 두었다. 세계화, 정보화시대, 핵가족이라는 당시 시대 화두에 기반하여 감성 개발 교육이 요구되어 5개의 모든 영역에서 유아들이 감성을 개발할 수 있는 내용들을 경험할 수 있도록 하는 데 중점을 두었다. 제6차 교육과정에서는 교육과정 전 영역에 걸쳐 창의적 경험을 할 수 있는 환경 조성, 창의적 표현의 기회 제공이 이루어지도록 하였다. 유아의 창의성을 신장시키기 위해서는 일상생활에서 일어나는 특이한 사건에 호기심을 가지게 하며, 다양한 관점에서 남과 다르게 생각해 볼 수 있는 풍부한 기회를 제공하려고 하였다. 그리고 유아들이 다른 나라 및 다른 나라의 특성을 이해하고 수용하는 다문화적 체험을 강조하는 반면, 우리의 전통 문화를 귀중히 여기고 계승·발전시킬 수 있도록 구체적인 교육내용을 제공하여 활동하였다.

7) 2007 개정 유치원 교육과정

21세기 사회적 변화는 교육현장의 변화에 대한 요구로 이어졌고, 지속가능발전의 개념이 교육과정에 영향을 미치기 시작하였다. 특히 유치원 현장의 요구 등에 근거한 유치원 교육의 질적 발전 도모를 위한 유치원 교육과정 개정에 대한 필요성이 제기되었다. 이러한 배경에서 2006년부터 한국교육과정평가원은 유치원 교육과정 개정 연구를 위탁받아 개정 연구, 토론회, 현장 적합성 검토를 거쳐 개발하였고, 이는 2007년 12월 19일에 고시되기에 이르렀다. 이러한 2007년 개정 유치원 교육과정은 2008년에 교육과정 해설서 및 지도자료집 연구 개발에 이어 2009년 3월부터 적용되었다. 그 주요 사항은 다음과 같다.

- (제정배경) 2007년 개정 유치원 교육과정은 2004년 유아교육법 제정 이후 처음으로 개정된 유치원 교육과정이라는 특성에 따라 그 성격 또한 유아교육법에 의거하여 국가수준의 교육과정의 성격이 강조되었다.
- (구성방침) 교육과정의 구성 방침은 2007년 개정 유치원 교육과정에서 "21세기 지식 정보화시대를 주도할 사람과 자연을 존중하고 사랑하는 한국인 육성"이라는 방향으로 구체화 되었다. 우선 제6차에 비해 세계관을 명확하게 진술하면서 인간과 자연 손숭의 생태직 세계관이 강조되었다는 것을 찾아볼 수 있다. '사람과 자연을 존중하고 사랑하는 세계관'에 대한 명시는 개정의 가장 큰 의미가 기능주의적 관점이 아니라 가치론적 관점에서 생명존중사상에 근거한 사람-자연 존중 세계관을 기저로 하는 특성을 띠고 있다(문미옥, 2008).
- (교육과정 영역) 교육과정의 영역에 있어서는 제6차 유치원 교육과정과 같은 건강 생활, 사회 생활, 표현 생활, 언어 생활, 탐구 생활로 구성되지만 개정 교육과정의 성격에 부합되는 형식으로 내용 개정이 이루어졌다. 건강생활은 자연주의적 관점에 근거하여 생명 존중, 관계 중심의 특성을 기초로 몸과 마음이 건강하게 자라도록 구성하였다. 사회생활은 더불어 살아가는 삶을 중심으로 구성되었다. 표현생활은 용어를 구체화시키고 초등학교와의 연계를 고려하며, 즐기는 과정을 강조하는 개정 방향이 나타났다. 언어생활은 연계교육, 언어사용 태도, 문학의 요소 강조, 읽기와 쓰기를 내용으로 구분하면서 구체적 언어 사용 능력을 강조하게 되었다. 탐구 생활은 자연 존중을 강조하면서 창의적 탐구를 전체적 목표로 세움으로써 태도와 구체적 기초능력 기르기를 실천해 나가도록 구성하였다.

■ (종합특징) 2007 개정 유치원 교육과정은 다양성과 융통성을 확장하여 강조하는 교육과정의 성격을 드러내고 있다. 특히 '지역, 유치원, 유아의 다양성을 존중하는'이라는 문장을 통해 다양성이 강조되고 있다. 이것은 원칙 중심이 아니라 현장 중심의 다양성과 융통성을 열어주는 교육과정의 특성으로 해석될 수 있다. 교육과정 편성·운영이나 교수·학습 방법에 있어서도 자연물활동을 강조한다든지, 기능위주의 종일제 운영을 지양하고 휴식과 바깥놀이를 강조하는 형식으로 교육과정의 운영과 교수·학습방법에도 적용하여 구성하고 있었다. 교육과정 내용 체계를 '구분－내용－수준별 내용'을 '내용－하위내용－수준별 내용'으로 수정하면서 내용을 '~하기'라는 실생활 중심의 활동을 표현할 수 있는 동명사 형식으로 진술 방식을 바꾸었다. 특히 교육과정 편성·운영 지침 항목들을 정선하고, 초등학교 지침 중 유치원에 해당되는 부분을 추가해서 넣었다.

4. 5세 누리과정과 3~5세 연령별 누리과정

1) 5세 누리과정

유치원과 어린이집으로 이원화되어 있는 교육·보육과정을 통합하여 새로운 통합과정이 고시된 것은 「5세 누리과정」이 시작이었다. 누리과정은 무상보육의 요구에 기초하여 만 5세 유아에게 소득에 관계없이 보육료를 지원하고자 하는 정책 추진에 기반하여 출발되었다.

유치원과 어린이집의 교육·보육과정의 통합과정으로 교육과학기술부와 보건복지부가 2011년 9월 5일 「5세 누리과정」을 고시하였고, 이는 2012년 3월부터 시행되었다.

'누리'란 세상이라는 뜻으로 유아들이 희망차게 세상을 살아가라는 뜻이다. 만 5세 누리과정은 만 5세에게 필요한 기본 능력과 바른 인성을 기르고 민주시민의 기초 형성을 목적으로 신체운동, 의사소통, 사회관계, 예술경험, 자연탐구의 5개 영역과 세부 내용으로 구성되었다.

2) 3~5세 연령별 누리과정

보건복지부와 교육과학기술부는 5세 누리과정 제정에 이어서 3세와 4세로 연령을 확대하여 운영하는 3-5세 연령별 누리과정을 개정하였다. 즉, 만 3세부터 5세 유아를 대상으로 하는 「3-5세 연령별 누리과정(교육과학기술부 고시 제2012-16호, 보건복지부 고시 제2012-82호)」을 고시하였다.

심신의 건강과 조화로운 발달을 도와 바른 인성을 갖춘 민주시민의 기초를 형성하는 것을 목적으로 하는 「3-5세 연령별 누리과정」은 0~2세 표준보육과정 및 초등학교 교육과정과의 연계를 강화하였고, 3-5세 연령별 누리과정은 1일 3~5시간을 기준으로 탄력적으로 편성·운영할 수 있어서 유치원과 어린이집 공통과정으로 충실히 운영될 수 있도록 하였다. 「3-5세 연령별 누리과정」의 고시와 시행은 만 5세 누리과정에 기초하여 신체운동, 의사소통, 사회관계, 예술경험, 자연탐구의 5개 영역을 연령별로 구성하였다.

- (구성방향)
  ① 질서, 배려, 협력 등 기본생활습관과 바른 인성을 기르는 데 중점을 두어 구성한다.
  ② 자율성과 창의성을 기르는 데 중점을 두고, 전인발달을 이루도록 구성한다.
  ③ 사람과 자연을 존중하고, 우리 문화를 이해하는 데 중점을 두어 구성한다.
  ④ 만 3~5세 유아의 발달 특성을 고려하여 연령별로 구성한다.
  ⑤ 신체운동·건강, 의사소통, 사회관계, 예술경험, 자연탐구의 5개 영역을 중심으로 구성한다.
  ⑥ 초등학교 교육과정과 0~2세 표준보육과정과의 연계성을 고려하여 구성한다.
- **(목적 및 목표)** 누리과정은 만 3~5세 유아의 심신의 건강과 조화로운 발달을 도와 민주시민의 기초를 형성하는 것을 목적으로 한다. 이에 다음의 교육목표를 가진다.
  ① 기본 운동 능력과 건강하고 안전한 생활 습관을 기른다.
  ② 일상생활에 필요한 의사소통 능력과 바른 언어 사용 습관을 기른다.
  ③ 자신을 존중하고 다른 사람과 더불어 생활하는 능력과 태도를 기른다.
  ④ 아름다움에 관심을 가지고 예술 경험을 즐기며, 창의적으로 표현하는 능력을 기른다.
  ⑤ 호기심을 가지고 주변세계를 탐구하며, 일상생활에서 수학적·과학적으로 생각하는 능력과 태도를 기른다.

■ (교육영역 및 내용)

- 신체운동 · 건강 영역 : 신체 인식하기, 신체조절과 기본 운동하기, 신체활동에 참여하기, 건강하게 생활하기
- 의사소통 영역 : 듣기, 말하기, 읽기, 쓰기
- 사회관계 영역 : 나를 알고 존중하기, 나와 다른 사람의 감정 알고 조절하기, 가족을 소중히 여기기, 다른 사람과 더불어 생활하기, 사회에 관심 갖기
- 예술경험 영역 : 아름다움 찾아보기, 예술적 표현하기, 예술 감상하기
- 자연탐구 영역 : 탐구하는 태도 기르기, 수학적 탐구하기, 과학적 탐구하기

■ (종합특징) 3-5세 연령별 누리과정은 최초로 교육과학기술부(제정 당시)와 보건복지부가 함께 고시한 국가수준의 유아교육과정이라는 의의를 가진다. 유치원과 어린이집의 3세, 4세, 5세의 연계된 공통과정으로서 모든 유아의 공통된 교육의 기틀을 제공했다. 2007 개정 유치원 교육과정이 제시하였던 건강, 사회, 표현, 언어, 탐구의 생활영역 대신에 발달을 고려하여 연령별로 제시된 형태로서 신체운동 · 건강 영역, 의사소통 영역, 사회관계 영역, 예술경험 영역, 자연탐구 영역으로 교육내용을 범주화하였다.

3) 3-5세 연령별 누리과정 일부 개정(2015년 고시)

「3-5세 연령별 누리과정」은 일부 개정(2015. 2. 24)을 고시하였는데, 2015년에 1일 기준 시간을 3~5시간에서 4~5시간으로 변경하는 개정 내용을 포함하였다. 이 외의 다른 목적 및 목표, 교육내용 및 영역, 운영과 관련해서는 2012년 고시된 「3-5세 연령별 누리과정」과 동일하였다.

5. 2019 개정 누리과정

유치원과 어린이집 공통의 국가수준 공통 교육과정을 표방하는 2019 개정 누리과정은 2019년 7월에 고시되어 2020년 3월부터 시행되었다. 2019 개정 누리과정은 3~5세 모든 유아에게 적용하도록 구성된 교육과정이다. 2019 개정 누리과정의 내용은 다음과 같다.

1) 2019 개정 누리과정의 구성

(1) 개정 취지 및 중점사항

「3-5세 연령별 누리과정」의 교육내용이 너무 많다는 지적과 놀이중심의 교육에 대한 요구에 기초하여 「2019 개정 누리과정」이 개정되었다. 이러한 측면에서 「2019 개정 누리과정 해설서」는 다음의 개정 취지를 제시하고 있다.

- 미래 사회에 부응하는 새로운 교육과정
- 유아의 놀이가 중심이 되는 교육과정
- 유아의 놀이를 지원하기 위한 교사의 자율성

(2) 교육목적 및 목표

「2019 개정 누리과정」은 국가수준의 교육과정으로 누리과정이 추구해야 할 교육적 비전으로 추구하는 초·중등학교 교육과정과 연계된 인간상을 다음과 같이 제시하고 있다.

① 건강한 사람
② 자주적인 사람
③ 창의적인 사람
④ 감성이 풍부한 사람
⑤ 더불어 사는 사람

개정 누리과정에서의 목적은 '유아가 놀이를 통해 심신의 건강과 조화로운 발달을 이루고 바른 인성과 민주시민의 기초를 형성하는 데에 있다'고 명시하고 있다. 이러한 목적에 따른 교육목표는 다음과 같다.

① 자신의 소중함을 알고, 건강하고 안전한 생활 습관을 기른다.
② 자신의 일을 스스로 해결하는 기초능력을 기른다.
③ 호기심과 탐구심을 가지고 상상력과 창의력을 기른다.
④ 일상에서 아름다움을 느끼고 문화적 감수성을 기른다.
⑤ 사람과 자연을 존중하고 배려하며 소통하는 태도를 기른다.

(3) 교육영역 및 내용

개정 누리과정은 신체운동 · 건강, 의사소통, 사회관계, 예술경험, 자연탐구의 5개 영역의 명칭을 그대로 유지하되 그 내용을 간략화하여 5개 영역의 각 영역별로 3개씩 총 15개의 내용범주와 59개의 내용으로 구성되어 있다.

- 신체운동 · 건강 영역
  신체활동 즐기기, 건강하게 생활하기, 안전하게 생활하기
- 의사소통 영역
  듣기와 말하기, 읽기와 쓰기에 관심 가지기, 책과 이야기 즐기기
- 사회관계 영역
  나를 알고 존중하기, 더불어 생활하기, 사회에 관심 가지기

- 예술경험 영역
  아름다움 찾아보기, 창의적으로 표현하기, 예술 감상하기
- 자연탐구 영역
  탐구과정 즐기기, 생활 속에서 탐구하기, 자연과 더불어 살기

(4) 편성 · 운영

2019 개정 누리과정은 다음과 같은 사항에 따라 편성 및 운영하도록 하고 있다.

① 1일 4~5시간을 기준으로 편성한다.
② 일과 운영에 따라 확장하여 편성할 수 있다.
③ 누리과정을 바탕으로 각 기관의 실정에 적합한 계획을 수립하여 운영한다.
④ 하루 일과에서 바깥 놀이를 포함하여 유아의 놀이가 충분히 이루어지도록 편성하여 운영한다.
⑤ 성, 신체적 특성, 장애, 종교, 가족 및 문화적 배경 등으로 인한 차별이 없도록 편성하여 운영한다.
⑥ 유아의 발달과 장애 정도에 따라 조정하여 운영한다.
⑦ 가정과 지역사회와의 협력과 참여에 기반하여 운영한다.
⑧ 교사 연수를 통해 누리과정의 운영이 개선되도록 한다.

(5) 교수 · 학습

2019 개정 누리과정은 다음과 같은 사항에 기초하여 유아를 지원하도록 하고 있다.

① 유아가 흥미와 관심에 따라 놀이에 자유롭게 참여하고 즐기도록 한다.
② 유아가 놀이를 통해 배우도록 한다.
③ 유아가 다양한 놀이와 활동을 경험할 수 있도록 실내외 환경을 구성한다.
④ 유아와 유아, 유아와 교사, 유아와 환경 간에 능동적인 상호작용이 이루어지도록 한다.
⑤ 5개 영역의 내용이 통합적으로 유아의 경험과 연계되도록 한다.
⑥ 개별 유아의 요구에 따라 휴식과 일상생활이 원활히 이루어지도록 한다.
⑦ 유아의 연령, 발달, 장애, 배경 등을 고려하여 개별 특성에 적합한 방식으로 배우도록 한다.

(6) 평가

2019 개정 누리과정에서 평가는 다음 사항에 기초하여 실시하도록 하고 있다.

① 누리과정 운영의 질을 진단하고 개선하기 위해 평가를 계획하고 실시한다.
② 유아의 특성 및 변화 정도와 누리과정의 운영을 평가한다.
③ 평가의 목적에 따라 적합한 방법을 사용하여 평가한다.
④ 평가의 결과는 유아에 대한 이해와 누리과정 운영 개선을 위한 자료로 활용할 수 있다.

2) 2019 개정 누리과정의 영역별 내용

(1) 신체운동 · 건강

■ 목표

실내외에서 신체활동을 즐기고, 건강하고 안전한 생활을 한다.

가. 신체활동에 즐겁게 참여한다.
나. 건강한 생활습관을 기른다.
다. 안전한 생활습관을 기른다.

■ 내용

내용 범주	내 용
신체활동 즐기기	신체를 인식하고 움직인다.
	신체 움직임을 조절한다.
	기초적인 이동운동, 제자리 운동, 도구를 이용한 운동을 한다.
	실내외 신체활동에 자발적으로 참여한다.

건강하게 생활하기	자신의 몸과 주변을 깨끗이 한다.
	몸에 좋은 음식에 관심을 가지고 바른 태도로 즐겁게 먹는다.
	하루 일과에서 적당한 휴식을 취한다.
	질병을 예방하는 방법을 알고 실천한다.
안전하게 생활하기	일상에서 안전하게 놀이하고 생활한다.
	TV, 컴퓨터, 스마트폰 등을 바르게 사용한다.
	교통안전 규칙을 지킨다.
	안전사고, 화재, 재난, 학대, 유괴 등에 대처하는 방법을 경험한다.

(2) 의사소통

■ 목표

일상생활에 필요한 의사소통 능력과 상상력을 기른다.

가. 일상생활에서 듣고 말하기를 즐긴다.
나. 읽기와 쓰기에 관심을 가진다.
다. 책이나 이야기를 통해 상상하기를 즐긴다.

■ 내용

내용범주	내 용
듣기와 말하기	말이나 이야기를 관심 있게 듣는다.
	자신의 경험, 느낌, 생각을 말한다.
	상황에 적절한 단어를 사용하여 말한다.
	상대방이 하는 이야기를 듣고 관련해서 말한다.
	바른 태도로 듣고 말한다.
	고운 말을 사용한다.

읽기와 쓰기에 관심 가지기	말과 글의 관계에 관심을 가진다.
	주변의 상징, 글자 등의 읽기에 관심을 가진다.
	자신의 생각을 글자와 비슷한 형태로 표현한다.
책과 이야기 즐기기	책에 관심을 가지고 상상하기를 즐긴다.
	동화, 동시에서 말의 재미를 느낀다.
	말놀이와 이야기 짓기를 즐긴다.

(3) 사회관계

■ 목표

자신을 존중하고 더불어 생활하는 태도를 가진다.

가. 자신을 이해하고 존중한다.
나. 다른 사람과 사이좋게 지낸다.
다. 우리가 사는 사회와 다양한 문화에 관심을 가진다.

■ 내용

내용범주	내 용
나를 알고 존중하기	나를 알고 소중히 여긴다.
	나의 감정을 알고 상황에 맞게 표현한다.
	내가 할 수 있는 것을 스스로 한다.
더불어 생활하기	가족의 의미를 알고 화목하게 지낸다.
	친구와 서로 도우며 사이좋게 지낸다.
	친구와의 갈등을 긍정적인 방법으로 해결한다.
	서로 다른 감정, 생각, 행동을 존중한다.
	친구와 어른께 예의바르게 행동한다.
	약속과 규칙의 필요성을 알고 지킨다.

사회에 관심 가지기	내가 살고 있는 곳에 대해 궁금한 것을 알아본다.
	우리나라에 대해 자부심을 가진다.
	다양한 문화에 관심을 가진다.

(4) 예술경험

■ 목표

아름다움과 예술에 관심을 가지고 창의적 표현을 즐긴다.

가. 자연과 생활 및 예술에서 아름다움을 느낀다.
나. 예술을 통해 창의적으로 표현하는 과정을 즐긴다.
다. 다양한 예술 표현을 존중한다.

■ 내용

내용범주	내 용
아름다움 찾아보기	자연과 생활에서 아름다움을 느끼고 즐긴다.
	예술적 요소에 관심을 갖고 찾아본다.
창의적으로 표현하기	노래를 즐겨 부른다.
	신체, 사물, 악기로 간단한 소리와 리듬을 만들어 본다.
	신체나 도구를 활용하여 움직임과 춤으로 자유롭게 표현한다.
	다양한 미술 재료와 도구로 자신의 생각과 느낌을 표현한다.
	극놀이로 경험이나 이야기를 표현한다.
예술 감상하기	다양한 예술을 감상하며 상상하기를 즐긴다.
	서로 다른 예술 표현을 존중한다.
	우리나라 전통 예술에 관심을 갖고 친숙해진다.

(5) 자연탐구

■ 목표

탐구하는 과정을 즐기고, 자연과 더불어 살아가는 태도를 가진다.

가. 일상에서 호기심을 가지고 탐구하는 과정을 즐긴다.
나. 생활 속의 문제를 수학적, 과학적으로 탐구한다.
다. 생명과 자연을 존중한다.

■ 내용

내용범주	내 용
탐구과정 즐기기	주변 세계와 자연에 대해 지속적으로 호기심을 가진다.
	궁금한 것을 탐구하는 과정에 즐겁게 참여한다.
	탐구과정에서 서로 다른 생각에 관심을 가진다.
생활 속에서 탐구하기	물체의 특성과 변화를 여러 가지 방법으로 탐색한다.
	물체를 세어 수량을 알아본다.
	물체의 위치와 방향, 모양을 알고 구별한다.
	일상에서 길이, 무게 등의 속성을 비교한다.
	주변에서 반복되는 규칙을 찾는다.
	일상에서 모은 자료를 기준에 따라 분류한다.
	도구와 기계에 대해 관심을 가진다.
자연과 더불어 살기	주변의 동식물에 관심을 가진다.
	생명과 자연환경을 소중히 여긴다.
	날씨와 계절의 변화를 생활과 관련짓는다.

6. 표준보육과정

어린이집 표준보육과정은 어린이집의 0~5세 영・유아들에게 국가수준에서 제공하는 보편적이고 공통적인 보육의 목표와 내용을 제시한 것이다. 표준보육과정은 영유아보육법 제29조 제2항 및 제4항에 따라 영유아보육법 시행규칙 제30조에 규정한 것으로 만 6세 미만의 영유아가 갖추어야 할 바람직하고 적합한 태도와 가치, 지식과 기술을 포함하며, 이를 통해 영유아의 잠재력을 최대한 발휘하도록 구성하였던 것이 제2차 고시 개정에 이어 2013년에 「제3차 어린이집 표준보육과정 고시」로 개정되었다.

「제3차 어린이집 표준보육과정」은 누리과정의 개정과 더불어 개정의 필요성이 제시됨에 따라 2020년에 「제4차 어린이집 표준보육과정」으로 개정되어 고시되기에 이르렀다. 「제4차 어린이집 표준보육과정」은 만 0~1세 보육과정, 만 2세 보육과정, 만 3~5세 보육과정(누리과정) 체계 외 6개 영역을 제3차와 동일하게 유지하되, 유아중심, 놀이중심, 교사의 자율성 강화를 기본 방향으로 하여 개정되어 2020년 9월부터 시행되었다. 그 내용을 살펴보면 다음과 같다.

1) 제4차 표준보육과정의 기초

표준보육과정은 유아의 행복한 성장을 위해 함께하는 사회로, 보육의 공공성 강화, 보육체계 개편, 보육서비스의 품질 향상, 부모 양육지원 확대 등을 고려하여 개정하였는데 그 성격은 영유아 중심 및 놀이 중심의 특성을 가지고 있다.

(1) 표준보육과정의 성격

① 국가수준의 공통성과 지역, 기관 및 개인 수준의 다양성을 동시에 추구한다.
② 영유아의 전인적 발달과 행복을 추구한다.

③ 영유아 중심과 놀이중심을 추구한다.
④ 영유아의 자율성과 창의성 신장을 추구한다.
⑤ 영유아, 교사, 원장, 부모 및 지역사회가 함께 실현해 가는 것을 추구한다.

(2) 추구하는 인간상

표준보육과정에서 추구하는 인간상은 「2019 개정 누리과정」에서 추구하는 인간상을 동일하게 적용하여 현장의 혼란을 최소화하였다.

① 건강한 사람
② 자주적인 사람
③ 창의적인 사람
④ 감성이 풍부한 사람
⑤ 더불어 사는 사람

(3) 목적과 목표

제4차 표준보육과정은 영유아가 놀이를 통해 심신의 건강과 조화로운 발달을 이루고 바른 인성과 민주시민의 기초를 형성하는 데에 목적을 두고 있다. 이러한 목적에 기초하여 목표는 다음과 같다.

① 자신의 소중함을 알고, 건강하고 안전한 환경에서 즐겁게 생활한다.
② 자신의 일을 스스로 하고자 한다.
③ 호기심을 가지고 탐색하며 상상력을 기른다.
④ 일상에서 아름다움에 관심을 가지고 감성을 기른다.
⑤ 사람과 자연을 존중하고 소통하는 데 관심을 가진다.

(4) 구성의 중점

표준보육과정 구성의 중점은 다음과 같다.

① 영유아는 개별적인 특성을 지닌 고유한 존재임을 전제로 구성한다.
② 0~5세 모든 영유아에게 적용할 수 있도록 구성한다.
③ 추구하는 인간상 구현을 위한 지식, 기능, 태도 및 가치를 반영하여 구성한다.
④ 표준보육과정은 기본생활, 신체운동, 의사소통, 사회관계, 예술경험, 자연탐구의 6개 영역을 중심으로 구성한다.
⑤ 0~5세 영유아가 경험해야 할 내용으로 구성한다.
⑥ 초등학교 교육과정과의 연계성을 고려하여 구성한다.

2) 표준보육과정의 구성 방향

(1) 편성 · 운영

제4차 표준보육과정은 다음의 사항에 따라 편성 · 운영하도록 한다.

① 어린이집의 운영 시간에 맞추어 편성한다.
② 표준보육과정을 바탕으로 각 기관의 실정에 적합한 계획을 수립하여 운영한다.
③ 하루 일과에서 바깥 놀이를 포함하여 영유아의 놀이가 충분히 이루어지도록 편성하여 운영한다.
④ 성, 신체적 특성, 장애, 종교, 가족 및 문화적 배경 등에 따른 차별이 없도록 편성하여 운영한다.
⑤ 영유아의 발달과 장애 정도에 따라 조정하여 운영한다
⑥ 가정과 지역사회와의 협력과 참여에 기반하여 운영한다.
⑦ 교사 연수를 통해 표준보육과정의 운영을 개선할 수 있도록 한다.

(2) 교수 · 학습

제4차 표준보육과정은 다음의 사항에 따라 영유아를 지원하도록 한다.

① 영유아의 의사 표현을 존중하고 민감하게 반응한다.
② 영유아가 흥미와 관심에 따라 놀이에 자유롭게 참여하고 즐기도록 한다.
③ 영유아가 놀이를 통해 배우도록 한다.
④ 영유아가 다양한 놀이와 활동을 경험할 수 있도록 실내외 환경을 구성한다.
⑤ 영유아와 영유아, 영유아와 교사, 영유아와 환경 사이에 능동적인 상호작용이 이루어지도록 한다.
⑥ 각 영역의 내용이 통합적으로 영유아의 경험과 연계되도록 한다.
⑦ 개별 영유아의 요구에 따라, 휴식과 일상생활이 원활히 이루어지도록 한다.
⑧ 영유아의 연령, 발달, 장애, 배경 등을 고려하여 개별 특성에 적합한 방식으로 배우도록 한다.

(3) 평가

다음 사항에 중점을 두고 평가를 실시하도록 한다.

① 표준보육과정 운영의 질을 진단하고 개선하기 위해 평가를 계획하고 실시한다.
② 영유아의 특성 및 변화 정도와 표준보육과정의 운영을 평가한다.
③ 평가의 목적에 따라 적합한 방법을 사용하여 평가한다.
④ 평가의 결과는 영유아에 대한 이해와 표준보육과정 운영 개선을 위한 자료로 활용할 수 있다.

3) 제4차 표준보육과정의 영역별 목표 및 내용

(1) 0~1세 표준보육과정의 영역별 목표

■ 기본생활 영역

0~1세 영아가 기본생활 영역에서 건강하고 안전한 일상생활을 편안하고 자연스럽게 경험하는 것을 목표로 한다.

건강하고 안전한 일상생활을 경험한다.
① 건강한 일상생활을 경험한다.
② 안전한 일상생활을 경험한다.

■ 신체운동 영역

0~1세 영아가 신체운동 영역에서 오감각으로 자극에 반응하면서 주변을 탐색하고 즐길 수 있도록 지원한다.

> 감각으로 탐색하고 신체활동을 즐긴다.
> ① 감각 탐색을 즐긴다.
> ② 신체활동을 즐겁게 경험한다.

■ 의사소통 영역

0~1세 영아가 의사소통 영역에서 자유롭고 편안하게 자신의 의사를 표정, 몸짓, 옹알이, 말소리, 말, 끼적이기 등 다양한 방식으로 표현하고 책에 관심을 갖고 자유롭게 즐기도록 지원한다.

> 의사소통 능력의 기초를 형성한다.
> ① 일상생활에서 듣고 말하기를 즐긴다.
> ② 읽기와 쓰기에 관련된 관심을 가진다.
> ③ 책과 이야기에 관심을 가진다.

■ 사회관계 영역

0~1세 영아가 사회관계 영역에서 자신과 다른 사람의 감정을 인식하고 사회적 상호작용의 기초를 형성하도록 한다.

> 나를 인식하고, 친숙한 사람과 관계를 맺는다.
> ① 나를 고유한 존재로 안다.
> ② 안정적인 애착을 형성하고, 또래, 교사와 함께 지낸다.

■ 예술경험 영역

0~1세 영아가 예술경험 영역에서 자연과 생활 속에서 감각을 통해 호기심을 가지고 반응하는 다양한 방법으로 표현하도록 한다.

아름다움을 느끼고 경험한다. ① 자연과 생활에서 아름다움에 관심을 가진다. ② 예술적 경험을 표현한다.

■ 자연탐구 영역

0~1세 영아가 자연탐구 영역에서 주변 환경과 자연에 관심을 두고 탐색을 즐기고, 일상생활과 놀이 속에서 자연스럽게 수학적이고 과학적 상황을 경험하며 주변 환경과 자연에 관심을 가지도록 한다.

주변 환경과 자연에 관심을 가진다. ① 일상에서 탐색을 즐긴다. ② 주변 환경을 탐색한다. ③ 생명과 자연에 관심을 가진다.

(2) 0~1세 표준보육과정 영역별 내용

제4차 표준보육과정의 0~1세 영역별 내용을 살펴보면 다음과 같다.

■ 기본생활 영역

내용범주	내 용
건강하게 생활하기	• 도움을 받아 몸을 깨끗이 한다. • 음식을 즐겁게 먹는다. • 하루 일과를 편안하게 경험한다. • 배변 의사를 표현한다.
안전하게 생활하기	• 안전한 상황에서 놀이하고 생활한다. • 안전한 상황에서 교통수단을 이용해 본다. • 위험하다는 말에 주의한다.

■ 신체운동 영역

내용범주	내 용
감각과 신체 인식하기	• 감각적 자극에 반응한다. • 감각으로 주변을 탐색한다. • 신체를 탐색한다.
신체활동 즐기기	• 대소근육을 조절한다. • 기본 운동을 시도한다. • 실내외 신체활동을 즐긴다.

■ 의사소통 영역

내용범주	내 용
듣기와 말하기	• 표정, 몸짓, 말과 주변의 소리에 관심을 갖고 듣는다. • 상대방의 이야기를 들으면서 말소리를 낸다. • 표정, 몸짓, 말소리로 의사를 표현한다.
읽기와 쓰기에 관심 가지기	• 주변의 그림과 상징에 관심을 가진다. • 끼적이기에 관심을 가진다.
책과 이야기 즐기기	• 책에 관심을 가진다. • 이야기에 관심을 가진다.

■ 사회관계 영역

내용범주	내 용
나를 알고 존중하기	• 나를 인식한다. • 나의 욕구와 감정을 나타낸다. • 나와 친숙한 것을 안다.
더불어 생활하기	• 안정적인 애착을 형성한다. • 또래에게 관심을 가진다. • 다른 사람의 감정과 행동에 관심을 가진다. • 반에서 편안하게 지낸다.

■ 예술경험 영역

내용범주	내 용
아름다움 찾아보기	• 자연과 생활에서 아름다움을 느낀다. • 아름다움에 관심을 가진다.
창의적으로 표현하기	• 소리와 리듬, 노래로 표현한다. • 감각을 통해 미술을 경험한다. • 모방 행동을 즐긴다.

■ 자연탐구 영역

내용범주	내 용
탐구과정 즐기기	• 주변 세계와 자연에 대해 호기심을 가진다. • 사물과 자연 탐색하기를 즐긴다.
생활 속에서 탐구하기	• 친숙한 물체를 감각으로 탐색한다. • 물체의 수량에 관심을 가진다. • 주변 공간과 모양을 탐색한다. • 규칙성을 경험한다.
자연과 더불어 살기	• 주변의 동식물에 관심을 가진다. • 날씨의 변화를 감각으로 느낀다.

(3) 2세 표준보육과정의 영역별 목표

제4차 표준보육과정의 2세 영역별 목표를 살펴보면 다음과 같다.

■ 기본생활 영역

2세 영아가 기본생활 영역에서 건강하고 안전한 생활습관의 기초를 형성하도록 하고 있다.

> 건강하고 안전한 생활습관의 기초를 형성한다.
> ① 건강한 생활습관의 기초를 형성한다.
> ② 안전한 생활습관의 기초를 형성한다.

■ 신체운동 영역

2세 영아가 신체운동 영역에서 감각 능력을 활용하고 신체활동을 즐기는 것을 목표로 한다.

> 감각을 활용하고, 신체활동을 즐긴다.
> ① 감각을 활용하고, 신체를 인식한다.
> ② 신체활동을 즐긴다.

■ 의사소통 영역

2세 영아가 의사소통 영역에서 일상의 기초 어휘를 습득하고 소통하는 방법을 경험하게 된다.

> 의사소통 능력과 상상력의 기초를 형성한다.
> ① 일상생활에서 듣기와 말하기를 즐긴다.
> ② 읽기와 쓰기에 관심을 가진다.
> ③ 책과 이야기에 재미를 느낀다.

■ 사회관계 영역

2세 영아가 사회관계 영역에서 자신을 타인과 구별하고, 여러 가지 감정을 표현할 수 있으며, 나와 다른 사람의 감정이나 생각이 다름을 알고 더불어 생활하는 사회관계의 기초를 형성한다.

나를 알고, 다른 사람과 더불어 생활하는 경험을 한다. ① 나를 알고 긍정적으로 여긴다. ② 다른 사람과 즐겁게 지내기 위한 태도를 기른다.

■ 예술경험 영역

2세 영아가 예술경험 영역에서 일상에서 아름다움을 느끼고 즐길 수 있으며, 다양한 예술을 표현할 수 있도록 지원한다.

아름다움을 느끼고 즐긴다. ① 자연과 생활에서 아름다움을 느끼고 관심을 가진다. ② 예술을 통해 자유롭게 표현한다.

■ 자연탐구 영역

2세 영아가 자연탐구 영역에서 주변 환경과 자연에 호기심을 가지고 다양하게 탐색하기를 즐기고, 놀이와 일상에서 자연스럽게 수학적, 과학적 상황을 경험하며 주변의 동식물과 자연에 관심을 가지도록 한다.

주변 환경과 자연을 탐색하는 과정을 즐긴다. ① 일상에서 탐색하는 과정을 즐긴다. ② 주변 환경에 관심을 가지고 탐색한다. ③ 생명과 자연에 관심을 가진다.

(4) 2세 표준보육과정 영역별 내용

제4차 표준보육과정의 2세 영역별 내용을 살펴보면 다음과 같다.

■ 기본생활 영역

내용범주	내 용
건강하게 생활하기	• 자신의 몸을 깨끗이 해 본다. • 음식에 관심을 가지고 즐겁게 먹는다. • 하루 일과를 즐겁게 경험한다. • 건강한 배변 습관을 갖는다.
안전하게 생활하기	• 일상에서 안전하게 놀이하고 생활한다. • 교통수단을 안전하게 이용해 본다. • 위험한 상황에 대처하는 방법을 경험한다.

■ 신체운동 영역

내용범주	내 용
감각과 신체 인식하기	• 감각 능력을 활용한다. • 신체를 인식하고 움직인다.
신체활동 즐기기	• 대소근육을 조절한다. • 기본 운동을 즐긴다. • 실내외 신체활동을 즐긴다.

■ 의사소통 영역

내용범주	내 용
듣기와 말하기	• 표정, 몸짓, 말에 관심을 갖고 듣는다. • 상대방의 이야기를 듣고 말한다. • 표정, 몸짓, 단어로 의사를 표현한다. • 자신의 요구와 느낌을 말한다.
읽기와 쓰기에 관심 가지기	• 주변의 그림과 상징, 글자에 관심을 가진다. • 끼적이며 표현하기를 즐긴다.
책과 이야기 즐기기	• 책에 관심을 가지고 상상한다. • 말놀이와 이야기에 재미를 느낀다.

■ 사회관계 영역

내용범주	내 용
나를 알고 존중하기	• 나와 다른 사람을 구별한다. • 나의 감정을 표현한다. • 내가 좋아하는 것을 한다.
더불어 생활하기	• 가족에게 관심을 가진다. • 또래와 함께 놀이한다. • 다른 사람의 감정과 행동에 반응한다. • 반에서의 규칙과 약속을 알고 지킨다.

■ 예술경험 영역

내용범주	내 용
아름다움 찾아보기	• 자연과 생활에서 아름다움을 느끼고 즐긴다. • 아름다움에 관심을 갖고 찾아본다.
창의적으로 표현하기	• 익숙한 노래와 리듬을 표현한다. • 움직임과 춤으로 자유롭게 표현한다. • 미술 재료와 도구로 표현해 본다. • 일상생활 경험을 상상놀이로 표현한다.

■ 자연탐구 영역

내용범주	내 용
탐구과정 즐기기	• 주변 세계와 자연에 대해 호기심을 가진다. • 사물과 자연을 반복하여 탐색하기를 즐긴다.
생활 속에서 탐구하기	• 친숙한 물체의 특성과 변화를 감각으로 탐색한다. • 물체의 수량에 관심을 가진다. • 주변 공간과 모양을 탐색한다. • 규칙성에 관심을 가진다. • 주변 사물을 같고 다름에 따라 구분한다. • 생활 도구에 관심을 가진다.
자연과 더불어 살기	• 주변의 동식물에 관심을 가진다. • 날씨와 계절의 변화를 감각으로 느낀다.

chapter

05

유아교육 프로그램의 이해

chapter

05 유아교육 프로그램의 이해

최근 질 높은 유아교육에 대한 관심이 높아지면서 다양한 유아교육 프로그램이 요구되고 있다. 미국에서는 1960년대부터 헤드 스타트 운동의 일환으로 경제적·문화적 결손유아들을 위한 다양한 보상교육 프로그램이 개발되었으나 1980년대 이후에는 모든 계층의 유아들을 위한 프로그램들이 개발되고 있다. 우리나라에서도 1980년대부터 유아들을 위한 프로그램 개발이 적극적으로 이루어지고 있다. 여기서는 몇 가지 프로그램에 대하여 살펴보고자 한다.

1. 몬테소리 프로그램

몬테소리 프로그램(Montessori program)은 이탈리아 최초의 여의사 마리아 몬테소리(Maria Montessori)의 이론과 실제에 바탕한 프로그램으로 20세기 초에 널리 알려지기 시작하였다. 지적장애 아동을 치료하면서 아동교육에 관심을 가진 몬테소리는 감각을 활용한 교육방법 및 교구를 개발하여 지적장애 아동뿐 아니라 일반 아동에게도 많은 도움을 주었다. 특히 1907년에는 자신의 교육신념을 적용하기 위해 로마 빈민지역인 산로렌조에 '어린이집'을 세워 자신의 교육방법들로 아이들을 교육하였다. 몬테소리는 면밀한 유아관찰을 통하여 유아는 게으르고 무능력하기 때문에 성인에 의해서 길러진다는 그 당시의 의견에 반대하여 유아는 끊임없이 자신을 창조해 가는 무한한 잠재능력을 지닌 자유로운 존재로서, 유아 자신이 스스로 자신의 잠재력을 전개해 나간다는 주장을 하였다(신화식, 2003).

몬테소리는 현재 루소(Rousseau), 페스탈로치(Pestalozzi), 프뢰벨(Fröbel)을 계승한 위대한 교육사상가 중 한 명으로 손꼽히고 있으며 세계 여러 나라에 몬테소리 프로그램이 보급되어 널리 적용되고 있다. 몬테소리 프로그램의 기본 내용을 살펴보면 다음과 같다.

1) 주요 개념

몬테소리 프로그램의 주요 개념인 민감기, 흡수정신, 정상화에 대하여 살펴보면 다음과 같다.

(1) 민감기

민감기(sensitive period)란 유아가 특정 기능을 배우고자 하는 욕구가 강하며 쉽게 배울 수 있도록 유전적으로 계획되어 있는 시기를 말한다(이소은 · 이순형, 2014). 사람의 경우 민감기는 0~6세 사이에 해당되며 이 시기에 유아는 그의 민감기를 통해 자신을 환경에 적응시키고 그 시기에 배우도록 되어 있는 특정 행동을 놀라운 관심과 집중력을 통해 쉽게 배우게 된다. 그러나 각 민감기에 발달시켜야 할 부분에 대한 적절한 경험을 갖지 못한다면 대상에 대한 민감성을 잃게 되고 이후에는 다시 기회가 오지 않아 유아의 성숙과 발달에 방해가 되는 결과를 낳게 된다(Montessori, 1949). 예를 들면, 적절한 시기에 충분한 언어자극에 노출되지 못한 유아는 그 이후에 교육을 받더라도 정상적인 언어발달을 이루는 데 한계가 있다. 그러므로 교사와 부모는 유아들이 특정 과제에 민감성을 보이면 그 민감성을 충족시킬 수 있도록 세심한 지도를 해야 한다.

(2) 흡수정신

유아는 민감기를 거치면서 내부에 잠재해 있는 흡수하는 능력을 통해 주변 환경에서 받는 정보, 사건 등의 모든 인상을 별다른 노력 없이 마치 스펀지처럼 무의식적으로 받아들이며 학습하게 된다. 몬테소리는 유아만이 지닌 이러한 특별한 정신능력을 흡수정신(absorbent mind)이라 하였다. 흡수정신은 6세까지 지속되며 무의식적 단계와 의식적 단계로 나눌 수 있다(신화식, 2003).

무의식적 단계는 0~3세의 유아기에 해당하며 이 시기의 유아는 주위 환경에서 접하게 되는 거의 모든 정보를 무의식적으로 흡수한다.

의식적인 단계는 3~6세의 유아기에 해당하며 이 시기의 유아는 관심 있는 것을 경험하고자 하는 의지가 강하게 나타나 의식적이고 계획적으로 환경과 상호작용하며 환경에서 접하게 되는 다양한 정보를 선택적으로 경험하고 학습한다(이기숙 외, 2008).

(3) 정상화

정상화(normalization)란 유아가 작업에 진정한 흥미를 가지고 집중·반복함으로써 내적 훈련과 자신감을 발달시키고 스스로에 대해 만족감을 가지게 되어 지금까지 표현되었던 비정상적인 것이 사라지고 유아의 내면에 잠재해 있던 정상적인 성질이 나타나는 것을 의미한다. 즉, 유아가 자신의 의욕에 대한 주위의 방해, 신체적 결함, 퇴행행동 등 정신적 장애로 인한 일탈된 행동에서 내면적 안정을 이루어 본래의 정신, 본성으로 돌아가고자 하는 것을 말한다(김수영·김수임·정정희, 2008).

몬테소리는 인간은 근본적으로 선하게 태어났지만 양육환경에 따라서 정상 궤도에 있거나 일탈 궤도에 있게 된다고 보았다. 따라서 몬테소리 프로그램은 일탈된 궤도에 있는 유아를 몬테소리 교육을 통해 정상화된 궤도에서 성장·발달하도록 돕는데 그 목적을 두었다(이영숙, 2003).

유아의 정상화는 민감기, 흡수정신, 내적 훈련, 선택한 작업에 대한 집중과 반복, 환경 속에 내재한 질서를 내면화하는 과정에서 이루어진다. 그러므로 교사는 유아가 정상화에 도달할 수 있도록 적절한 환경, 즉 구체적인 작업과 교구를 제공하고 정상화에 필요한 목적과 방향을 제시하여 유아 스스로 정상화를 이룰 수 있도록 도와야 한다.

2) 교육과정

몬테소리 프로그램의 교육과정을 교육목표, 교육내용을 중심으로 살펴보고자 한다.

(1) 교육목표

몬테소리 프로그램의 교육목표는 '정상화된 유아를 기르는 것'이다. '정상화된 유아'는 자연의 질서에 순응하며 무질서와 이탈된 행동에서 벗어나 신체, 정서, 사회, 인지적으로 균형 있는 발달을 이룬 유아이다(박경희·이성숙, 2003). 몬테소리는 각 민감기에 해당되는 유아들의 요구를 충족시킬 수 있는 교구를 갖춘 이상적인 환경이 제공될 때 정상화된 유아가 가능하다고 보았다.

(2) 교육내용

몬테소리 프로그램의 교육내용은 일상생활, 감각, 수, 언어, 문화 등 5개의 영역이 기본으로 되어 있다. 교육내용을 살펴보면 다음과 같다(박경희·이성숙, 2003; 신화식, 2003; 이영숙, 2003).

① 일상생활 영역

일상생활 영역은 성인이 일상생활에서 행하고 있는 다양한 생활양식이나 활동들이 유아의 인격형성에 필요한 작업으로 받아들여져 유아가 자발적으로 반복해서 연습할 수 있도록 꾸며진 영역이다. 따라서 일상영역은 유아가 자신이 살고 있는 사회와 환경에 잘 적응하여 독립적인 인격체로 성장할 수 있도록 도와준다. 또한 여러 가지 작업을 통해 정서를 순화하고, 공동체의 일원으로서 활동하는 방법을 배우며 신체와 정신의 통합적 발달을 도모할 수 있다.

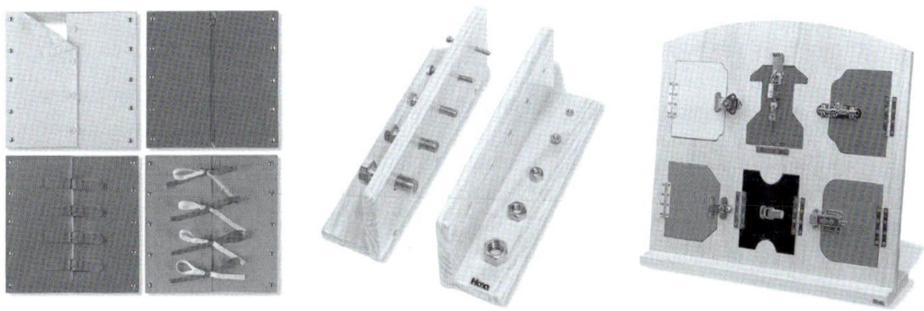

┃사진 5-1┃ 일상교구

② 감각교육 영역

유아들은 태어날 때부터 시각, 청각, 촉각, 후각, 미각 등의 여러 가지 감각기능을 수행할 수 있는 능력이 활발하게 발달하며 감각기관을 통해 주변 환경으로부터 정신적 발달에 필요한 모든 것을 흡수하여 주변 세계를 배워 나간다.

감각교육 영역은 유아가 다양한 감각교구를 통한 작업을 함으로써 감각기능을 더욱 정교하고 예민하게 개발하도록 꾸며진 영역이다. 감각교구들은 유아의 감각기관 기능을 세련되게 하고 주변 환경에 잘 적응할 수 있도록 한다. 또한 지적 능력을 향상시키며 자연스러운 신체적 발달도 도모할 수 있다.

감각교육 영역에는 시각, 촉각, 청각, 미각, 후각 활동을 위한 교구가 준비되어 있다.

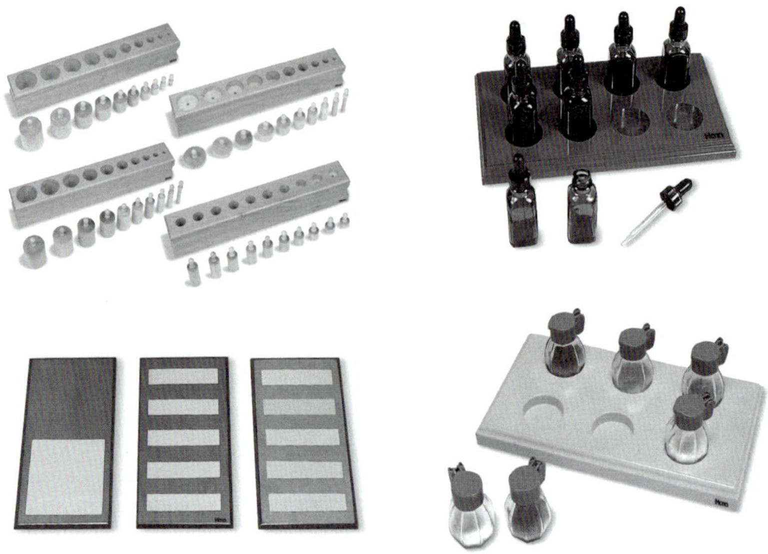

| 사진 5-2 | 감각교구

③ 수학교육 영역

몬테소리(1967)는 인간은 수학적 정신을 갖고 태어난다고 하였다. 그러므로 유아에게 내재해 있는 수학적 정신을 발전시킬 수 있도록 일찍부터 환경을 마련하는 것이 중요하다. 몬테소리는 수학교육의 기초는 감각교육이라고 보았기 때문에 구체적이고 감각적인 교구를 통해 유아에게 기초적인 수 개념을 이해시키고자 하였다. 또한 몬테소리는 수학교육을 통해 유아의 수학적 두뇌를 형성하고 논리적 사고를 기르고자 하였다(박경희 · 이성숙, 2003).

수학교육 영역은 0~9의 개념, 십진법, 연속 수 및 수세기, 사칙연산, 분수의 소개로 구성되어 있으며 관련 교구가 준비되어 있다.

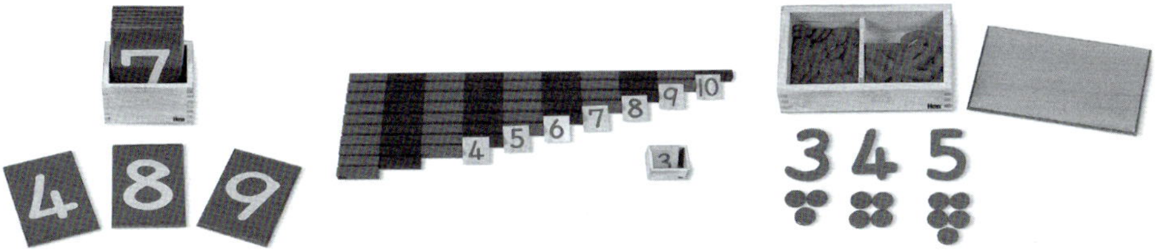

| 사진 5-3 | 수학교구

④ 언어교육 영역

몬테소리는 유아의 언어는 의식적인 노력에 의해 학습되는 것이 아닌 무의식적 흡수정신에 의해 환경의 언어를 자연스럽게 흡수함으로써 발달한다고 보았다. 따라서 몬테소리가 주장한 언어교육의 민감기인 6세까지는 언어발달에 필요한 다양한 환경을 제공하는 것이 중요하다.

언어교육 영역은 듣기, 말하기, 쓰기, 읽기영역으로 구성되어 있으며 언어의 민감기인 유아기 동안 듣기, 말하기, 쓰기, 읽기 등의 네 영역의 기초능력을 길러주고자 하였다. 즉, 몬테소리 언어교육의 궁극적 목적은 유아가 자신이 속한 문화권의 구어와 문어를 사용하여 다른 사람과 의사소통하는 방법을 터득하는 것이다(박경희 · 이성숙 · 2003).

언어교육 영역에는 듣기, 말하기, 쓰기, 읽기 훈련을 위한 다양한 교구들이 준비되어 있다.

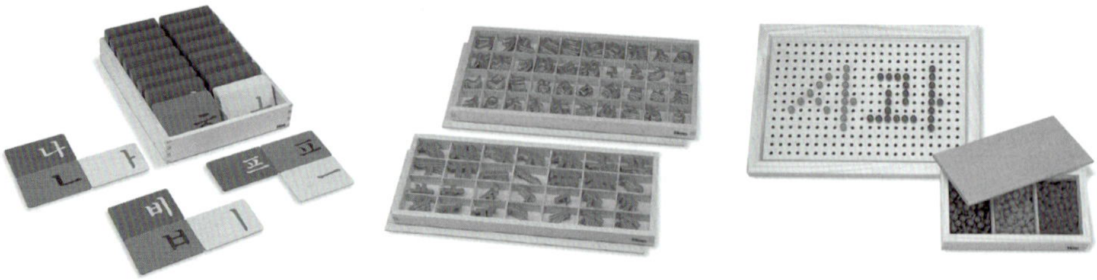

❙사진 5-4❙ 언어교구

⑤ 문화교육 영역

문화는 함께 살아가는 사회구성원들이 공유하는 생활양식을 말하는 것으로 유아는 성장하면서 자신이 속해 있는 문화를 흡수해 간다. 몬테소리는 유아기를 문화를 쉽게 습득할 수 있는 문화의 민감기로 보고 문화를 인식하고 습득할 수 있는 환경을 중요시하였다.

문화교육 영역의 목적은 인간이 이전에 살아왔던 방법과 현재 살고 있는 방법을 이해하도록 하며 유아가 성인의 세계를 인식하고 세상의 다양한 양상들을 실험해 볼 수 있는 기회를 갖도록 하는 데 있다(이영숙, 2003). 따라서 문화교육 영역에는 유아가 문화를 인식하고 습득할 수 있는 교구가 준비되어 있다.

문화교육 영역의 주 내용은 지리, 역사학, 동・식물학, 음악과 미술교육을 포함한다.

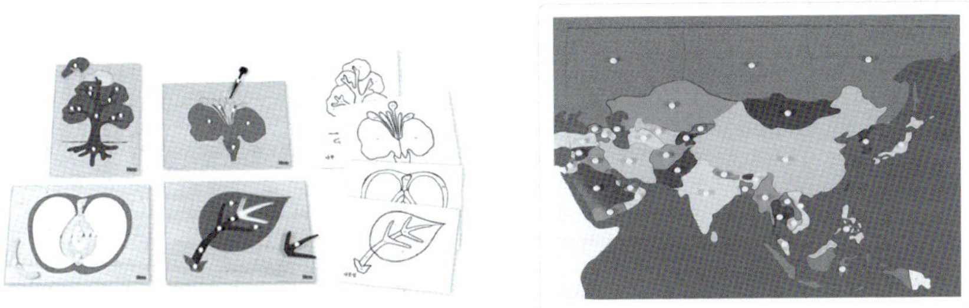

| 사진 5-5 | 문화교구

3) 교사의 역할

몬테소리 프로그램에서 교사는 부족한 학습자에게 자신의 지식을 전수하고 채워주는 사람의 의미를 가진 '교사(teacher)'보다 유아의 자발적인 활동을 안내하는 사람으로의 의미를 가진 '지도자(directress/ director)'로서의 교사의 역할을 강조한다(박경희 · 이성숙, 2003). 몬테소리 프로그램 교사의 역할을 관찰자, 환경제공자, 촉진자로 구분하여 살펴보면 다음과 같다(김수영 · 김수임 · 정정희, 2008; 신화식, 2003; 이기숙 외, 2008; 이소은 · 이순형, 2014).

(1) 관찰자

교사는 유아의 작업과정과 발달을 관찰하는 '관찰자'로서 역할을 해야 한다. 교사는 관찰을 통해 유아의 발달적 요구를 파악하고 유아가 교구를 선택하여 작업을 할 때 언제 개입하고 물러서야 하는지, 새로운 과제를 시작할 준비가 되었는지를 파악하여 적절한 도움을 주어야 한다.

(2) 환경제공자

교사는 작업공간에서 유아를 어떤 방향으로 이끌거나 가르치는 등의 역할보다 유아가 안정된 환경에서 독립적으로 과제를 수행하고 새로운 기능을 익히며 자기발달을 성취할 수 있도록 돕는 역할을 해야 한다. 이를 위해 교사는 각 민감기의 유아에게 필요한 교구를 풍부하게 갖춘 환경을 제공해 주어야 한다. 이런 환경 속에서 유아는 교사의 감독 없이 스스로 그 교구를 사용하여 학습하는 것이 가능하다(김수영 · 김수임 · 정정희, 2008).

교사는 적합한 교구를 제공하여 유아와 교구를 연결시켜 주어야 할 뿐 아니라, 유아의 환경 속에 존재하고 있는 질서와도 연결시켜야 한다. 즉, 유아가 올바르게 교구를 사용하고 유아의 작업이 제대로 진행될 수 있도록 돕고 유아가 교구를 사용할 때 질서를 지속적으로 지키도록 돕는 역할을 수행해야 한다.

(3) 촉진자

교사는 유아와 교구 간의 상호작용이 촉진되도록 도와주는 촉진자로서의 역할을 해야 한다. 촉진자 역할에서 교사는 유아에게 몬테소리 활동을 실제적으로 시범해 보인다. 시범을 보이는 데 있어 교사는 세 가지 책임을 가지게 된다. 첫째, 교사는 정확하게 시범을 보여 유아의 호기심을 유발해야 한다. 둘째, 호기심이 충분히 자극되었으면 교사는 유아를 도와주는 것을 억제하고 유아가 교구를 자유롭게 탐색하고 교구활동을 재현하도록 격려한다. 이때 유아가 제시된 활동을 파악하지 못해 좌절을 느낄 때 교사는 재시범을 보인다. 셋째, 유아가 최종적으로 활동을 수행하고 관계가 있는 연습을 했을 때, 교사는 '유아가 활동과정에서 무엇인가 학습한다'는 것을 깨달을 수 있도록 도와준다(신화식, 2003).

이와 같은 역할을 수행하는 몬테소리 교사에게 가장 중요한 것은 유아에 대한 존중이다. 따라서 교사는 작업 중의 유아에게 개입하는 것을 최소화하면서 상과 벌 등의 외적인 요인이 아닌 학습에 대한 만족과 즐거움과 같은 내적인 요인을 통해 유아 스스로가 시행착오를 통해 새로운 기술과 지식을 획득하도록 격려해야 한다(이기숙 외, 2008).

4) 환경구성

몬테소리 프로그램에서 환경은 중요한 요소이다. 몬테소리는 유아가 정상적인 발달을 하기 위해서는 적절한 환경이 필수적이라고 하였다. 따라서 부모나 교사는 개별 유아의 발달적 요구에 알맞은 환경을 제공해야 한다. 이러한 의미에서 몬테소리 프로그램의 '준비된 환경'은 중요한 개념이다.

준비된 환경이란 정신적인 태아인 유아가 올바로 성장·발달할 수 있도록 정신적인 양식이 되는 지적인 자극을 마련해 주는 것으로 흡수정신이 활발히 움직이는 시기인 6세까지 제공해 주는 것이 매우 중요하다(이영숙, 2003). 여기서 준비된 환경은 물리적 환경뿐만 아니라 인적 환경의 범주도 포함되는 개념이다.

몬테소리 프로그램의 환경구성에서 갖추어야 할 기본 요소는 자유와 규율, 구조와 질서, 현실과 자연의 조화, 아름다움, 몬테소리 교구이다(이순형 외, 2005; 이영숙, 2003). 특히 몬테소리 교구는 몬테소리 프로그램의 중요한 환경구성 요소이다. 몬테소리 교구의 목적은 올바른 사용법을 통해 지식이나 기술을 가르치는 것에 있는 것이 아닌 유아의 자아형성과 정신발달을 내적으로 돕기 위함이다.

몬테소리 교구는 네 가지 특성을 가지고 있다(이영숙, 2003). 첫째, 몬테소리 교구들은 자동교육을 할 수 있도록 되어 있다. 따라서 유아는 스스로 오류를 찾고 교정할 수 있다. 둘째, 몬테소리 교구들은 색깔, 크기, 형태 등의 면에서 아름답다. 따라서 유아의 학습흥미를 유발시킨다. 셋째, 몬테소리 교구들은 학습동기를 갖게 한다. 따라서 처음 교구를 사용하는 유아에게 반복하고자 하는 태도가 나타난다. 넷째, 몬테소리 교구들은 과학적이며 논리적이다. 따라서 유아의 내적 질서 발달을 촉진시킨다.

몬테소리 교구는 일반적으로 일상생활 영역 교구, 감각교육 영역 도구, 수학교육 영역 교구, 언어교육 영역 교구, 문화교육 영역 교구의 다섯 가지의 영역으로 나누어져 있다.

2. 레지오 에밀리아 접근법

레지오 에밀리아 접근법(Reggio Emilia approach)은 제2차 세계대전 직후 이탈리아 북부 레지오 에밀리아 로마냐 지역에 거주하는 부모들이 유아기 자녀를 교육하기 위해 학교를 설립한 것에서 시작되었으며 레지오 에밀리아 시의 독특한 사회·문화·역사적 배경과 밀접히 관련된다. 로리스 말라구치(Loris Malaguzzi)는 교사로 자원해 일을 하면서 레지오 에밀리아 접근법의 철학과 원리를 형성하고 학교를 설립하는 데 주도적인 역할을 한 인물이다.

레지오 에밀리아 접근법은 1991년 미국 뉴스위크지에 의해 세계에서 가장 훌륭한 학교 10개 중 유일한 유아교육 분야의 학교로 선정되면서 지난 20여 년에 걸쳐 세계적으로 유아교육자들 사이에서 많은 관심을 얻게 되었다.

레지오 에밀리아 접근법은 한두 가지 이론에 근거를 두기보다 듀이(Dewey)의 진보주의, 피아제(Piaget)의 구성주의, 비고츠키(Vygotsky)의 사회문화적 이론, 브론펜브레너(Bronfenbrenner)의 생태학적 체계이론, 가드너(Gardner)의 다중지능이론과 상징적 발달 등 많은 이론들에 영향을 받았다. 레지오 에밀리아 접근법에서 유아는 풍부한 잠재력과 권리를 가진 유능한 존재이며 또래나 성인, 사회·문화적 환경과의 관계로부터 동기유발되어 자신의 학습을 구성해 나가는 사회적 구성주의자이다. 또한 레지오 에밀리아 접근법은 지역사회가 유아교육에 대한 공동책임 의식을 갖는 사회문화적 맥락 속에서 교육의 3요소인 유아, 교사, 부모 간의 협동, 사회적 관계 형성, 의사소통을 강조하는 상호관계를 통한 교육 철학을 강조하고 있다(김은희, 2006).

1) 교육과정 운영의 특성

레지오 에밀리아 접근법의 교육과정 운영의 특성은 다음과 같다.

(1) 발현적 교육과정

레지오 에밀리아의 접근법은 아동의 흥미, 잠재력, 경험에 의해 교육내용이 결정되는 발현적 교육과정(emergent curriculum)의 성격을 띤다. 발현적 교육과정에서 교사는 유아의 과거 경험을 기초로 일반적인 교육목표를 세워놓지만 각 프로젝트나 활동의 구체적인 세부목표는 미리 세우지 않는다. 대신 유아에 대한 선 경험과 유아 관련 지식을 기초로 가설을 세우고 유아의 욕구와 흥미에 부합하는 융통성 있는 목표를 세워서 유아가 자신의 욕구와 흥미에 따라 표현하도록 한다(서영숙 · 서지영, 2004). 즉, 매년 교육과정을 계획하기는 하지만 이것은 뼈대 역할을 하는 것이며 교사의 경험 및 관찰에 따른 판단, 유아의 흥미, 교육적 가치 등에 의해 교육과정이 발현하게 된다.

레지오 에밀리아 교육자들은 발현적 교육과정이 일어나는 프로젝트 활동을 중요한 학습도구로 사용하고 있다. 즉, 유아들이 흥미를 갖는 주제, 대상에 대해 그것을 심도 있게 탐색해 가는 프로젝트를 진행한다면 그들이 조사하고 싶은 문제나 질문에 자연스럽게 직면하면서 학습이 일어난다고 믿고 있다(Rinaldi, 1993).

프로젝트 기간은 유아의 흥미 및 주제에 따라 장 · 단기 프로젝트로 진행되며 짧게는 하루, 길게는 3~4개월에 걸쳐 진행되기도 한다. 프로젝트의 주제 선정은 유아의 경험과 아이디어, 교사의 제안, 일상에서의 예기치 않은 사건 등을 유아와 교사가 상호 협상하는 가운데서 이루어진다. 하지만 유아의 관심, 교육적 가치, 사회 · 문화적인 의미에 대한 교사의 판단이 중요하게 고려되며, 프로젝트가 진행되는 과정에서 이루어지는 교사와 유아의 지속적인 평가를 통해 새로운 계획과 실행이 이루어진다(이기숙 외, 2008).

(2) 다양한 상징적 표상활동

레지오 에밀리아 접근법에서 유아는 다양한 상징적 표상활동을 통해 자신을 창조하고 표현할 수 있다고 생각한다. 표상(representation)이란 유아들이 자신들의 생각과 느낌을 외부로 드러내는 표현행위를 의미한다.

레지오 에밀리아 접근에서는 언어적 표상, 도식적 표상, 신체적 표상, 극화적 표상 등 다양한 상징적 표상활동을 학습의 도구로 사용한다.

레지오 에밀리아 접근에서는 표상의 결과보다는 그것을 창출하는 과정에서 일어나는 인지활동을 중요시한다. 또한 유아가 표현한 표상물은 교사가 유아의 이론 및 수준을 파악할 수 있게 하는 근거가 되어 추후 교수계획을 수립하는 자료로 활용된다.

(3) 상징화 주기

레지오 접근법에서 프로젝트는 나선형적 상징화 주기(cycles of symbolization)에 의해 전개된다. 프로젝트가 시작되면 유아들은 한 가지 주제에 대해 언어로 토의하고 그 토의내용을 그림으로 그리고 탐색한다. 이후 탐색한 내용을 바탕으로 재탐색하고 가상의 모형을 만드는 등의 과정을 거치면서 유아는 자신의 현재 가설, 아이디어, 이론을 표상하고 재방문하여 재표상, 재재표상을 해나가는 과정을 거치게 된다. 이러한 과정을 '상징화 주기'라고 한다(김은희, 2003).

상징화 주기는 유아의 반성적 능력을 향상시키기 위한 교수전략이다. 유아가 한 가지 상징체계로만 표상할 때 잘 발견되지 않는 개념들을 다양한 매체를 활용하여 다각도로 표상하게 되면 이러한 과정에서 반성적 추상작용과 상위 인지능력을 깊게 하여 유아는 자신이 아는 것들 간의 일관성을 높이고 이해의 수준을 심화시키게 된다(김은희, 1996).

(4) 사회적 상호작용

레지오 에밀리아 접근법은 유아와 유아 간의 상호작용을 사회적 구성주의 관점에서 지지한다. 사회적 구성주의가 사회·인지적 갈등요인을 학습의 중요한 기제로 보기 때문에 교사는 유아들 간의 갈등을 억제하기보다는 발전적 토의나 새로운 학습의 계기로 활용한다. 유아들은 또래 간 상호작용에 참여하여 상징적·언어적 의사소통을 통해 서로 간의 불일치, 일치를 경험하고 협력해 가는 과정에서 지식을 공동 구성하게 되고 유아 자신에 대한 정체감을 강화하고 학교에 대한 자신감과 소속감을 가지게 된다(김은희, 2003).

성인과 유아 간의 사회적 상호작용 또한 중요한 학습수단으로 인식된다. 성인은 지식의 일방적 전달자가 아닌 유아의 학습을 ZPD 내에서 적절한 질문과 피드백을 통해 지원해 주는 촉진자이며 조력자이다(황해익 외, 2008).

(5) 기록화 작업

레지오 에밀리아 접근법에서는 유아의 활동과정과 결과를 체계적으로 기록하는 것이 필수적이다. 기록화는 유아들의 활동에 관한 모든 것을 기록으로 남기는 과정과 그 행위의 결과인 작품 모두를 지칭한다(김희진 · 오문자, 1996). 즉, 기록화는 그림 및 조형물 등 유아들의 작품, 발달과정을 나타내는 사진들, 유아와 유아, 유아와 교사 간의 대화, 유아 행동에 대한 설명을 녹음한 것, 교사의 해석, 부모의 제안을 기록한 것 등을 포함한다. 레지오 교육자들은 카메라, 녹음기, 슬라이드 투사기, 비디오카메라, 복사기 등을 이용하여 기록물들을 수집하며 수집된 기록물들은 잘 조직되고 패널화되어 교실이나 학교벽면에 전시된다.

기록화는 교사의 교육과정을 지원하며 교사－유아 간, 교사－교사 간, 교사－부모 간 상호학습과정이기도 하다. 기록을 통해 유아가 학습하는 방법에 대한 정보를 나눌 수 있으며, 교사의 직업적 성장을 도모할 수 있다(이소은 · 이순형, 2014). 좋은 기록화 작업은 교사와 유아의 개인적 평가, 교육과정계획, 교육적 평가 모두를 동시에 달성할 수 있는 자료로 활용될 수 있어야 한다(Vecchi, 1993).

기록화는 유아, 교사, 부모와 지역사회 인사들의 측면에서 중요한 의미가 있다(이기숙, 2000). 첫째, 유아는 성인이 자신들의 작품을 소중히 여기는 것을 보면서 자신감과 자아존중감을 갖게 된다. 둘째, 교사는 기록화를 통해 유아들이 무엇에 관심이 있는가, 무엇을 알고 모르는가, 프로젝트를 어떤 방향으로 이끌어 나가야 하는가 등에 관하여 반성적으로 사고할 수 있는 기회를 가진다. 셋째, 부모와 지역사회 인사들은 기록된 작업물들을 통하여 유아교육기관에서 이루어지는 작업에 관하여 자연스럽게 알게 됨으로써 유아교육기관과 연대감을 형성하고 협력의 기반을 마련한다.

(6) 부모 및 지역사회와의 연계

레지오 에밀리아 접근법에서 부모 및 지역사회의 연계는 중요한 요소이다. 레지오 에밀리아 접근법은 타인의 말을 경청하고 수용함으로써 평화롭고 건설적으로 공존하는 것을 이상으로 추구하기 때문에 교육을 교사나 교육행정을 담당하는 사람들만의 일이 아니며 관련된 모든 사람들의 공동책임이 필요하다고 본다(이소은·이순형, 2014). 따라서 부모와 지역사회가 학교의 정책수립, 교육과정의 계획, 운영, 평가 등에 능동적이고 적극적으로 참여하는 것을 원칙으로 한다.

2) 교직원의 역할

레지오 에밀리아 교육기관의 교직원은 교사, 아뜰리에리스타(미술전공교사), 파트타임교사, 종일제 보조자, 파트타임 보조자, 페다고지스타(교육조정자), 요리사, 청소부 등이 있다. 여기서는 아뜰리에리스타, 페다고지스타, 교사를 중심으로 살펴보고자 한다.

(1) 아뜰리에리스타

아뜰리에리스타는 시각미술을 전공한 미술교사이다. 아뜰리에리스타는 주로 아뜰리에라는 특별한 작업장에서 일하며 학급의 담임교사와 협력하여 유아가 프로젝트를 잘 수행할 수 있도록 돕고 장기 프로젝트의 개발, 기록 및 전시하는 등의 역할을 한다.

(2) 페다고지스타

페다고지스타는 시 정부 산하에서 운영하는 6세 미만의 유아학교와 유아교육센터의 운영이 질적 수준을 유지하도록 관리하는 유아교육담당관의 감독하에 있는 직책으로 보통 한 명이 3~4개의 유아교육기관을 담당한다.

페다고지스타는 유아교육기관 전반에 관련된 정책이나 문제를 토론하는 교육에 대한 전문적인 상담·조정가로서의 역할, 현직교사를 지원하고 훈련을 담당하는 역할 및 부모, 교사, 시민 등을 대상으로 워크숍이나 공개토론회를 개최하여 레지오 에밀리아 접근법을 외부에 알리고, 부모와 행정가들과의 관계를 중재하는 역할을 한다 (김수영·김수임·정정희, 2008).

(3) 교사

레지오 에밀리아 접근법에서 교사는 두 명의 교사가 팀이 되어 3년간 담당한다. 따라서 교사는 유아의 성장·발달을 잘 알고 있으며 유아와 상호 신뢰관계를 이루고 있다.

레지오 에밀리아에서 교사는 '지식의 공동구성자'로서 유아의 학습을 지원할 뿐만 아니라 유아와 함께 성장·발달해 가는 협력자이자 동반자의 역할을 한다. 교사는 유아들을 위한 작업을 계획하고 진행하기 위해 유아를 세심히 관찰하고 유아에게 질문하여 유아의 생각, 가설, 이론들을 발견하고자 노력한다. 또한 유아가 관찰하고 기록한 것을 모아서 유아 및 동료교사와 토론하여 유아의 활동에 대한 융통성 있는 계획을 세우는 역할을 한다.

3) 환경의 중요성

레지오 에밀리아 교육기관을 방문하는 사람들은 아름다운 물리적 환경 때문에 감탄한다. 레지오 에밀리아 학교에서 물리적 공간의 형상과 배열, 느낌과 분위기는 단순한 장소이기보다는 하나의 가르침과 배움의 존재로 인식된다. 레지오 에밀리아 접근법에서는 공간이 갖는 미적 요소의 풍부함으로 유아들은 가만히 앉아있기보다 몸이 직접 체험하기를 원하게 하는 매혹적인 환경으로부터 '초대받은' 느낌을 받는다. 이러한 환경은 유아의 지식구성에서 독특한 시간의 흐름을 만들어 낸다. 이처럼 레지오 에밀리아 교육기관의 물리적 환경은 제3의 교사의 역할을 한다(임부연, 2007).

레지오 에밀리아 교육기관의 물리적 환경은 순환성과 투명성이라는 개념으로 잘 표현된다(이기숙, 2000).

순환성이란 모든 공간이 자연적으로 연결되어 있어 막힘 없이 어느 곳으로나 통할 수 있다는 의미로 유아－유아, 유아－교사, 유아－환경 간의 상호작용을 최대한 장려하는 레지오의 정신을 반영하고 있다. 이러한 개념을 반영하는 레지오 에밀리아 교육기관의 환경은 건물의 어느 곳에서나 직접 연결되는 중앙공용공간인 피아자(piazza)이다.

투명성이란 같은 공간에 있지 않아도 서로의 존재를 보고 느낄 수 있는 가능성을 의미한다. 레지오 에밀리아의 교육기관은 모든 문과 창에 유리를 사용하여 서로 볼 수 있도록 하였다.

레지오 에밀리아 유아학교에는 아뜰리에라는 특별한 이름의 작업실이 있다. 아뜰리에는 모든 유아, 교사, 그리고 아뜰리에리스타가 사용하는 작업공간이다. 아뜰리에는 과거에 유아들이 작업한 프로젝트 기록과 다양한 미술자료가 배치되어 있으며 다양한 작업이 이루어진다. 각 교실에는 미니 아뜰리에가 있어 유아들의 소집단활동 및 프로젝트를 지원해 준다.

3. 발도르프 프로그램

발도르프 프로그램(Waldorf program)은 자유 발도르프 학교에서 실시되고 있는 프로그램으로 슈타이너의 교육사상에 기초하고 있다. 최초의 자유 발도르프 학교는 1919년 9월 7일에 루돌프 슈타이너(Rudolf Steiner)의 인간존중 철학에 감동한 발도르프 아스토리아 담배공장 사장 에밀 몰트(Emil Molt)가 슈타이너에게 교육적인 지도를 부탁하여 설립되었다. 또한 최초의 '자유 발도르프 유치원'은 슈타이너가 사망한 다음 해인 1926년 슈타이너에게 감명을 받았던 엘리자베스 그린레스에 의해 슈투트가르트에 설립되었다.

발도르프 프로그램에서는 슈타이너의 인지학을 기본 토대로 인간을 신체, 영혼, 정신의 통합체로 보고 있으며 전인적인 인간교육을 추구한다. 1970년대 이후, 발도르프 학교 설립은 꾸준히 증가하고 있다. 특히 발도르프 유치원은 반일제 원칙, 연령혼합집단, 유아에 대한 깊은 이해를 고려한 담임 연임제, 교사·부모·학생의 주체적이고 유기적 역할 등 독특한 교육운영으로 전 세계적으로 관심을 받고 있다(곽노의, 1999). 현재 독일을 중심으로 일본, 영국, 미국 등 약 50여 개국에서 1,500여 개의 유아교육기관과 700여 개의 학교에 보급되어 있다(김정임, 2006). 여기서는 오늘날 새롭게 가치를 인정받아 세계적으로 관심을 받고 있는 발도르프 프로그램에 대해 살펴보고자 한다.

1) 인간관

슈타이너의 교육이념은 인지학에 토대를 두고 있다. 인지학(anthroposophy)은 그리스어 'anthropos(인간)'와 'sophia(지혜)'를 합성한 '인간의 지혜'라는 어원을 가진 인간중심의 사상이다. 여기서 '인간의 지혜'란 인간이 자신의 인간성을 의식하도록 '인간 영혼에게 지혜'를 부여하는 역동성을 띤 개념으로 이해된다.

슈타이너는 인간의 본질을 신체, 영혼, 정신으로 구성되어 있는 삼원적 존재로 파악하였다. 신체는 인간에게 스스로 나타나는 환경 속에 있는 사물을 의미하며, 영혼은 이러한 사물들을 자신의 존재와 결합시켰을 때 사물로부터 자신이 느끼는 것을 의미한다. 그리고 정신이란 인간이 사물을 신성한 존재로서 느낄 때 자신에게 나타나는 그 무엇을 뜻한다(전일균, 1996). 이들은 근본적으로 서로 상호작용한다. 예를 들면, 인간을 신체적 차원에서 본다면 한낱 고기 덩어리에 지나지 않을 것이고, 영혼만 존재한다면 그 존재를 인식할 수 없을 것이다. 정신작용에 의해 신체와 영혼의 연결이 가능하고 신체와 영혼과 정신이 통합되어 하나의 전체로 작용될 때 비로소 참다운 의미의 인간존재가 가능한 것이다(박의수, 1995).

슈타이너는 인간의 발달은 '외적으로 보이는 신체적인 것과 직접적으로 보이지 않는 정신적인 것이 인간의 개체를 통해 통합되어 의식화되는 과정'으로 보았다. 또한 슈타이너는 인간의 본질을 네 개의 구성체, 즉 물리적 신체, 생명체 또는 에테르체, 감정체 또는 아스트랄체, 자아체로 설명하였다. 구체적으로 살펴보면 다음과 같다(곽노의, 1999; 김수영 · 김수임 · 정정희, 2008; 김정임, 2006; 정윤경, 2004).

■ 물리적 신체

정신적인 부분을 제외한 나머지를 의미한다. 자연법칙에 따르며 광물질 분야와 직접적으로 관련되어 있으며 눈에 보이는 몸, 육감으로 인식할 수 있고 해부학적으로 확인할 수 있는 인간존재의 모든 것이다.

■ 생명체 또는 에테르체

생성, 번식, 유전 등의 생명현상을 담당한다. 식물 및 동물과 공통적으로 가지고 있는 특징적인 어떤 것이다. 인간에게 신체와 에테르체만 존재한다면 식물인간과 같은 식물적인 존재로밖에 살아가지 못한다.

■ 감정체 또는 아스트랄체

아픔, 즐거움, 충동, 열정, 증오 등으로 나타난다. 사람과 동물이 공통적으로 가지고 있다.

■ 자아체

이는 지구상에 있는 다른 생물체에는 없고 개개의 인간만이 소유하고 있는 인간의 자아, 즉 자아의식이다. 자아는 인간 안에 기억할 수 있게 하는 근원적인 힘으로 작용한다. 자아는 에테르체와 아스트랄체의 충동을 지시하고 통제한다.

슈타이너는 인간의 본질인 네 가지 구성체를 토대로 다시 7년 주기의 3단계 발달론을 설명하고 있다(곽노의, 1999; 김정임, 2006; 정윤경, 2004).

■ 발달 제1단계

탄생에서 7세 전후의 시기로 외적 영향 속에서 발달하는 단계이며 육체적인 모습을 가진다. 이 시기의 유아는 신체를 통한 외부의 환경과 밀접한 관계를 맺으면서 직접적인 경험을 통해 모방함으로써 배우게 된다. 7세 전후가 유아에게 지적 학습을 할 수 있는 시기라고 보았으며 유아에게 신체발달과 함께 의지가 형성되는 시기임을 강조하였다.

■ 발달 제2단계

7~14세의 초등학교에 다니는 시기로 영혼의 특질이 나타나는 단계이다. 감정이 발달하는 시기이므로 이 시기에는 구체적 사물에 대한 경험과 함께 예술교육을 통해 감정발달을 도모해야 한다고 강조하였다.

■ 발달 제3단계

사춘기 이후 21세까지의 시기로 내적 세계에 접근할 수 있는 단계이다. 이 시기의 주된 본질은 정신적인 것이며 이 시기에 추상적이고 개념적인 사고력이 발달하게 된다. 따라서 이 시기에는 인간의 본질과 의미에 대한 깊은 인식을 통해 추상적 사고능력을 기르고 자율성과 독립심을 북돋워 줄 수 있는 교육이 필요하다.

2) 교육의 원리

슈타이너의 인간에 대한 폭넓은 지식에 근거한 교육을 강조한 발도르프 프로그램은 인지중심의 교육에 반대하여 신체, 영혼, 정신의 조화를 통한 전인적인 인간교육을 추구한다.

발도르프 프로그램의 교육 원리를 리듬의 원리, 모방과 본보기의 원리, 질서의 원리를 중심으로 살펴보면 다음과 같다(김정임, 2006).

(1) 리듬의 원리

인간의 전체적인 삶은 일상생활 속에서 신체적 · 정신적 리듬을 타며 이루어진다. 즉, 인간은 규칙적인 리듬을 통해 삶의 원리를 배운다.

유아는 아직 다양한 인간의 리듬을 스스로 만들 수가 없으며 단순히 신체적 감각기관을 통해 삶을 전체적으로 받아들이며 주위 환경에 무의식적으로 따른다. 그러므로 유아를 위해서는 정리된 환경을 제공하고 전체적인 시간의 리듬을 잡아주어야 하며, 유아의 주변 환경도 자주 변해서는 안 된다. 즉, 유아가 가정이나 유아교육기관에서 일어날 일을 미리 예측할 수 있어야 한다. 이렇게 될 때 유아는 세상을 신뢰하게 되고 안심하며 이 세상을 발견할 수 있다.

(2) 모방과 본보기의 원리

0~7세 사이의 물리적 신체 탄생기의 유아는 자신을 둘러싼 세계를 직접적인 감각체험을 통한 모방을 통해서 배운다. 따라서 성인의 본보기는 매우 중요한 역할을 담당하게 된다. 모방은 성인들의 시범적인 행동을 단순히 따라하는 것을 의미하는 것

이 아닌 어른과 유아의 내적인 유대를 말한다. 유아의 모방능력은 유아 내면에 있는 자유의 표현으로 이는 유아가 자기 주변의 인물들 속에서 비교할 수 있는 것을 인지한 경우에만 개발될 수 있다. 여기서 '비교할 수 있는 것'이란 주어진 상황에서 자신의 삶과 본질이 일체를 이루는 인간을 의미한다(자스만스하우젠, 1996, 곽노의, 1998 재인용). 예를 들면, 교사가 내적인 자기의 자유를 의식하고 말로서가 아니라 진실되게 행동할 때 이러한 교사 존재 자체의 모습을 보면서 서로 유대감이 형성되고, 유아는 이러한 내적인 유대 속에서 진정으로 자유로운 존재가 되어 자신의 능력을 발현할 수 있다(곽노의, 1998).

(3) 질서의 원리

유아는 질서를 통해 주위 환경에 있는 사물과 인간과의 관계를 익히게 된다. 유아 주변 세계의 질서는 유아가 새로운 세계를 만들어 갈 수 있는 기본을 형성하게 해준다. 질서에는 공간의 질서, 시간의 질서, 내적인 질서(영혼적인 질서)가 있다(곽노의, 1999; 김정임, 2006).

① 공간의 질서

유아 주변 환경의 질서를 의미한다. 공간의 질서를 갖춘 환경 속에서 유아는 자신의 행동에 대해 깊은 생각 없이도 환경공간에 익숙한 자신의 습관에 따라 행동할 수 있다. 이럴 때 유아는 안정감을 갖고 창의력이 생겨나게 된다.

② 시간의 질서

리듬을 의미한다. 인간이 숨을 내쉬고 들이마시는 리듬적인 법칙에 의하여 사는 것과 같이 삶의 과정은 항상 리듬적이다. 따라서 시간은 하루 일과, 일주일, 한 달, 일 년을 주기로 규칙적으로 운영되어야 하며 이러한 리듬적인 질서를 통하여 유아는 삶의 뿌리를 제대로 내리게 된다.

③ 내적인 질서

내면적으로 자기 세계를 형성하려는 동기 속에서 유아는 타인과의 평온한 만남을 통해 외부에 대한 신뢰감을 만들어 간다. 즉, 성인이 유아에게 기쁨이나 존경, 경외의 대상으로 인식되고 성인이 고귀한 것에 대하여 열망하는 것을 유아가 경험할 때 유아는 내적인 질서를 느끼게 된다. 이러한 내적인 질서는 유아가 외부세계를 받아들이는 데 긍정적인 역할을 한다.

3) 교육의 내용

슈타이너는 인간을 총체적으로 이해하기를 원했다. 그래서 인간을 예술적으로 다루어야 하며, 수업방법도 예술적으로 이루어져야 하고 무엇보다 교사가 예술가가 되어야 한다고 하였다. 따라서 발도르프 프로그램은 예술을 통한 교육에 큰 비중을 두고 있다. 여기서 예술교육은 예술전문가로 키우기 위한 것이 아닌 인간에게 닥치는 삶의 위기를 극복할 수 있는 기본을 갖추기 위한 연습으로 간주된다. 일반적으로 발도르프 유치원의 하루 일과는 물감으로 그리기, 밀랍으로 만들기, 동화 듣기, 인형극하기, 라이어, 오이리트미 등 예술적인 활동으로 이루어진다. 여기서는 오이리트미, 그리기, 동화와 인형극을 중심으로 살펴보고자 한다.

(1) 오이리트미

오이리트미는 인간의 몸을 통해서 소리를 보여주는 움직임의 예술로 '볼 수 있는 언어'요, '볼 수 있는 노래'이다(곽노의, 1998). 슈타이너는 정신과 신체의 상호 관련성 속에서 전인적인 인간, 조화로운 인간의 발달을 이루기 위하여 오이리트미를 발달시켰다. 그러므로 오이리트미는 단순히 신체의 움직임을 통한 행동표현이 아니라 정신적으로 의미 있는 몸짓이다. 유아가 신체를 움직이는 동안 자기의 내면에 잠재되어 있는 여러 가지 느낌이나 생각을 표현함으로써 내부의 '나'와 외부의 '나'가 하나가

되어 조화를 이루게 된다(김정임, 2006). 오이리트미는 음악 오이리트미, 언어 오이리트미, 도형 오이리트미가 있으며, 유아의 경우 간단한 리듬에 따라 움직이거나 간단한 도구를 사용하는 단순한 오이리트미로 시작하여 점차 복잡한 오이리트미로 발전한다(정윤경, 2004).

(2) 그리기

발도르프 프로그램에서 그림 그리기는 아무런 주제 없이 유아가 그리고 싶은 것을 그린다. 특히 발도르프 유치원에서 유아는 수채화 그리기를 통해 색을 탐구하게 된다. 유아는 다양한 색들이 종이 위에 나타나는 것을 스스로 경험하게 된다. 발도르프 프로그램에서 수채화 그리기는 각이 진 경계가 나타나지 않는다. 이러한 그리기는 경계 없이 조화를 이루는 자연의 원리를 경험하게 한다. 교사는 그림에 대한 평가를 하지 않으며 완성된 작품에 대한 논의나 토론도 하지 않는다. 교사는 단지 유아가 경험하거나 관찰한 것을 자유롭게 표현하도록 할 뿐이다.

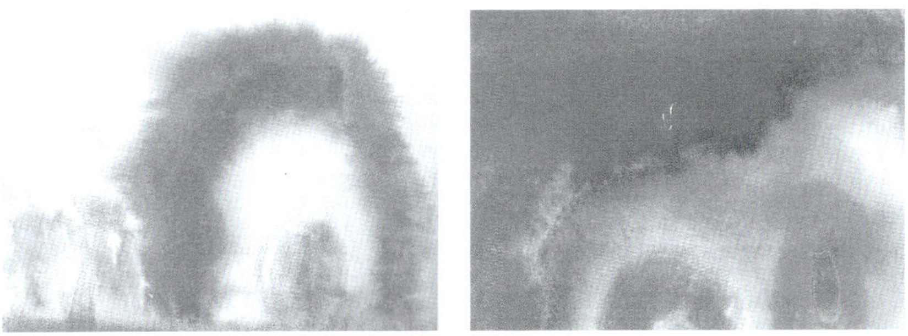

사진 5-6 수채화 그림

출처 : 프레야 야프케 저, 김정임 역(2004), p. 60.

(3) 동화와 인형극

유아들은 바깥에서 놀이나 수작업(handwork) 활동을 하고 나면 오전시간의 마무리를 위한 동화모임을 하기 위해 모이게 된다. 발도르프 유치원에서의 동화는 책을 가지고 읽어주는 것이 아니라 이야기를 한다. 책을 통하지 않는 것은 교사와 유아와의 인간적인 직접성을 강조하기 때문이다. 또한 똑같은 동화를 2~3주 동안 계속 반복함으로써 완전히 유아에게 내면화되도록 한다. 유아들은 동화를 반복해서 들으면서 상상을 통해 창조를 하게 되고 안정감을 느끼게 된다(곽노의, 1999).

반복해서 들은 동화는 인형극으로 꾸며 진행되기도 한다. 인형극을 만들 때 유의할 점은 재료나 무대 꾸미기 등은 유아의 심미적인 감각을 위해 가능한 한 자연재료를 활용하는 것이다. 특히 발도르프 유치원에서는 한 달 리듬으로 전래동화를 인형극으로 만들어 보여주는데 이는 조상의 삶의 지혜를 내면화시키기 위함이다. 동화와 인형극은 유아의 내적 세계의 성숙을 위해 중요하다(김정임, 2006).

4) 교사의 역할

발도르프 프로그램에서 교사의 자질과 역할은 핵심적이다. 발도르프 유치원의 교사는 모방과 본보기라는 중요한 교육적 역할 속에서 단순히 유아에게 무엇을 가르치는 사람이 아닌 유아가 지니고 있는 자연적인 힘을 끌어낼 수 있도록 도와야 한다. 발도르프 프로그램에서의 교사의 역할을 살펴보면 다음과 같다(곽노의, 1999; 김정임, 2006; 이종태, 2002; 정윤경, 1998).

(1) 영혼의 예술가

발도르프 프로그램에서 교사는 '영혼의 예술가'로 부른다. 즉, 예술을 통한 교육을 하기 위해서는 교사가 영혼의 예술가로서 자각해야 하며 예술적인 것을 사랑하고 예술적인 활동을 할 수 있어야 한다.

(2) 친밀한 관계 형성

교사는 인간과 유아에 대한 본성과 세계에 대한 본질을 인식하여 친밀한 관계를 형성하는 것을 중시해야 한다. 이러한 관계는 인지학적 방법을 통해 가능하다. 교사는 유아를 교육의 대상만이 아니라 인간 대 인간의 삶의 동반자로 봐야 한다.

(3) 자기개발

발도르프 프로그램에서는 교사들의 자기교육과 인간성 형성에 큰 가치를 둔다. 교사는 끊임없이 유아와 교육과정에 대하여 연구해야 하며 교사 스스로 가지고 있는 기질과 유아의 기질을 파악하여 유아의 기질에 맞는 지도를 해야 한다. 따라서 발도르프 학교에서는 교사가 교사교육을 위한 프로그램에 지속적으로 참여하는 것을 중요시한다.

(4) 교육의 주체

발도르프 교사는 주체적으로 학교를 운영하며 상하관계가 아닌 협력관계를 유지한다. 서로 간의 협력적 관계를 통해 교육의 주체로서의 역할을 해야 한다.

5) 환경구성

발도르프 프로그램이 이루어지는 학교 건물은 건물형태, 지붕, 교실, 복도 등이 각이 없는 곡선으로 구성되어 있다. 이것은 자연이 각이 없고 다양한 곡선인 데서 비롯되었다.

발도르프 유치원의 실내환경은 친밀감 있고 쾌적하며 가능한 한 낮 시간에는 인조조명이 필요 없도록 되어 있다. 벽면의 색상도 무늬나 도안이 없는 밝은 파스텔 톤의 색상을 사용하여 밝고 안정감을 느끼게 한다(김수영 · 김수임 · 정정희, 2008).

실내에는 TV, 컴퓨터 등 각종 전자제품은 없으며 대부분 자연물이고 꾸밈없는 원형 그대로의 것들로 꾸며 유아가 안정감을 느낄 수 있는 분위기를 제공하려고 한다. 놀잇감은 완제품은 찾아볼 수 없으며 나무토막, 나뭇잎, 견과류, 씨앗, 조개껍데기, 돌, 솔방울 등과 같은 단순한 자연물들이 대부분이다. 자연물은 유아가 적극적으로 사고하도록 돕고 유아의 상상력을 자극하기 때문이다. 따라서 실내에는 일상생활에서 사용되는 생활용품, 자유놀이 시간에 가지고 놀 수 있는 인형, 천, 털실, 자연에서 주워온 것 등으로 꾸며진다.

발도르프 유치원의 실외환경은 자연과 인접하게 구성되며 자연물을 최대한 활용하여 구성한다. 일반 유치원에 있는 정글짐, 미끄럼틀, 그네 등은 없으며 유아들이 자유놀이를 할 수 있는 공간에는 모래밭, 나무로 된 오두막집, 고목 등이 있다(곽노의, 1998). 이러한 환경 속에서 유아는 창의적이고 다양한 예술적인 경험을 하여 신체와 영혼과 정신이 조화된 전인적인 인간으로 성장하게 된다.

사진 5-7 발도르프 유치원의 놀잇감

4. 생태유아교육 프로그램

1970년대부터 빠르게 일어난 산업문명의 발달로 우리나라는 사회, 경제, 교육, 환경 등 생활양식 전반에 걸쳐 변화를 겪어 왔다. 산업문명의 발달은 물질적 풍요를 주었지만 다른 한편으로는 자연생태계의 파괴, 우리의 소중한 전통문화와 민족성 및 인간성 상실을 초래하게 되었다.

생태유아교육은 기계론적 세계관 및 산업문명의 발달로 인한 지구의 위기 및 우리 아이들이 당면한 위기의식에서 출발하였다. 즉, 대기오염과 지구 온난화, 토양 및 수질 오염, 생물종의 감소로 아이들은 자연을 잃었으며 과도한 조기교육, 인지발달 위주로 운영되고 있는 교육과정에 의해 아이들은 놀이와 아이다움을 잃었다. 따라서 생태유아교육은 산업문명의 최대의 피해자로 전락한 우리 아이들의 삶을 회복하기 위한 노력으로 등장하였으며 아이들이 잃어버린 자연과 놀이와 아이다움을 되찾아 주고자 한다.

생태유아교육은 생명학(life studies)과 생태학(ecology)을 비롯한 우리나라와 동·서양의 생명사상에 기반을 둔 유아교육이다. 따라서 생태유아교육은 아동중심 유아교육을 포괄하면서 그것을 넘어서는 보다 고차원의 근원적인 생명중심 유아교육이며, 자본과 경쟁의 논리가 지배하는 현대 유아교육의 현실을 개선하고자 하는 새로운 패러다임이다. 또한 자연의 순리와 생명의 원리에 따르며 우리 조상들의 육아 지혜에 바탕을 둔 유아교육이다.

여기서는 생태유아교육의 교육관, 교사의 역할, 환경구성에 대하여 살펴보고자 한다(권미량, 2005; 김은주, 2003; 조채영, 2006; 임재택 외, 2008; 하정연, 2004).

1) 교육관

생태유아교육은 자연의 순리, 천지인(天地人)의 도를 따르는 근본교육을 지향한다. 생태유아교육의 교육관을 교육이념, 교육목적 및 교육내용, 교육방법을 중심으로 살펴보면 다음과 같다.

(1) 교육이념

생태유아교육이 추구하는 교육이념은 다음과 같다.

① 생명중심 유아교육

생태유아교육은 모든 생명과의 관계성 회복을 중요시 여기며, 우주만물의 중심은 인간, 아이가 아닌 모든 생명이라는 관점에서 생명중심교육을 지향한다. 생명중심교육에서 자연은 가르쳐야 할 대상이나 가지고 노는 놀이의 대상이 아닌 더불어 살아가야 할 동무인 것이다.

② 공동체중심 유아교육

생태유아교육은 모든 생명은 서로 하나의 생명으로 연결된 생명공동체라는 생명공동체 중심교육을 지향한다. 즉, 사람과 사람이 더불어 살아가는 사람공동체, 개인과 가족이 함께 어우러지는 가족공동체, 사람과 사회가 함께하는 사회공동체, 사람과 자연이 함께하는 생명공동체를 지향한다.

③ 몸 · 마음 · 영혼의 유아교육

생태유아교육은 기존의 이성중심교육에서 아이들의 몸 · 마음 · 영혼을 돌보는 교육 및 이성 · 감성 · 영성의 조화로운 교육을 지향한다.

(2) 교육목적 및 교육내용

생태유아교육의 교육목적 및 교육내용을 살펴보면 다음과 같다.

① 교육목적

생태유아교육은 생명살림의 교육을 통해 위기에 직면한 지구와 아이를 구하고자 하는 '생명살림의 교육'을 추구한다. 즉, 생태유아교육의 궁극적인 교육목적은 '아이살림'과 '교육살림'을 통해 '생명살림'을 실천하는 것이다.

생태유아교육에서 바라는 아이상은 '신명나는 아이'이며 '신명나는 아이'는 생태유아교육의 구체적인 교육목표이다. '신명나는 아이'는 우주생명과 하나 되는 아이로 우주생명을 자각한 아이이며 드러나는 모습에 있어서는 개성과 창조력을 지니면서 흥겨움과 멋이 흘러넘치는 가운데 남과 더불어 행복한 삶을 누리는 어린이다운 어린이이다.

신명나는 아이는 구체적으로 튼튼한 어린이, 즐거운 어린이, 스스로 하는 어린이, 새로운 것을 생각하는 어린이, 예의 바른 어린이, 생명을 존중하는 어린이, 일을 귀하게 여기는 어린이, 우리 것을 아는 어린이, 지구를 지키는 어린이, 더불어 사는 어린이를 의미하며 이와 같은 구체적 어린이상을 실현한 아이가 곧 신명나는 아이이다.

② 교육내용

몸교육, 마음교육, 영혼교육은 생태유아교육의 가장 기본이 되는 교육내용이다. 몸교육, 마음교육, 영혼교육은 다시 삶교육, 땀교육, 관계교육, 앎교육, 감각교육, 감성교육, 영성교육을 포괄하게 되며 이러한 교육내용은 가르쳐야 할 내용이 아닌 해야 할 활동으로 드러난다. 즉, 노인・아동 상호작용, 몸짓놀이, 세시풍속, 먹거리, 산책, 텃밭, 손끝놀이, 절제・절약, 초기적응, 바깥놀이, 영성, 생태미술 등의 다양한 실천적 프로그램으로 풀어진다.

이처럼 생태유아교육의 교육내용은 생명이 중심주제이며 교사에 의해 인위적이며, 논리적으로 분석되고 계획된 교육내용이 아닌 아이들이 삶 속에서 자연스럽게 경험하는 모든 것이 교육내용이다. 또한 교육내용은 구체적으로 가르쳐야 할 내용이 아닌 활동으로, 다양한 프로그램으로 드러난다. 실천적 프로그램 몇 가지를 간략히 살펴보면 다음과 같다.

❖ 바깥 놀이 프로그램

바깥 놀이 프로그램은 오늘날처럼 실내에서 많은 시간을 보내는 유아에게 밖이라는 공간에서 마음껏 뛰어놀게 하기 위한 프로그램이다. 유아들은 밖에서 지적인 호기심과 상상력을 키우고 계절의 변화와 친구들과 더불어 살아가는 능력을 갖게 되며 자연과의 접촉을 통하여 생명의 소중함을 깨달을 수 있다.

❙사진 5-8❙ 바깥놀이 활동하는 유아들

❖ 산책 프로그램

산책은 온갖 자연물을 보고, 만지고, 듣고, 느끼고, 냄새 맡을 수 있는 체험적 교육 활동이다. 산책 프로그램을 통하여 유아는 다양한 자연을 만나고 다양한 연령대의 지역사회의 주민들을 만날 수 있다. 산책은 준비된 프로그램이 아닌 일상적인 생활이다. 산책은 사계절 내내 이루어지며 맑은 날뿐 아니라 비 오는 날 및 눈 오는 날에도 이루어진다. 그리고 오전 산책, 오후 산책, 긴 산책, 짧은 산책 등 다양한 산책이 있다.

❙사진 5-9❙ 산책 프로그램에 참여한 유아들

❖ 텃밭 가꾸기 프로그램

텃밭 가꾸기 프로그램은 유아가 제 손으로 텃밭을 일구고 채소를 길러봄으로써 계절과 날씨의 변화, 식물의 생장, 수확에 대한 기쁨, 자연과 함께하는 삶, 노동의 신성함과 보람을 알게 한다. 또한 생명의 소중함과 자연의 순환과정을 이해하게 한다.

❙사진 5-10❙ 텃밭 가꾸기 활동을 하는 유아들

❖ 노인·아동 상호작용 프로그램

노인·아동 상호작용 프로그램은 노인들은 소일거리가 생겨서 인생의 보람과 생활에 대한 활기와 의욕 및 자신감을 갖게 되며 유아들은 조부모들에게서 받을 수 있는 사랑을 경험하고, 노인에 대한 긍정적인 태도 및 우리의 전통문화를 체득할 수 있는 기회를 갖게 해준다. 그리고 교사들은 노인 자원봉사자들의 도움으로 근무부담이 줄게 된다.

❖ 먹을거리 프로그램

인스턴트식품에 길들여져 있는 요즘 유아들에게 유기농 먹거리와 신토불이(身土不二)의 맛을 심어주어 몸·마음·영혼이 건강한 유아들로 자라게 하며 이와 함께 농촌을 살리고자 하는 프로그램이다.

❖ 생태미술 프로그램

유아들은 자신이 오감으로 체험하는 것들을 미술로 표현하기 위해 애쓴다. 유아의 미술에는 어른의 눈에는 보이지 않는 유아의 내적인 세계의 질서가 다양한 형태로 드러난다. 이는 유아의 미술활동이 유아 자신이 가지고 있는 감성과 영혼의 표현임을 말해준다. 생태미술 프로그램은 유아의 자연스러운 내적인 세계의 표현을 강조하며 계절의 변화나 시간의 흐름에 따른 자연의 변화 및 폐품을 활용한 물질적인 순환을 경험할 수 있는 미술을 의미한다.

사진 5-11 생태미술활동 모습

❖ 세시풍속 프로그램

세시풍속은 유아에게 계절의 변화에 따른 생활의 주기성 및 우리의 건강한 먹거리를 알게 하고, 함께 즐길 수 있는 놀이와 조상들의 삶의 지혜를 알 수 있게 한다. 또한 유아로 하여금 한 사회의 구성원으로서의 정체성을 확인시켜 주는 역할을 하기도 한다.

❖ 명상 프로그램

명상이란 고요히 눈을 감고 생각하는 것, 마음을 닦는 것, 참된 자기를 찾는 것, 참된 삶의 길을 찾는 것 등으로 다양하게 설명되고 있다. 혼탁한 세상기운으로 오감이 퇴화되고 정서적으로 불안하고 영혼이 맑지 못한 유아들에게 그들이 본래 지니고 있던 자연의 본성을 되찾아 주고자 하는 노력이 바로 명상이라 할 수 있다. 유아를 위한 명상활동은 일상생활 속에서 체험활동으로 접근하는 것이 중요하다. 즉, 침묵해 보기, 자연의 소리 들어보기, 차 마시기, 음악 감상 등을 통하여 명상을 한다.

❖ 절제·절약 프로그램

순환과 돌림의 경제를 인식시키는 데 목적을 둔 절제·절약 프로그램은 물물 교환, 알뜰 시장, 각종 폐품 활용하기, 산책조끼 물려주기, 음식쓰레기 퇴비 만들기, 1회용품 안 쓰기, 쓰레기 분리수거 등의 형태로 실천될 수 있다.

❖ 몸짓놀이 프로그램

몸짓놀이 프로그램은 몸을 자극함으로써 오장육부를 튼튼하게 하고 몸을 유연하게 하는 한국인 고유의 몸짓을 살려냄으로써 한국인의 정신과 기(氣)를 되찾고자 하는 프로그램이다. 우리 가락과 음률, 장단, 움직임을 점차 잃어가고 있으며 체격이 커졌음에도 불구하고 오히려 체력은 약해지고 감각이 무디어 가고 있는 요즘 유아들에게 유익한 프로그램이다.

❙사진 5-12❙ 몸짓놀이 활동

❖ 동물교감 프로그램

동물교감 프로그램은 동물을 기르면서 삶과 죽음의 세계를 경험하게 하고 동물들을 장난감이 아닌 더불어 살아야 할 생명체라는 것을 자연스럽게 느낄 수 있도록 하기 위한 프로그램이다. 유아는 동물과의 사귐을 통해 생명을 소중히 여기게 되고 마음이 아플 때 좋은 친구가 되기 때문에 정서적으로 도움이 된다. 또한 생명의 탄생과 죽음을 경험하면서 생태계의 순환을 알게 된다.

❖ 손끝놀이 프로그램

손놀림은 단순한 육체적인 과정이 아니라 정신적인 과정이어서 손의 사용을 통하여 머리(head), 마음(heart), 손(hand)이 조화롭게 발달할 수 있다. 따라서 손끝놀이란 머리, 마음, 손이 조화롭게 발달하도록 하기 위하여 손끝을 사용하는 놀이를 말한다.

❙사진 5-13❙ 손끝놀이 활동

(3) 교육방법

생태유아교육은 유아들의 타고난 자연성, 생명성을 존중하는 교육을 하고자 한다. 즉, 교사가 주체가 되어 인위적인 방법으로 유아들에게 교육내용을 가르쳐야 한다는 관점이 아닌 유아들이 직접 세상을 경험하고 체험하게 함으로써 유아가 가진 내면의 생명성을 잘 일깨우도록 한다.

유아의 생명성, 자연성을 존중하는 생태유아교육은 생명의 원리를 중요한 교육방법으로 보고 있다. 따라서 생명의 원리인 관계성, 순환성, 다양성, 영성의 원리에 근거하여 유아들을 교육하고자 한다. 첫째, 관계성을 통한 교육이란 유아가 세상을 살아가면서 접하게 되는 자연, 또래, 교사, 부모 등 다양한 생명체와의 직접적인 관계맺음을 통해 교육하는 것이다. 둘째, 순환성을 통한 교육이란 억지로 계획하고 조직하지 않는 방법으로 시간과 계절의 흐름과 변화에 따라 자연스럽게 교육하는 것이다. 셋째, 다양성을 통한 교육이란 낱 생명 하나하나의 특성을 그대로 살려주는 교육방법이다. 즉, 개별 유아의 개성과 흥미를 고려하고 개별 유아의 내면의 시간표에 맞춘 방법이다. 넷째, 영성을 통한 교육방법이란 유아가 모든 생명을 체험하고 경험하면서 온 우주와 통합된 경험을 하여 생태적 감수성을 일게 하는 방법이다. 따라서 영성을 통한 교육방법은 다양한 생명을 직접 체득하는 감성적 방법이 필요하다.

2) 교사의 역할

생태유아교육에서 지향하는 교사의 역할을 살펴보면 다음과 같다.

(1) 돌봄의 삶을 사는 교사

생태유아교사는 유아를 가르치는 교사가 아닌 유아를 돌보는 어머니의 역할을 해야 한다. 어머니는 유아의 삶을 돌보는 역할을 한다. 그러므로 생태유아교사는 세상의 지식을 주로 가르치는 것이 아닌 의・식・주 등 근원적인 삶에 필요한 지식을 일상생활 속에서 몸소 행함으로 가르치는 교사이어야 한다.

(2) 땀을 흘리는 교사

교육에서 땀의 의미를 체득하는 경험은 중요하다. 생태유아교사는 유아와 함께 땀을 흘리며 놀고, 생활하고, 무엇인가를 만들어 가는 자세와 태도를 가져야 한다.

(3) 섬김과 사랑을 실천하는 교사

생태유아교사는 유아라는 생명을 섬기고 사랑해야 한다. 교사의 섬김과 사랑 속에서 자연을 사랑하고 우주질서를 존중하는 유아로 자랄 수 있다.

(4) 생명의 결대로 키우는 교사

유아는 생명의 씨앗으로서 그 씨앗 속에는 때가 되면 뿌리를 내리고, 줄기와 잎이 나고, 꽃이 피고, 열매를 맺을 수 있는 생명을 가지고 있다. 그러므로 교사는 유아가 지닌 생명성을 꽃피울 수 있도록 돌보는 역할을 해야 한다. 생명의 결대로 유아를 키우는 교사는 자연의 시간에 따른 교육, 유아 내면의 시간표에 맞춘 교육을 해야 한다.

(5) 지금을 준비하는 교사

생태유아교사는 내일을 준비하는 교사가 아닌 지금을 준비하는 교사이다. 즉, 내일이 아닌 지금 행복한 유아가 되도록 노력하는 교사이다. 그렇기 때문에 교사가 무엇인가를 계획하고 시키는 교육이 아닌, 유아 스스로가 계획하고 실천하는 교육을 통해 지금 이 순간 행복한 유아가 될 수 있도록 한다.

(6) 미적 체험을 하는 교사

생태유아교사는 유아와 함께 놀아야 하고 유아가 느끼는 기쁨을 함께 공감할 수 있어야 한다. 즉, 유아와 함께 심미적 감수성을 일깨우며 사람과 사물을 감동시키는 미적 체험을 하는 교사이어야 한다.

3) 환경구성

생태유아교육기관의 실내・외 환경은 사람과 사람, 사람과 자연이 함께 어울리며 일상생활을 하는 생명을 살리는 환경으로 구성되고 활용되어야 한다. 따라서 생태유아교육기관의 실내・외 환경은 인공적으로 꾸미기보다 옛날 시골집과 같이 편안한 삶의 공간으로 구성되어야 한다.

(1) 실내환경

생태유아교육기관의 실내환경은 전통사회 살림집의 방 모습 속에서 그 원형을 찾을 수 있다. 생태유아교육기관의 실내환경 구성 및 활용을 위하여 고려해야 할 사항은 다음과 같다.

① 통합된 공간으로 구성하고 활용한다

실내의 각각의 공간은 분리된 공간이 아닌 통합된 공간으로 구성한다. 교실의 경우 교실공간의 통합과 교실의 흥미영역별 통합이 이루어지도록 구성한다. 교실공간의 통합이란 활동에 따라 각 반을 구분짓지 않고 반별 실내공간을 통합하여 개방된 공간으로 활용할 수 있음을 의미하며, 교실의 흥미영역별 통합이란 교실을 세분화된 흥미영역으로 분리하여 배치하지 않고 공간을 통합하여 활용한다는 것을 의미한다.

② 살아있는 공간으로 구성한다

실내공간 내의 비품, 시설, 놀잇감 등을 인공적인 소재보다 자연소재로 된 것으로 구성하며 실내공간을 다양한 자연물 및 여러 가지 식물들로 구성한다.

③ 한국 전통문화를 느낄 수 있는 공간으로 구성한다

복도, 계단 등 실내공간 곳곳에 전통가구, 전통적인 물건 및 메주, 호박, 옥수수 등 수확물을 두어 유아가 자연스럽게 우리 고유의 색과 멋에 익숙해질 수 있도록 구성한다.

④ 유아의 손길이 느껴지게 구성한다

인위적인 교사의 손길이 아닌 유아가 직접 만들고 가꾸고 자율적으로 활용하는 공간이 되도록 한다.

(2) 실외환경

실외환경은 전통사회 살림집의 앞마당과 같이 넓고 여러 연령의 사람들과 동·식물들이 함께 어울릴 수 있는 생활공간이 되도록 구성한다. 생태유아교육기관의 실외환경 구성 및 활용을 위해서는 다음과 같은 사항을 고려해야 한다.

① 자연과 사람이 함께 어울리는 환경으로 구성한다

꽃, 나무, 텃밭작물, 여러 가지 동물 등 다양한 생명체가 함께 생활하도록 구성한다. 다양한 자연과 어울리면서 유아는 계절의 변화와 자연의 고마움을 느끼며 자연과 더불어 생활하는 지혜를 얻게 된다.

② 실내 및 지역사회와 통합된 환경으로 구성하고 활용한다

실내와 실외의 통합은 실내놀이와 실외놀이가 균형 있게 이루어지도록 계획·운영해야 한다는 의미임과 동시에 실내공간과 실외공간을 하나의 공간으로 보고 동시적인 시간대 속에서 운영하자는 의미이다. 유아교육기관과 지역사회 공간의 통합이란 유아가 유아교육기관이라는 공간을 벗어나 시장, 공원, 박물관 등 지역사회라는 넓은 공간을 교육공간으로 활용한다는 의미이며 지역사회 사람들에게 공간을 개방

한다는 의미이기도 하다.

③ 유아에 의해 꾸며지고 통제되고 활용되어야 한다

텃밭, 정원, 실외벽면 등 유아가 손수 실외공간을 구성하고 활용하도록 한다. 유아 스스로가 실외공간을 구성하고 자유롭게 활용함으로써 유아는 삶에 대한 자신감과 독립심을 기를 수 있게 된다.

④ 전통문화를 경험하고 전통사회의 생활을 체험할 수 있도록 구성한다

실외에 아궁이, 절구통, 널뛰기, 투호 등 여러 가지 전통사회의 일상도구 및 놀이 기구를 설치함으로써 유아가 자연스럽게 전통문화 및 전통사회의 생활을 체험하고 우리 문화에 자긍심을 가지도록 한다.

⑤ 유아가 뛰어놀 수 있는 넓은 공간으로 구성한다

실외놀이터는 무엇보다 유아가 마음껏 기(氣)를 발산하며 유아들이 신명나게 뛰어 놀 수 있는 곳이어야 한다. 따라서 지나치게 크고 많은 놀이기구가 유아의 놀이를 방해하지 않도록 넓은 공간으로 구성한다.

⑥ 실외공간의 지면은 다양하게 구성한다

유아가 놀이상황에 따라 다양한 지면을 활용하며 놀 수 있도록 흙, 모래, 잔디, 딱딱한 바닥, 언덕 등으로 다양하게 구성한다.

5. 숲 유치원 프로그램

덴마크에서 시작된 숲 유치원은 지금은 독일을 중심으로 노르웨이, 스웨덴, 영국, 스위스 등 유럽지역은 물론 미국과 일본에서도 널리 확산되고 있으며 우리나라에서도 큰 관심을 받고 있다.

숲 유치원은 숲이라는 열린 공간에서 유아가 자연과 더불어 마음껏 뛰어놀며 자연과 인간의 관계를 자연스럽게 알게 되며 유아의 신체와 영혼과 정신을 전인적으로 성장·발달시키는 데 목적을 둔 대안교육 형태의 유치원이다. 숲 유치원에서는 숲이 교실이자 놀이터이며, 교재이자 교사이다. 숲에서 유아는 오감을 통해 자연과 교감하는 체험중심의 활동을 통해 숲을 경험한다. 숲에서의 경험들은 유치원 교실에서 이루어지는 경험 이상의 교육적 효과를 지닌다.

여기서는 숲 유치원 프로그램의 탄생 배경, 교육과정 운영, 교육적 효과에 대하여 살펴보고자 한다.

1) 탄생 배경

숲 유치원은 덴마크에서 처음 시작되었다. 스웨덴에서 시작된 자연친화교육에 대한 국민운동에서 영향을 받아 1950년대 중반에 덴마크의 엘라 플라타우(Ella Flatau) 부인이 자신의 자녀들을 데리고 매일 숲에서 놀이를 한 것이 숲 유치원의 효시다. 마침 이를 눈여겨 본 이웃주민들이 그들의 자녀들도 함께 숲으로 데리고 가서 교육하기를 부탁하면서 유럽 최초 부모 주도 형태의 숲 유치원이 창립되었다. 덴마크의 숲 유치원은 1990년대에 기존 유치원 교육의 대안으로 확고히 자리를 잡았고, 2004년도에 이미 100여 개의 숲 유치원이 성공적으로 운영되었다(Miklitz, 2005, 이명환, 2012 재인용).

독일의 숲 유치원은 1968년 우워줄라 수베(Ursula Sube) 여사가 시작한 '숲 산책 그룹'이 효시라 할 수 있다. 숲 산책 그룹은 정식 유아교육기관으로 인정받지 못하였으나 1980년대 후반에 이르러 그 교육적 효과가 알려지면서 정식 유아교육기관으로 인정받게 되었다(곽노의, 2012; Schede, 2000).

유아교육전공자에 의해 설립된 진정한 교육적 의미를 가진 독일 최초의 숲 유치원은 1993년 독일 북부의 플렌스부르그(Flensburg)시에 세워진 숲 유치원이다. 플렌스부르그 숲 유치원은 덴마크 숲 유치원을 모델로 하여 페트라 예거(Petra Jäger)와 케르스틴 엡센(Kerstein Jebsen)이 덴마크의 숲 유치원을 방문하여 2년 동안 현장연구를 하여 세워졌다. 이와 같이 장기간 계획을 가지고 학문적인 바탕 위에 설립되었기 때문에 현재에도 독일 숲 유치원의 모델이 되고 있으며 숲 유치원을 위한 교사교육과 재교육 그리고 학술세미나를 정기적으로 개최하고 있다(김수영 · 김수임 · 정정희, 2008). 플렌스부르그 숲 유치원이 설립된 이후로 독일의 숲 유치원은 학부모, 사회단체 및 지방자치단체의 후원과 지지에 힘입어 2002년에 74곳이었던 숲 유치원이 2005년에는 500여 곳, 그리고 2012년에는 1000여 곳 이상으로 폭발적으로 증가하였다(이명환, 2012a). 이는 숲 유치원의 필요성과 교육적 효과가 입증된 결과라 할 수 있다.

우리나라에 '숲 유치원'이라는 용어가 본격적으로 알려지게 된 것은 2003년에 독일의 숲 유치원이 우리나라에 소개되면서부터이다. 이후 2008년 산림청에서 숲 유치원 활성화 방안으로 국내 최초 숲 유치원 국내 포럼을 개최하고 녹색교육의 일환으로 전국의 국유림에 숲 유치원을 조성하기 시작하였다(이길동 · 이은진, 2014). 또한 (사) 숲 유치원 협회가 2010년 5월에 설립이 되어, 2010년 12월에 '한국형 숲 유치원 정착을 위한 2011년도 숲 유치원 시범운영계획 간담회'를 개최하였고 국내 숲 유치원의 활성화를 위해 노력하고 있다(장미연 외, 2011). 현재 우리나라는 숲 유치원에 대한 관심과 더불어 다양한 형태로 숲 유치원이 운영되고 있으며 숲 유치원의 수도 증가하고 있다.

2) 교육과정 운영

(1) 교육목적

숲 유치원의 교육목적은 자연 속에서 놀이중심의 자연체험활동을 통해 인간과 자연과의 조화로운 관계를 자연스럽게 알게 하며 유아의 신체와 정신을 전인적으로 성장·발달시키는 데 있다(Schede, 2000). 즉, 숲 유치원은 유아의 전인적인 성장·발달을 돕기 위해 환경과 자연체험교육, 건강교육, 사회성교육, 감각교육, 지적 교육, 움직임 교육, 창의성교육, 영성교육(종교교육), 학교를 위한 준비교육 등 다양한 목적을 수행하고 있다(이명환, 2012a).

(2) 교육내용 및 교육방법

독일의 전형적인 숲 유치원과 유사한 매일형 숲 유치원을 운영하고 있는 인천대학교 숲 유아교육연구소의 숲 유치원 교육내용 및 교육방법에 대해 살펴보면 다음과 같다(김은숙, 2012).

교육내용은 첫째, 숲에서 쉽게 볼 수 있는 소재를 중심으로 교육을 한다. 즉, 흙, 나무, 나뭇잎, 열매, 새, 곤충 등 숲이라는 환경에서 볼 수 있는 소재를 교육의 주제로 삼는다. 둘째, 계절을 중심으로 교육을 한다. 즉, 숲 유치원의 교육 주제는 계절을 반영한 봄, 여름, 가을, 겨울이라는 커다란 틀을 중심으로 운영한다. 숲 속에서 계절의 변화는 가장 쉽게 접근할 수 있는 주제이기 때문이다. 끝으로 숲의 다양한 자연물의 변화를 중심으로 교육을 한다. 숲에서 볼 수 있는 자연물은 계절에 따라 변화하기 때문에 유아는 자연물이 계절에 따라 변화하는 것을 보면서 자연물에 지속적인 관심을 갖게 된다.

교육방법은 첫째, 유아가 감각기관을 통해 직접 체험하는 '체험중심의 교육', 둘째, 교사 주도의 직접적인 가르침이 아닌 유아의 자발적 의지에 의해 교육이 이루어지는

'자발적인 교육', 셋째, 자연 속에서 놀이를 통해 새로운 것을 탐구하며 세상의 이치를 배우는 '놀이를 통한 교육'을 제시하고 있다.

(3) 운영 형태

숲 유치원의 운영 형태는 크게 전형적인 숲 유치원과 통합적인 숲 유치원으로 나눌 수 있다. 전형적인 숲 유치원은 가장 이상적인 숲 유치원으로 숲 유치원 원아를 모집하여 교사를 배치하고 숲에서 교육과정을 운영하는 형태이다(곽노의, 2012).

통합적인 숲 유치원은 일반 유아교육기관에서 실시하는 형태로서 여러 가지가 있다(곽노의 · 이경순 · 유승훈, 2010; 곽노의, 2012). 첫째, 일반유치원에서 고정된 숲 반을 운영하는 형태가 있다. 예를 들면, 유치원 5개 반 중 1개 반만 숲 반으로 운영하는 것이다. 둘째, 일반 유치원에서 숲 그룹을 운영하는 형태가 있다. 매일 유아들의 선택으로 숲 그룹을 구성하여 숲에 가는 경우와 일주일에서 한 달 단위로 숲 그룹을 구성하여 숲에서 활동하게 하고 그 후 참여하지 않았던 다른 그룹을 순서를 정해 숲 활동에 참여시키는 형태이다. 셋째, 숲 유치원과 일반 유치원 프로그램을 연계형태로 운영하는 형태이다. 즉, 오전에는 숲에서 활동을 하고 오후에는 일반 유치원으로 돌아와 일반 유치원 프로그램을 운영한다. 넷째, 일반 유치원에서 프로젝트 활동으로 숲 체험활동을 하는 형태이다. 일반 유치원에서 프로젝트 접근법의 주제로 숲을 선정하고 3~4주에 걸쳐 숲 프로젝트를 실시할 수 있다. 다섯째, 일반 유치원에서 정규적인 '숲의 날'을 운영하는 형태이다. 예를 들면, 5개 반이 있는 경우 요일을 정하여 번갈아 가며 숲에 간다.

한국의 숲 유치원 운영형태는 교육을 이끄는 주체에 따라 체험형 숲 유치원, 매일형 숲 유치원, 산책형 숲 유치원으로 분류할 수 있다(이명환, 2012b). 체험형 숲 유치원은 유아교육기관의 유아를 대상으로 산림청 산하 각 지역 국유림관리소나 자연휴양림에 숲 체험을 신청하거나 업무협약에 근거하여 숲 해설가에 의해 진행되는 형태이다.

매일형 숲 유치원은 매일 숲에서 유아교사에 의해 교육과정을 운영하는 전형적인 숲 유치원이다. 산책형 숲 유치원은 유아교육기관에서 유아교사에 의해 진행되는 숲 체험 위주의 숲 유치원이다.

(4) 일과 운영

숲 유치원의 일과운영은 국가 및 숲 유치원 운영형태 등에 따라 조금씩 다르게 운영된다.

여기서는 독일 최초의 숲 유치원인 플렌스부르그 숲 유치원의 일과 운영을 간략히 살펴보고자 한다. 플렌스부르그 숲 유치원은 3~5세 혼합연령으로 구성하고 있으며 대부분의 숲 유치원처럼 유치원 입구에 비상대피소 겸 교재교구를 보관하는 통나무집이 있어 악천후 시에 이용한다. 플렌스부르그 숲 유치원의 하루 일과는 다음과 같다(이명환, 2012b).

① 등원

월요일에서 금요일까지 8시 30분에서 9시 사이에 숲 입구에 마련된 놀이터에 모인다. 이때 부모와 교사는 필요한 정보를 교환한다.

② 아침모임

부모들이 떠난 뒤 놀이터에 모여 출석 체크 및 인사 등을 한다.

③ 숲으로 이동

숲으로 이동을 하기 위해 유아 각자는 배낭을 짊어지고 교사는 숲에서 필요한 각종 도구가 든 손수레를 끌고 숲으로 이동한다.

④ 간식 및 자유놀이 활동

숲에 도착하자마자 유아들은 각자 가정에서 준비해 온 물수건으로 손을 닦고 개개인이 준비해 온 빵, 과일, 채소 등의 간식을 먹는다. 간식을 먹은 유아들은 숲 속에서 자유놀이를 한다.

▌사진 5-14▐ 숲에서의 자유놀이 활동을 하는 유아들

⑤ 끝나는 모임 및 동화

12시경 숲의 아늑한 장소를 선정하여 끝나는 모임을 가진다. 모든 유아가 하루 활동에 대한 평가를 하고 동화를 듣는다.

⑥ 귀가

모든 활동이 끝난 후 부모들이 아침에 자녀들을 데려다 주었던 놀이터로 데리러 오며 유아들은 부모와 함께 귀가한다. 이때 교사와 학부모는 교육에 필요한 정보를 주고받는다.

3) 교육적 효과

숲이 유아에게 주는 교육적 효과는 다양하다. 유아들은 숲에서 다양한 자연과의 만남을 통해 자연의 아름다움과 경이로움을 느낀다. 또한 숲 활동을 통해 자연을 존중하고 사랑하는 태도를 갖게 되며 놀이 방법이 정해져 있지 않은 자연이라는 놀잇감을 통해 유아의 상상력과 창의력이 발달한다. 그리고 자연 속에서 스스로 많은 것을 배우게 되며 자연과 신나게 놀이하는 경험을 통해 몸과 마음, 영혼이 치유되고 건강하게 자라날 수 있게 된다.

숲 유치원은 인성교육적 측면에서 다음과 같은 가치가 있다(곽노의, 2012).

첫째, 유아의 감성 및 정서적 안정감이 발달한다. 숲에서 뛰어놀고 배우는 유아는 일상적으로 자연을 접하게 된다. 이로 인해 숲이 주는 생명의 충만함과 숲의 아름다움을 느끼게 되며 감수성이 길러지고 정서적 안정감을 얻게 된다.

둘째, 자기인식과 자립심, 신뢰감을 갖는다. 숲에서는 자기 스스로 해결해야 하는 일이 대부분이다. 스스로 도전과 모험을 시도하는 과정과 스스로 무언가를 해내고 배우는 과정에서 유아들은 자기를 인식하고 자립심과 신뢰감을 가지게 된다.

셋째, 긍정적인 태도와 사회성이 발달한다. 공간적 제한이 없는 환경에서 억제되었던 욕구들, 부정적 감정 등을 마음껏 발산하면서 긍정적인 태도를 갖게 되며 또래들과 노는 과정에서 사회성이 발달하게 된다.

넷째, 타인에 대한 배려와 존중을 배운다. 숲 속에서 다양한 생명체들을 만남으로써 자연을 구성하는 생명체들이 고유한 존재이며 각자의 역할에 따른 유기적 관계를 맺고 있음을 이해하여 다양한 생명체 및 또래 친구들을 존중하고 배려하는 마음과 태도를 배운다.

다섯째, 잠재능력, 상상력 및 창의성이 발달한다. 숲에 있는 놀잇감들은 특별한 놀이 방법이 정해져 있는 것이 아니다. 따라서 유아들은 상상력을 발휘하여 잠재된 능력으로 새로운 놀이 방법을 만들어 낼 수 있다.

여섯째, 사물이나 현상에 대한 호기심, 관심과 흥미를 지속하는 집중력, 경이로움, 몰입의 기쁨 등 긍정적인 정서를 느끼고 감동을 받게 된다. 이러한 정서는 지적인 학습활동을 하거나 필요한 능력을 습득할 때 지적 욕구의 동기로 작용한다.

chapter

06

놀이와 유아교육

chapter

06 놀이와 유아교육

놀이는 유아기의 생활에서 빼놓을 수 없는 중요한 생활의 일부분이다. 그만큼 유아기의 놀이는 보편적이며 자연스러운 활동이다. 유아는 놀이를 통해 배우고 자란다. 즉, 놀이는 유아기 발달의 주도적인 형태로서 발달의 자원이 되며 놀이활동을 통해 그들 자신의 사회 · 정서 · 인지적인 발달을 이루게 된다. 여기에서는 먼저 놀이에 대한 일반적인 이해와 놀이의 특성을 알아보고자 한다. 이와 함께 놀이이론, 놀이의 유형, 놀이행동과 유아 발달의 관계, 그리고 놀이에 영향을 미치는 요인에 대하여 살펴보겠다.

1. 놀이에 대한 이해

놀이를 유아의 진지한 경험적 탐색의 영역으로 간주하고 이를 학문적 영역으로 다루기 시작한 것은 1920년대부터이다. 놀이를 인간 성장의 기본 요소로 간주하게 된 이래로 놀이와 유아의 발달 및 교육과의 관계에 대해 많은 연구가 이루어지고 있다. 여기서는 놀이에 대한 일반적인 개관을 놀이의 개념 및 특성, 그리고 놀이가 유아교육에서 갖는 중요성을 중심으로 살펴보겠다.

1) 놀이의 개념

유아에게 놀이는 그들의 생활 그 자체이다. 유아들이 노는 모습을 보면 만면에 미소와 웃음을 띠고 마냥 즐겁고 행복한 모습을 하고 있다. 그러나 놀이가 이처럼 즐거움의 속성만 가지고 있는 것은 아니다. 유아는 놀이를 통해 혼자만의 방법으로 많은 것을 배운다. 이런 점에서 프뢰벨(Fröbel, 1887)은 '유아의 놀이는 교육이다'라고 정의하면서 놀이를 가장 순수한 정신적 활동이라고 하였다. 듀이(Dewey, 1916)는 전인발달의 측면에서 놀이를 강조하였으며, 놀이가 유아의 신체·정서·인지·사회성 발달을 도모한다고 간주하였다. 아이작(Issacs, 1993)은 놀이가 유아의 삶 자체인 동시에 세상을 이해하는 수단이라고 정의하였다. 이처럼 놀이는 유아교육에서 정신활동 및 전인적 성장을 도모하는 교육적 수단 등으로 유아교육에서 중요한 요인이다.

놀이를 연구하는 많은 연구자들은 '놀이가 무엇인가?'라는 질문을 통해 놀이를 개념화하고자 노력하였다. 이 과정에서 놀이와 동시에 생각하게 된 것이 놀이와 탐색행동은 어떻게 구분되는가 하는 점이다. 아울러 놀이와 일의 차이점은 무엇인가 하는 것이었다. 여기서는 놀이를 개념화하기 위해 놀이와 탐색, 그리고 놀이와 일을 구분하여 살펴보겠다.

(1) 놀이와 탐색

놀이는 종종 탐색활동과 유사한 개념으로 사용되었다. 놀이가 개인의 흥미나 호기심에 따라 내적으로 유발된 것이라는 점에서 유아의 탐색활동과 유사성을 가진다. 이에 허트(Hutt, 1971)는 놀이와 탐색활동을 완전히 별개의 행동으로 구분하였다. 즉, 탐색행동은 '이 물건은 무엇일까?'라는 호기심에서 비롯되어 그 물건에 대한 정보를 알아내기 위한 행동인 반면, 놀이는 '이 물건을 가지고 무엇을 할 수 있을까?'라는 생각에서 새로운 시도를 해나간다는 것이다.

즉, 탐색활동은 사고적인 측면이 강해 탐색 대상에 대한 정보를 알아내고자 하는데 초점을 둔다면, 놀이는 행동적인 측면이 강해서 유아 주도적인 행동으로 유아의 흥미와 욕구에 중점을 둔다(유구종 · 조희정, 2013). 따라서 유아의 탐색활동은 '이 물건은 어디에 사용하는 것일까?'라는 의문을 푸는 과정으로 놀이에 앞서 일어날 뿐 아니라 익숙한 상황보다는 새롭고 신기한 상황에서 잘 나타난다. 반면에 놀이활동은 '이것을 가지고 어떻게 놀까?'라는 행동적 측면이 강하면서 동시에 그 물건의 원래 용도와는 상관없이 자신이 원하는 방식대로 사용해 보려는 시도인 것이다.

즉, 탐색행동은 상황이나 대상에 따라 거의 변하지 않고 정형화된 행동으로 표출되는 반면 놀이는 매우 다양한 행동으로 표현되는 차이를 보이며 탐색할 때는 놀이할 때보다 모든 감각기관이 대상물에 더 집중하는 경향이 있다(이숙재, 2014). 또한 탐색할 때는 긴장하고 집중하는 편이지만 놀이할 때는 이완되어 미소, 웃음 등의 긍정적인 정서를 보인다.

이처럼 유아의 놀이와 탐색을 구별하는 요인들을 요약하면 <표 6-1>과 같다.

〈표 6-1〉 놀이와 탐색의 구분

구 분	놀 이	탐 색
발생 시점	탐색 이후에	놀이하기 이전에
대 상	친숙한 사물	새로운 사물
목 적	재미있는 시도, 자극	사물에 대한 정보수집
행동유형	다양한 행동	정형화된 행동
정 서	즐거움	심각함
초 점	내면적 흥미, 욕구	사물 자체

위에서 살펴보았듯이 놀이행동과 탐색활동은 구분될 수 있지만, 일반적으로 유아들은 어떤 사물에 대한 탐색이 끝난 다음 다양한 방법으로 재미있게 그 물건을 가지고 놀이행동을 하는 경향이 있다. 또한 탐색과 놀이는 모두 내적으로 동기화된 행동이라는 점에서 명확하게 구분 짓기에는 어려움이 따르기도 하여 놀이와 탐색을 연속선상에 두는 경향도 있다. 이런 측면에서 탐색과 놀이를 분명하게 구별하는 대신 '탐색적 놀이'라는 용어를 사용하기도 한다(Fenson & Schell, 1986).

(2) 놀이와 일

놀이를 정의하기 위해 프로스트와 클라인(Frost & Klein, 1979)은 놀이(play)와 대비되는 개념의 일(work)을 연속선상에 두고 대비시키면서 놀이를 개념화하였다. 놀이는 내적으로 동기유발된 것이며, 반면에 일은 아무리 즐거운 것이라 해도 돈을 번다든지, 자신의 지위를 향상시킨다든지, 혹은 자신의 분야에서 성취감을 얻기 위함이라든지 등 외적 동기에 의해 유발된 것이라는 것이다. 따라서 놀이는 능동적이고 자발적이며 재미있고 과정중심적이라고 볼 수 있다. 반면에 일은 수동적이고 강요적이며 단조로우면서 외적인 규칙에 따라야 하는 특성을 가지는 것으로 ❙그림 6-1❙로 대비시켜 볼 수 있다.

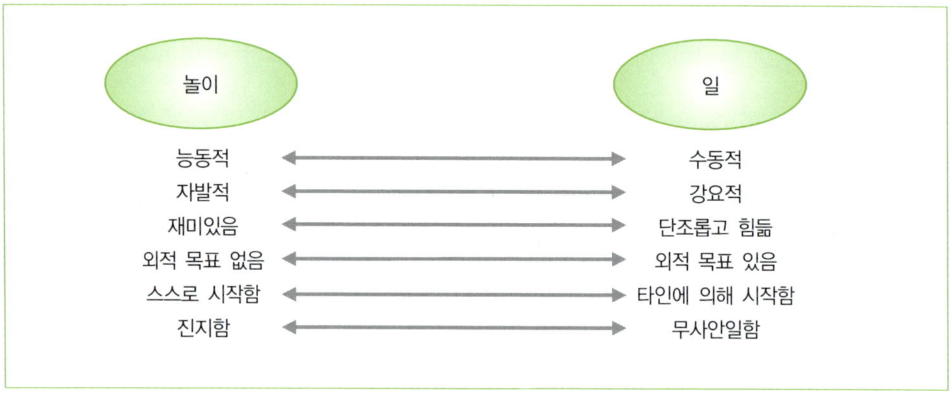

❙그림 6-1❙ 놀이와 일의 연속체

사실 때때로 일도 자발적으로 선택할 것일 수도 있으며, 흔하게 발생하지는 않지만 일이 즐겁다고 느끼는 경우도 있다. 이러한 측면에서 놀이의 특성이 일의 특성일 수도 있지만 일의 특성이 놀이의 특성이 될 수는 없다는 것이다.

유아교육 현장에서 놀이와 일의 구분은 중요하다. 일반적으로 교사에 의해 제시된 과제는 일로 정의된다. 유아가 결정하고 선택한 놀이 소재라고 해도 교사 혹은 성인이 결정한 활동은 일로 여겨진다.

2) 놀이의 특성

다음의 예화는 놀이의 특성을 이해하는 데 도움을 줄 수 있을 것이다.

> 재석이는 경쟁적인 스포츠에 거의 관심이 없는 초등학교 1학년 아동으로 부모가 학교 축구팀에 가입하기를 원했기 때문에 축구팀에 가입했다. 그러나 재석이는 축구경기 때문에 긴장하여 게임을 한 날 저녁에는 저녁을 먹을 수 없다(김수영·김수임·허선자, 2000 재인용).

재석이가 참가한 축구 시합을 놀이라고 할 수 있겠는가? 놀이가 아니라면 왜 아닐까? 위의 예화를 참고로 하여 놀이가 갖는 본질적인 특성을 기술해 볼 수 있겠다.

(1) 놀이는 내적으로 동기화되어 있다

놀이가 내적으로 동기 유발되었다는 것은 경쟁이나 보상과 같은 외적 요인과는 관계없이 흥미, 욕구, 호기심 등의 내적 요인에 의해 놀이활동이 이루어진다는 것이다. 따라서 내적 동기화된 놀이는 활동 그 자체가 보상으로 작용하기 때문에 유아는 자발적으로 놀이활동에 몰입하고 놀이활동 자체나 그것이 가져다주는 성취감을 즐긴다. 즉, 유아는 놀고 싶은 마음이 생겨서 놀이를 한다.

(2) 놀이는 즐거운 것이다

놀이는 본질적으로 재미있고 즐거워서 웃음과 미소를 동반한다. 그러나 때로는 놀이에 약간의 두려움이 동반될 때도 있다. 예를 들어, 미끄럼을 타기 위해 미끄럼틀 꼭대기에 올라가면서 다소 두려움을 느낄 수도 있다. 하지만 유아가 이러한 행동을 반복하며 미끄럼을 타면서 이러한 두려움에 즐거움이 수반되기도 한다. 즉, 두려움을 느낄지라도 유아들이 스스로 하고 있는 활동을 즐긴다는 것이다. 앞의 예화에 나온 재석이의 경우 부모가 원하기 때문에 억지로 축구를 하였으므로 내적으로 동기화된 것도 아니며, 재석이에게 있어 축구경기는 스트레스를 일으키는 활동으로 즐거움을 주지 못한다. 지루하거나 재미없는 활동은 이미 놀이가 아닌 것이다.

(3) 놀이는 자유롭게 선택되어야 한다

자유로운 선택은 놀이의 특성에서 매우 중요한 요소이다. 만약 유아에게 놀이를 강제로 하게 한다면 그것은 더 이상 놀이로서의 활동이 아니다. 예를 들어, 유치원 교사가 유아에게 놀이활동을 지정해 준다면, 유아들이 스스로 선택한 놀이와 같은 활동이라도 그 활동은 놀이라기보다는 일로서 생각하게 된다(King, 1979).

(4) 놀이는 과정지향적이다

놀이에 참여하는 유아들의 관심사는 그 활동의 목표나 결과보다는 놀이활동 그 자체에 초점을 둔다. 즉, 결과지향적이 아니고 과정을 중요하게 여긴다는 것이다. 놀이를 할 때는 무엇인가를 달성해야 한다는 목표가 있는 것이 아니기 때문에 유아들은 다양한 활동을 자유롭게 할 수 있어 융통성을 가진다.

(5) 놀이는 비사실적이다

놀이는 상상적이다. 놀이에는 가작화 요소가 많이 들어 있어 유아들은 놀이 속에서 '~인 척(as~if)'하게 된다. 놀이 상황에서는 일상적으로 사용하는 물건이나 일상적 행동은 현재의 제약에서 벗어나 사물이나 행동이 갖는 실제적 의미 대신에 유아들 스스로 새로운 의미를 부여한다. 이 특성은 유아기의 상징놀이에서 많이 나타난다. 예를 들어, 빗자루를 다리 사이에 끼우고 말을 타는 시늉을 하기도 한다.

▎사진 6-1▎ 자유롭게 공놀이를 하는 유아

▎사진 6-2▎ 경쟁적인 스포츠에 참여하고 있는 유아

3) 놀이의 중요성

유아의 바람직한 전인적 발달보다는 학습이 지나치게 강조되고 있는 요즈음, 놀이의 중요성이 점차 약화되고 있는 것이 현실이다. 더구나 유아의 놀이를 위한 놀이터는 마련되어 있지만 놀이터에서 놀고 있는 유아는 점점 찾아보기 힘들어져 가고 있다.

그러나 놀이는 유아들의 전인적 발달을 도울 뿐만 아니라 유아들에게 즐거움을 제공하고, 그들의 생활을 보다 풍부하게 만들어 준다는 점 등에서 놀이의 중요성을 찾을 수 있다(하정연 · 좌승화 · 조채영, 2015). 따라서 여기서는 놀이의 중요성을 각 발달영역과의 관련성을 중심으로 살펴보겠다.

▎사진 6-3▎ 대근육 놀이를 하고 있는 유아

(1) 놀이활동은 유아의 신체성장을 촉진시키며 기본 운동능력을 발달시킨다

우선 놀이는 유아에게 신체적으로 즐거움을 준다. 뿐만 아니라 놀이는 유아의 신체적 기술을 증가시키도록 도우며, 그러한 기술들을 새로운 상황에서 사용할 수 있도록 도와준다. 뛰기, 던지기 등의 다양한 놀이를 하면서 기본운동능력을 향상시킬 수 있다.

유아는 놀이를 통하여 걷기, 뛰기, 던지기, 매달리기, 기어가기 등의 대근육 운동능력 및 물체의 조작, 눈과 손의 협응, 잡기, 쥐기 등의 소근육 운동능력을 기른다. 또한 유아가 놀잇감을 보고, 만지고, 조합하고, 두드리는 등의 탐색활동을 통해 감각 및 지각 능력을 발달시킬 수 있다.

(2) 놀이는 유아의 정서발달을 돕는다

유아는 자발적으로 놀이를 하므로 놀이는 유아에게 즐거운 활동이다. 뿐만 아니라 유아는 놀이를 통해 걱정이나 불안, 좌절감, 갈등 등을 해소하기도 하고, 그 속에서 해결점을 찾기도 한다, 프로이트(Freud)에 의하면 놀이는 억압된 감정을 해소시키고 불쾌한 경험을 극복한다고 분석함으로써 놀이가 정서 발달의 근본이 된다고 하였다. 유아는 놀이를 하면서 동생을 미워하는 마음, 부모에 대한 섭섭한 마음 등을 해소하기도 한다.

사진 6-4 유아들이 즐겁게 바깥놀이 하는 모습

(3) 놀이는 유아의 사회성을 발달시킨다

유아는 다른 유아와 놀이를 함으로써 타인과의 사회적 관계를 형성하게 된다. 유아는 사회적 관계에서 생기는 문제점들을 해결하는 방안을 배움으로써 사회적인 존재로 성장한다. 유아의 놀이를 보면 처음에는 혼자놀이가 많으나 점차 다른 유아들과 어울려 놀게 되고, 친구 만드는 방법을 알게 되며, 이를 통하여 다른 유아의 행동과 반응을 관찰

사진 6-5 또래와 사회적 놀이에 참여하고 있는 유아들

하는 기회를 갖게 된다. 친구들과 놀면서 유아는 친구집단을 형성하는 데 필요한 협동, 규칙, 질서, 양보 등의 사회성을 배우게 되어 사회적 능력이 더욱 발달된다.

(4) 놀이는 유아의 지적 발달을 돕는다

유아는 놀이를 하면서 스스로 인지 학습을 한다. 여러 가지 놀잇감과 흙, 나무토막, 돌멩이, 나뭇잎 등 구체적인 사물을 가지고 노는 동안 각 물체의 무게, 질감, 색깔, 크기 등 물리적 지식을 익히게 될 뿐만 아니라 여러 가지 논리·수학적 지식도 습득하게 된다. 색연필을 가지고 놀다가 우연히 노란색과 파란색을 섞었더니 초록색이 된다는 것을 배우기도 하고, 놀이를 통해 주의집중력을 기르기도 한다.

사진 6-6 레고블록으로 퍼즐놀이를 하는 유아들

(5) 놀이는 유아의 언어발달을 돕는다

놀이를 하면서 유아는 말을 하도록 자극받는다. 유아의 놀이를 관찰해 보면 혼자 노는 경우에도 중얼거리면서 노는 것을 볼 수 있다. 혼자놀이 상황에서든 다른 유아들과의 사회적 놀이 상황에서든 유아들은 놀이를 하면서 언어를 사용하여 의사소통의 기술을 발달시켜 나간다.

(6) 놀이는 유아의 창의성과 상상력을 발달시킨다

놀이상황에서 유아들은 기존의 규칙이나 방법에 제한을 받지 않고 자유롭게 선택하고 독창적인 방법으로 놀면서 창의력을 발달시킨다. 또한 유아들은 놀이의 주제나 대상이 무엇이든 간에 자유롭게 상상의 날개를 펼 수 있다. 비고츠키(Vygotsky)도 상상

놀이에서 상징은 추상적 사고의 발달을 유도함으로써 정신적 기술을 획득하고 지능이 발달될 수 있다고 하였다(Vygotsky, 1978).

위에서 살펴본 바와 같이 유아의 발달 특성에 따른 가장 효과적인 학습 수단은 놀이라고 볼 수 있으며, 놀이를 통하여 유아는 세상을 경험하면서 전 발달영역별로 통합적인 발달을 이루어 나간다고 볼 수 있다.

2. 놀이이론

오랫동안 학자들은 유아는 왜 놀이를 하며, 유아의 발달에서 놀이의 가치는 무엇인지, 놀이의 기능은 무엇인지 등에 관하여 의문을 가져왔다. 이러한 문제에 답하기 위하여 19세기 말부터 20세기 초에 나온 고전적 놀이이론과 1920년대 이후부터 최근까지 대두된 현대적 놀이이론을 중심으로 살펴보겠다.

1) 고전적 놀이이론

고전적 놀이이론은 크게 두 가지로 대별된다. 첫째, 에너지 조절 수단으로서 놀이를 보는 관점인 잉여 에너지 이론과 휴식이론이 있다. 둘째, 본능과 연관된 관점으로 연습이론과 반복이론이 있다.

(1) 잉여 에너지 이론

잉여 에너지 이론(surplus energy theory)에서는 인간은 노동을 하고 난 후 에너지가 남으면 이것을 쓰기 위해 놀이를 한다고 하였다. 즉, 유기체는 생존을 위해 에너지를 산출하며, 필요한 에너지 이외의 잉여 에너지는 즐거움을 추구하는 데에 소모한다는 것이다.

잉여 에너지 이론의 대표적인 학자로는 스펜서(Spencer)와 쉴러(Schiller)가 있다. 이들은 놀이를 목적 없는 행동으로 간주하고 인간과 동물이 잉여 에너지를 소모하기 위하여 놀이를 한다고 하였다.

이 이론은 놀이를 설명하기 어려운 문제점이 있다. 즉, 잉여 에너지 이론은 인간이 노동을 한 후 에너지가 남으면 이를 소모하기 위해 놀이를 한다는 것인데, 유아들이 피곤하고 지친 상태에서도 놀이를 지속한다는 사실은 이 이론의 모순점으로 제기된다.

(2) 휴식이론

휴식이론(recreation theory)은 노동으로 쌓인 육체적 · 정신적 피로감을 풀고 휴식하고 싶을 때 놀이를 한다는 것이다. 19세기 독일 철학자 라자루스(Lazarus)에 의하면 인간은 힘든 노동을 하고 나서 정신적 · 육체적으로 에너지가 고갈되면 일과 반대되는 활동을 하게 된다고 한다. 이러한 활동이 바로 놀이라는 것이다

20세기 초반의 철학자 패트릭(Patrick, 1916)은 라자루스(Lazarus)의 이론을 계승 · 발전시켜 휴식이론을 정립시켰다. 그에 의하면 현대사회에서 사람들은 고도의 집중력을 요하는 정신적인 활동을 많이 하므로 쉽게 피로감을 느끼며, 이러한 피로를 풀기 위하여 뛰기, 달리기, 던지기 등과 같은 운동이나 레크리에이션을 하게 되었다는 것이다. 유아들의 경우에는 그들이 피곤하여 쉬고 싶을 때 에너지가 공급될 때까지 기다리는 동안 지루함을 없애기 위해 놀이를 한다는 것이다.

그러나 놀이가 휴식이론의 주장처럼 일을 해서 생긴 피로를 회복하기 위한 활동이라면 피로감을 느낄 정도로 일을 하지 않은 유아가 놀이에 열중하는 이유를 설명해 주지 못하는 한계점을 갖는다.

(3) 연습이론

연습이론(practice theory)은 그루스(Groos)에 의해 주장된 것으로 유아들은 놀이를 통해 미래에 성인으로 살아가는 데 필요한 기본적인 행동유형을 익히기 위해 연습하고 준

비하는 것으로 준비설로도 불린다(김성원 외, 2014). 고등동물이 하등동물보다 놀이 기간이 긴 이유는 성인기의 생존에 필요한 기본적인 기술을 연습하기 위해서라는 것이다. 만약 고등동물인 인간이 하등동물처럼 특별한 연습 없이 성인기에 필요한 행동을 익힐 수 있다면 연습이 필요하지도 않을 것이다. 그러나 두 살짜리 아이가 걸을 수 있게 되기까지 기어가기, 앉기, 서기 등의 기본 능력을 수없이 연습해야 한다. 고등동물일수록 생활에 필요한 선천적 능력을 불완전하게 가지고 태어나기 때문에 이러한 능력을 발달시키기 위해서는 놀이를 통하여 연습을 해야 한다는 것이다. 즉, 놀이는 성인기의 활동을 연습하기 위해 필요하다는 것이다.

이 이론은 놀이의 기능을 특정 행동이나 기술을 연습하는 일부 놀이활동으로 제한하고 축소시켜 놀이가 전 발달영역에 고루 영향을 미친다는 점을 설명하지 못하는 제한점이 있다. 또한 역할놀이를 하면서 엄마, 아빠 역할을 하며 노는 것이 성인기의 역할을 연습해 보는 것이라고 할 수 있다. 그러나 연습이론은 성인기에 필요한 기술을 습득한 이후에도 유아가 놀이를 통해 그러한 기술을 사용하여 계속 놀이하는 현상을 설명하기 어렵다.

(4) 반복이론

반복이론(recapitulation theory)은 19세기 진화론자인 홀(Hall)과 굴릭(Gulick)이 주장한 것으로 인간이 하등동물에서 진화되었다는 다윈(Darwin)의 진화론에 기초를 두고 있다. 즉, 유아의 놀이는 인류의 진화과정을 반복하고 재현하여 선조의 생활방식 자취를 따라가는 활동이라는 것이다.

미국의 심리학자 홀(Hall)은 인간의 배아발달 과정이 인간의 진화과정과 동일한 단계를 거친다는 사실을 발견하면서 개개인의 발달, 즉 개체발생은 계통발생을 반복한다는 이론을 정립하게 되었다. 이에 따라 그는 유아의 놀이에서 인류 역사의 과정이 재현된다고 보았으며 놀이는 이러한 과정을 반복하는 것으로 설명하였다. 예를 들어, 유아들이 놀이기구를 타고 기어오르는 놀이행동은 원숭이와 비슷했던 조상들이

나무에 올라가 열매를 따는 행위를 재현하고 있다고 보며, 술래잡기는 조상들이 사냥으로 먹잇감을 찾던 경험을 재현한다고 보았다.

그러나 반복이론은 현대 기술 문명사회의 놀잇감인 자동차나 비행기 혹은 새로운 게임 등을 가지고 노는 유아의 놀이행동을 설명하지 못하는 한계를 갖고 있다(Frost & Klein, 1979).

이상에서 네 가지의 고전적 놀이이론을 살펴보았다. 고전적 놀이이론들은 유아들의 입장에서 놀이를 해석한 것이 아니라 관찰자인 성인의 입장에서 유아들이 무엇 때문에 노는지, 왜 놀이가 필요한지에 대한 생각을 고찰하였다(김성원 외, 2014). 그러나 네 가지의 고전적 놀이이론이 가지는 여러 제한점에도 불구하고 놀이의 기능에 관한 역사적 조망과 현대 놀이이론의 성립에 중요한 영향을 미쳤다는 점에 의의가 있다. 고전적 놀이이론을 요약하면 다음 <표 6-2>와 같다.

〈표 6-2〉 고전적 놀이이론

이 론	학 자	놀이의 목적	비판점
잉여 에너지 이론	쉴러(Schiller), 스펜서(Spencer)	잉여 에너지의 발산	에너지가 부족하고 힘이 들 때도 놀이를 한다.
휴식이론	라자루스(Lazarus)	일할 때 소모된 에너지 재충전	성인처럼 일하지 않는데도 성인보다 유아가 더 놀이를 많이 한다.
연습이론	그로스(Gross)	성인생활에 필요한 기술 연습	놀이활동을 기술 습득에 한정하여 놀이의 기능을 축소시킨다.
반복이론	홀(Hall)	고대 원시시대의 본능 발산	컴퓨터, 게임 등 현대문명을 반영하지 못한다.

2) 현대적 놀이이론

현대적 놀이이론은 정신분석학적 이론, 인지발달론적 이론, 각성조절 이론, 상위의사소통 이론 등을 중심으로 살펴보겠다.

(1) 정신분석학적 이론

① 프로이트(Freud) 이론

정신분석학자들이 놀이에 관심을 가지게 된 것은 프로이트(Freud)에서 시작되었다. 프로이트(Freud)는 놀이가 유아의 정서 발달에 중요한 역할을 한다고 주장하면서 유아의 놀이와 관련하여 다음과 같은 설명을 하였다.

첫째, 유아는 놀이를 통해 쾌락을 느낀다는 것이다. 프로이트(Freud)에 의하면 유아는 놀이에서 희망을 성취하고 기쁨을 느낀다. 예를 들어, 유아는 놀이에서 원하는 모든 것을 해볼 수 있다. 선생님, 의사, 요리사, 비행기 조종사, 동물, 엄마, 아빠 등 현실에서는 될 수 없지만 놀이 상황에서 자유롭게 자신이 원하는 역할을 수행하면서 만족과 기쁨을 느끼게 된다.

둘째, 유아는 놀이를 통하여 정서적 충격을 받은 사건과 관련된 부정적 감정들을 스스로 극복할 수 있다. 유아는 놀이를 통해 충격을 받은 사건을 반복하거나 나쁜 경험을 준 사람이 되어보는 역할 바꾸기를 함으로써 부정적 감정들을 해소할 수 있게 된다. 예를 들면, 부모에게 체벌을 당하거나 심하게 꾸지람을 들은 후 유아는 자기 인형을 때리거나 놀이 친구에게 공격적인 언행을 하는 경향이 있다. 이처럼 유아가 놀이를 통해서 실제 생활에서 크게 영향을 받았던 모든 것을 재현함으로써 나쁜 경험이나 부정적인 감정을 놀이에서 다른 대상이나 사람에게 전이할 수 있다. 따라서 유아들은 자신에게 정서적인 상처를 준 사건의 영향력을 약화시켜 나가면서 극복하게 된다.

정신분석학적 이론에 의하면, 실제 생활에서 겪게 되는 충격적 사건이나 불쾌한 정서는 놀이의 원인이 된다. 유아들은 놀이에 참여함으로써 이와 같은 불쾌한 경험이나 정서를 제거할 수 있게 되어 놀이에 치료의 효과도 있다고 본다.

② 에릭슨(Erikson) 이론

한편 프로이트(Freud)의 후계자인 에릭슨(Erikson)은 프로이트(Freud)의 이론을 보완하여 놀이를 사회적 현상으로 설명하였다(이숙재, 2004). 유아는 놀이를 통하여 신체적·사회적 기술을 발달시킴으로써 자아존중감을 강화시킬 수 있다는 것이다. 에릭슨(Erikson)은 유아가 놀이를 통하여 사회성을 기를 수 있음을 다음의 세 단계로 설명하였다.

첫째, 자기 세계의 놀이(autocosmic play) 단계이다. 출생부터 1세 정도의 유아는 듣기, 말하기, 혹은 손과 발로 놀이하기 등 자신의 신체를 중심으로 한 놀이를 하면서 자신의 세계를 탐색한다. 유아는 주로 탐색놀이, 반사놀이를 하게 된다.

둘째, 미시영역 놀이(microsphere play) 단계이다. 2세경에는 자기 세계의 놀이를 벗어나 놀잇감이나 사물에 관심을 갖는다. 유아는 조작 가능한 놀잇감들을 가지고 혼자 놀이를 하면서 놀잇감에 익숙해지고 놀이를 통한 즐거움을 느끼게 된다. 2~3세까지 계속되는 미시영역 놀이는 유아들이 놀잇감이나 사물을 조작하는 놀이활동을 통하여 자신을 보다 유능한 존재로 느끼게 되어 자아를 강화하게 된다.

셋째, 거시영역 놀이(macrosphere play) 단계이다. 3~4세경부터 유아들은 놀이 친구를 갖게 되고 그들과의 놀이를 시작하게 된다. 이 시기의 유아는 성인의 세계를 흉내내며, 친구들과 환상과 실제를 공유하는 극놀이를 주로 한다. 이러한 놀이는 놀이영역을 확대시켜 줄 뿐만 아니라 자아를 조절하면서 현실에 적응해 나가도록 하는 사회적 의미를 갖는다.

(2) 인지발달론적 이론

인지발달학자들은 놀이가 지적 성장을 촉진한다고 간주하였다. 이와 같은 인지발달론적 놀이이론을 피아제(Piaget) 이론과 비고츠키(Vygotsky) 이론으로 나누어 살펴보겠다.

① 피아제(Piaget) 이론

인지발달론적 접근에서 가장 대표적인 학자는 피아제(Piaget)이다. 그는 아동의 인지발달에 관한 포괄적인 이론을 정립하였다. 피아제(Piaget)는 인간의 지능발달은 단계적으로 일어나며 앞 단계의 인지발달은 다음 단계의 인지발달에 기초가 된다고 보았다. 놀이는 인지발달을 촉진할 뿐만 아니라 유아의 인지발달에 중요한 요인이 되며 인지발달의 수준이 놀이를 통해 나타나므로 현재의 인지적 발달을 평가하는 데도 유용하게 이용된다.

피아제(Piaget)는 놀이를 인지발달을 반영하는 것으로서 인지구조가 적응해 가는 단계에서 필요한 과정이라고 보았다. 즉, 유아들이 놀이를 좋아하는 이유 중의 하나는 인지적인 발달의 초기 단계에 있는 유아들은 지식의 구조가 평형상태에 있지 않기 때문에 놀이를 통하여 조절이 가능해져 평형상태가 되기 때문이다(유효순 · 조정숙, 2004).

피아제(Piaget)에 의하면 유아의 인지능력은 단계를 거쳐 발달해 나가며 인지발달단계에 따라 놀이 형태가 달라진다고 하였다. 즉, 놀이는 유아의 인지적 발달 수준을 반영하므로 참여하는 놀이의 형태가 단계별로 다르다는 것이다. 감각운동기, 전조작기, 구체적 조작기의 인지발달단계에 따라 놀이 형태는 연습놀이, 상징놀이, 규칙 있는 게임의 세 단계로 진행한다고 주장하였으며 이를 표로 나타내면 다음과 같다.

〈표 6-3〉 Piaget의 인지발달단계에 따른 놀이 형태

연령	인지발달단계	놀이 형태
출생~2세	감각운동기	연습놀이
2~7세	전조작기	상징놀이
7~11세	구체적 조작기	규칙 있는 게임

출처 : Johnson, Christie, & Yawkey(1999).

② 비고츠키(Vygotsky) 이론

러시아 심리학자 비고츠키(Vygotsky)는 인지발달에 미치는 놀이의 영향을 피아제(Piaget)보다 훨씬 더 적극적으로 지지했다. 비고츠키(Vygotsky)는 놀이가 유아 자신의 정신세계를 표현하고 또 정신발달 과정에 매우 중요한 역할을 한다는 점을 발견하였다. 비고츠키(Vygotsky)에 의하면 보다 높은 정신과성 혹은 인지수준은 사회적·문화적 맥락을 중심으로 형성되고 변화한다고 한다. 따라서 비고츠키(Vygotsky)의 관점에서 인지발달은 개인적 성장이기보다는 사회적 관계 속에서의 성장이라고 본다.

비고츠키(Vygotsky)는 유아의 지적 능력을 근접발달영역의 개념으로 설명하고 있다. 근접발달영역(zone of proximal development)이란 유아가 스스로의 힘으로 문제를 해결할 수 있는 수준인 실제적 발달수준과 성인이나 유능한 또래들과 사회적 상호작용에 참여함으로써 도움을 받아 문제를 해결할 수 있는 수준인 잠재적 발달수준 사이의 영역이라고 정의하였다. 비고츠키(Vygotsky)는 인지발달의 핵심인 근접발달영역이 놀이 상황에서 형성되어("Play creates zone of proximal development of the child." Vygotsky, 1978 : 102) 개념적 이해가 놀이활동에서 이루어져 이후의 발달을 도모하게 된다고 하였다.

비고츠키(Vygotsky)에 따르면, 유아들은 특정 사물과 그 의미를 분리하여 사고할 능력이 부족하므로 추상적 사고가 불가능하다. 그러나 유아들이 역할놀이에 참여하여

막대빗자루를 다리에 끼워 말로 대치하여 사용함으로써 구체적인 사물 없이도 자신이 표상하는 사물에서 의미를 분리하고 새로운 의미를 부여하는 추상적 사고가 놀이를 통해 발달하게 된다(Vygotsky, 1978).

(3) 각성조절 이론

각성조절 이론(arousal modulation theory)은 벌린(Berlyne)이 제안한 것으로 유아들이 적정 수준의 각성상태를 유지하기 위하여 놀이를 한다고 설명한다. 즉, 놀이는 각성을 최적의 상태로 유지하고자 하는 중추신경의 조직에서 유발되는 활동이라는 것이다. 각성조절 이론은 인간의 신경체계의 각성수준에는 최적의 수준이 있다(Berlyne, 1960)는 점을 전제로 한다.

벌린(Berlyne, 1960)에 의하면 유아는 자극이 과도한 새로운 상황에서 혼란을 느끼면서 각성수준이 높아진다. 이때 높아진 자극을 감소시키기 위하여 놀이를 하게 되고, 놀이 상황이 친숙해지면 각성수준이 적절하게 내려온다는 것이다. 반대로 각성을 일으키는 자극이 충분하지 않아 유아가 지루함을 느끼거나 놀이 상황이 익숙해지면 새로운 방법으로 놀이를 시도하여 자극을 찾아 낮아진 각성수준을 적절한 수준으로 올림으로써 각성수준을 유지하려고 한다.

예를 들어, 기존의 방식으로 미끄럼 타는 것에 싫증이 난 유아는 서서 혹은 세발자전거를 이용하여 미끄럼을 탐으로써 자극을 증가시킬 수 있다. 이러한 예에서도 볼 수 있듯이 놀이는 낮은 각성수준을 적정한 수준으로 높여주는 활동이다. 반대로 새로운 자극들이 주어지면 유아는 주변의 낯선 사물로 인해 각성수준이 높아지고 높아진 각성수준은 그 사물을 탐색하여 친근하게 됨으로써 각성을 감소시킨다. 최적의 각성상태를 유지하기 위해 낮은 수준으로 떨어진 각성을 적정수준으로 조절하기 위해 참여하는 놀이를 자극추구활동이라고 하였다. 반대로 자극이 과도하여 유아가 흥분하고 긴장하여 높아진 각성을 적절한 수준으로 조절하기 위한 놀이활동을 자극감소활동이라고 하였다.

각성조절 이론은 유아교육을 위한 실내외 환경구성에서 친숙한 놀잇감과 새로운 놀잇감을 적절히 제공한다거나 일과계획에서 정적인 활동과 동적인 활동을 적절하게 배분하는 노력 등으로 유아교육현장에 적용되고 있다.

(4) 상위의사소통 이론

상위의사소통(meta-communication)이란 놀이의 가상적 틀(play frame) 혹은 놀이 맥락에서 벗어나 놀이 틀이나 맥락에 대해 또래에게 설명하고 이해시키는 의사소통 내용을 의미한다(Bateson, 1956). 즉, 유아가 놀이를 통해 자신의 뜻을 놀이상대에게 전달하고 놀이를 진행시키기 위해 언어적 · 비언어적 신호를 발달시키게 된다는 것이다. 이러한 과정에서 유아는 놀이활동 중에 놀이의 가상적 틀(play frame)을 설정하고 가상의 세계와 현실 세계를 넘나들며 놀이를 진행한다는 것이다.

유아가 놀이의 상황, 역할, 행동 등에 대하여 친구와 이야기를 나누는 것은 상위의사소통이라고 할 수 있다. 예를 들어, 엄마 역할을 맡은 유아가 "나도 그 사탕 먹고 싶어, 사탕 줘"라고 말을 하게 되면 아기 역할을 맡은 유아가 놀이의 틀을 깨고 나와 "엄마는 사탕 먹는 게 아니야. 엄마는 양보하는 거야" 하고 말하는 것이다. 이처럼 유아는 놀이 중에 그들이 맡은 역할에 충실하면서 동시에 자신의 실체를 인식하고 있는 것이다. 이처럼 유아들은 놀이를 통하여 상위의사소통을 경험하게 되며, 사람들의 의사소통의 범주체계를 이해하게 된다(고문숙 · 임영심 · 황정숙, 2005). 즉, 유아들은 놀이를 할 때 어떤 특정 역할에 대해서 배우는 것이 아니라 역할의 개념에 대해서 배우는 것이며, 이러한 개념들이 모여 하나의 문화체계를 만들어 내는 것이다. 이러한 방식으로 유아는 놀이를 통해 사람들이 어떻게 의사소통하는가에 대한 공통된 범주체계를 이해하게 된다. 이런 점에서 놀이가 유아의 학습에 매우 중요한 역할을 한다고 볼 수 있다(유효순 · 김희태, 2014).

현대에 들어와서도 유아의 놀이에 대한 다양한 이론들이 제안되었으나. 어떤 이론도 놀이에 대해 완전한 설명을 제공하지 못하고 있다. 그럼에도 불구하고 놀이에 관한 이론들은 놀이가 유아기에 갖는 중요성과 놀이의 기능, 그리고 놀이가 유아의 성장과 발달에 미치는 교육적 가치 등을 밝히고 있다는 점에서 의의가 매우 크다고 본다. 또한 이러한 놀이이론은 유아의 놀이행동을 이해할 수 있는 정보를 제공해 주기도 한다.

3. 놀이유형

유아의 놀이를 연령별로 관찰해 보면 몇 가지 유형을 찾아볼 수 있다. 여기서는 유아의 놀이를 사회적 놀이와 인지적 놀이로 나누어 연령의 증가에 따라 어떻게 변화해 가는지 알아보고자 한다.

1) 사회적 놀이

유아의 놀이를 사회성 발달에 근거를 두고 분류하는 측면도 있다. 파튼(Parten, 1932)은 유아의 사회적 놀이가 발달해 나가는 과정을 놀이유형별로 분석하였다. 그녀는 유아들에 대한 연구를 통해 사회적 놀이가 연령과 함께 다양한 형태로 발전해 나간다는 사실을 발견하였다. 그녀는 유아의 사회적 참여 정도에 따라 비참여 행동, 방관자 행동, 혼자놀이, 병행놀이, 연합놀이, 협동놀이 등의 여섯 가지 형태로 나누었다. 그러나 첫 두 개의 놀이 형태는 놀이가 아닌 행동으로 간주되며, 나머지 네 가지 놀이 형태가 사회적 참여 정도에 따라 분류된 것이다(Frost, Wortham, & Reifel, 2005).

(1) 비참여 행동(Unoccupied Behavior)

유아는 놀이를 하는 것이 아니라, 우연히 일시적인 관심이 생긴 것을 바라보면서 자기 자신에 전념할 뿐이다. 관심을 끌 만한 것이 없는 경우, 자기 몸을 가지고 놀거나 의자에 오르내리거나 그냥 서서 돌아다니거나 또는 교사를 따라 다닌다. 교실이나 놀이터 주변을 둘러보면서 한 곳에 가만히 앉아 있기도 한다.

(2) 방관자 행동(Onlooker Behavior)

유아는 다른 아이들이 노는 것을 바라보면서 시간을 보낸다. 가끔 유아들에게 말을 걸기도 하고 질문을 하거나 제안을 하기도 하지만 직접 놀이에 참여하지는 않는다. 특정한 집단의 유아들이 노는 것을 바라보기만 할 뿐 다른 유아들과 대화를 할 수 있는 거리 이내에 있어도 서로 상호작용 없이 가만히 앉아 있거나 서 있다.

(3) 혼자놀이(Solitary Play)

혼자서 독자적으로 놀이를 하는 형태이다. 대화가 가능할 정도의 거리에 있는 유아들이 각자 다른 놀잇감을 가지고 독립적으로 놀이를 하는 형태이다. 다른 유아들과 가까이 하려는 어떤 노력도 하지 않으며, 옆에서 다른 놀잇감으로 놀고 있는 유아에게 관심도 없다. 다른 사람이 무엇을 하든지 상관없이 자기 놀이에 열중한다.

(4) 병행놀이(Parallel Play)

유아는 독립적으로 논다. 하지만 놀이 자체가 자연스럽게 다른 유아들의 놀이행동과 공유될 수 있다. 왜냐하면 서로 접촉하거나 간섭하지 않고 자신의 놀이에만 몰두하지만 주변의 유아들과 놀이 내용은 동일하기 때문이다. 즉, 나란히 놀이를 하고 있으나 함께 놀지는 않는다. 그러므로 남들의 행동에 영향을 미치거나 수정을 하지 않고 자기 좋은 대로 놀 뿐이다.

(5) 연합놀이(Associate Play)

다른 유아와 함께 노는 놀이 형태이다. 두 명 이상의 유아들이 서로 상호작용하면서 이야기를 주고받거나 놀잇감을 빌리기도 하고 빌려주기도 한다. 그러나 역할을 분담하거나 놀이내용을 체계적으로 전개하지는 못한다. 같이 어울려 놀기는 하지만 활동이나 역할의 구분이나 일정한 조직이 없이 자기 나름의 놀이로 노는 형태이다.

사진 6-7 모래놀이터에서 여러 명의 유아들이 연합하여 놀이하는 모습

(6) 협동놀이(Cooperative Play)

유아들이 집단을 이루어 어떤 목표를 가지고 조직적이고 체계적으로 놀이를 하는 형태이다. 한두 명의 유아가 놀이의 목표를 향해 지휘권을 갖고 역할을 분담하고 공동의 목표를 향해 전개해 나가는 조직적인 놀이이다. 놀이의 목표로는 성인들의 세계를 재현하거나 구조물을 만들거나, 상상놀이의 형태가 주로 이루어진다. 학교놀이, 병원놀이, 가게놀이 등이 이에 속한다. 주로 4세 이후의 유아들에게서 많이 나타난다.

2) 인지적 놀이

피아제(Piaget)의 인지이론에 의하면 유아의 놀이활동은 그들의 인지발달의 정도를 그대로 나타낸다고 한다. 이에 피아제(Piaget)는 인지적 발달 단계를 기준으로 놀이 형태를 분류하였다. 이는 유아의 인지가 감각운동기, 전조작기, 구체적 조작기 및 형식적 조작기로 질적인 변화를 할 때 유아의 놀이 형태도 감각적이고 기능적인 연습의 수준에서 전조작기 특유의 상징적인 놀이 시기를 거쳐 점차 규칙이 포함되는 높은 수준의 놀이로 변화하게 된다는 설명이다. 즉, 감각운동기에는 기능놀이를 하고, 전조작기에는 상징놀이를 하게 되며, 구체적 조작기에는 규칙이 있는 게임을 한다는 것이다.

(1) 기능놀이(Functional Play)

기능놀이는 유아의 최초 놀이로서 감각운동기(0~2세)에 주로 나타난다. 감각운동기의 영아가 기능적인 즐거움을 위해 반복적으로 되풀이하는 단순한 놀이 행동으로 인지적 능력을 많이 요구하지 않는다. 따라서 기능놀이에는 특정한 놀이 기술이나 상징이 포함되지 않는다. 예를 들어, 뛰기, 구르기 등 사물 없이 신체 운동의 움직임을 계속 반복하는 놀이나 매달려 있는 놀잇감을 건드려서 움직이게 하거나 소리나게 하는 행동이 기능놀이에 속한다.

(2) 상징놀이(Symbolic Play)

상징놀이는 전조작기(2~7세)의 유아에게서 주로 나타난다. 상징놀이는 존재하지 않는 사물을 상상력을 이용하여 표상화하는 놀이이다. 상징놀이는 학자에 따라 가상놀이(make-believe play), 가장놀이(pretend play), 극놀이(dramatic play), 환상놀이(fantasy play), 상상놀이(imaginative play), 역할놀이(role-play) 등의 용어로 다양하게 불린다. 이처럼 상징놀이가 다양한 용어로 불리기는 하지만 가작화(as~if) 요소가 내포되어 있다는 점에서 공통점이 있다.

상징놀이는 유아의 지적 수준이 높아짐에 따라 발달하는데 초기에는 가작화가 자신의 신체와 일상생활에 대한 가상행동을 보인다. 예를 들어, 컵을 가지고 소리를 내며 마시는 흉내를 내거나 배를 잡고 아픈 척한다. 그러나 점점 가작화의 범위가 넓어지면서 자신이 아닌 다른 사람이나 사물에 대하여 가장행동을 보이기 시작한다. 인형을 업고 달랜다거나 선생님이 하는 일을 흉내 내는 놀이행동을 보이며 이때부터 진정한 의미의 상징놀이가 시작된다고 볼 수 있다.

(3) 규칙이 있는 게임(Games with Rules)

규칙이 있는 게임은 구체적 조작기(7~11세)의 유아에게서 나타나는 놀이유형이다. 규칙이 있는 게임은 전조작기의 인지발달로 인해 나타난 상징놀이가 발전하면서 나타나는 놀이유형으로 상징놀이의 표상적 내용 대신에 규칙을 가진 게임으로 바뀌게 되는 것이다. 유아들은 규칙이 있는 게임에서 미리 정해놓은 규칙에 따라 자신의 감정과 행동을 조절하는 방법을 터득하고 다른 사람의 의견을 수용하고 집단에 필요한 사회적 기술도 배우게 된다. 따라서 규칙이 있는 게임은 가장 수준이 높은 놀이 유형이라고 할 수 있다.

4. 놀이와 아동발달

아이들은 놀면서 자란다. 자전거 타기를 하면서 신체 성장이 촉진되고, 또래들과 함께 쌓기놀이를 하면서 협동하는 사회적 관계를 알게 된다. 또한 물놀이, 모래놀이를 하면서 과학적 개념을 배우게 된다. 여기서는 유아가 나타내는 놀이행동과 유아발달과의 관계를 알아보기 위해 놀이와 신체발달, 언어발달, 인지발달, 사회성발달, 정서발달과의 관계에 대하여 살펴보겠다.

1) 놀이와 신체발달

놀이를 하려면 유아는 신체를 움직여야 한다. 놀이 중에는 몸 전체를 움직여야 하는 놀이에서부터 손이나 입 등 신체의 일부를 조금만 움직여서 할 수 있는 놀이도 있다. 유아는 온몸의 근육을 많이 사용함에 따라 신체적·정서적 긴장을 해소할 수 있으며, 신체적 움직임을 통하여 성장과 발달이 촉진된다.

특히 생후 2년 동안 영아기에 신체발달 영역에서 많은 변화가 나타나는데 이는 출생 후 감각을 이용하여 신체적 놀이를 많이 하기 때문이다. 영아기 동안 머리와 상체를 조절할 줄 알게 되고, 손과 발을 차고, 몸을 흔들고, 손과 발을 뻗는 행동을 연합하여 기고, 걷기 시작하면서 더 많은 신체활동을 하게 된다.

유아기에는 운동기술을 이용해 자신의 기본운동능력을 발달시킨다. 놀이 동작이 유아의 신체발달에 미치는 영향은 다음과 같다(이숙재, 2004).

(1) 놀이 동작은 유아의 신체 성장을 촉진한다

신체 성장이란 신장, 체중, 체형 등의 양적 성장과 심장, 혈압, 배설, 수면 등 생리 기능의 발달을 모두 포함한다. 달리기, 매달리기, 미끄러지기, 손으로 조작하기 등의 다양한 놀이를 통하여 신체가 성장하고 생리 기능도 발달한다.

(2) 다양한 놀이 동작을 통하여 바른 자세를 형성할 수 있다

유아기는 서고, 걷고, 앉는 등의 기본 자세가 형성되는 시기이다. 특히 유아기의 신체발달은 몸의 윗부분인 머리에서부터 발달하기 시작하여 몸통의 아랫부분인 발로 점차 발달해 내려오므로 불안정한 자세를 취하게 된다. 그러므로 굴 속 달리기, 시소타기, 평균대 걷기와 같은 놀이 동작은 바른 자세를 형성하는 데 도움을 준다.

(3) 놀이 동작을 통해 기본운동능력이 발달된다

유아기는 기본적인 운동능력이 가장 왕성한 시기이다. 이는 유아의 신체가 유연하여 다양한 운동 기술을 연습할 수 있으며 모험심도 많아 새로운 행동을 적극적으로 시험해 보기 때문이다.

2) 놀이와 언어발달

놀이와 언어발달 사이에는 밀접한 연관성이 있다. 즉, 놀이는 언어발달의 수단이 되며, 언어는 놀이 진행에 필요한 매체의 역할을 하기도 하므로 유아의 언어와 놀이의 발달은 병행되어 이루어진다. 놀이는 유아의 언어 연습장으로 유아는 놀이를 통해 다양한 어휘를 배우고 상황에 적절한 언어를 사용하는 방법을 연습한다. 또한 놀이활동에서 유아들은 놀이 친구들과 의사소통을 하고 이를 통하여 사회적 관계를 만들어 나가므로 자기중심적인 사고에서 벗어나 상대의 말을 듣고 이해하는 능력을 기르게 된다.

예를 들어, 역할놀이나 사회극놀이는 다음과 같은 세 가지 측면에서 유아의 언어발달에 효과적이다(김수영 외, 2007).

(1) 역할놀이는 의사소통 기술을 발전시킨다

유아들은 역할놀이에 참여하면서 엄청난 언어 사용의 기회를 가지게 된다. 이에 가비(Garvy, 1979)는 취학 전 유아들의 경우 놀이를 함으로써 가치 있는 언어를 습득한다고 보고하였다. 즉, 유아들은 놀이 상황에서 자신이 맡은 역할에 적절한 어휘와 어투를 선택하면서 이미 자신이 알고 있는 역할과 현재의 맡은 역할이 요구하는 언어 사용법이 다르다는 사실을 알게 된다. 이에 따라 놀이에서 자신에게 주어진 역할에 부합하는 언어를 구사하면서 새로운 언어적 표현을 연습할 기회를 갖는다.

(2) 역할놀이는 언어의 이해능력을 길러준다

역할놀이 상황에서 이루어진 일련의 대화 내용을 파악함으로써 언어의 이해력이 향상된다. 또한 역할놀이 경험이 이야기 이해 능력과 함께 이야기 회상 능력을 증진시킨다고 보고되고 있다(Pellegrini & Galda, 1982).

(3) 역할놀이를 통해 유아는 사회적으로 적절한 언어를 연습하고 배우게 된다

놀이 상황 속에서 자신에게 주어진 역할에 적절한 언어를 구사함으로써 다양한 형태의 사회적 언어를 연습할 기회를 갖게 되어 언어 연습이 가능해진다. 예를 들면, 엄마의 역할, 교사의 역할, 어린 아기의 역할 등을 하면서 사회적 관계와 상황에 맞는 언어를 사용하는 것을 말한다.

3) 놀이와 인지발달

유아는 놀이를 하면서 인지활동을 하며, 놀이 경험이 유아의 인지발달에 중요한 영향을 미친다. 여러 가지 상업적 놀잇감과 흙, 나무토막, 돌멩이, 나뭇잎 등 구체적인 사물을 가지고 놀이를 하는 동안 유아들은 각 물체의 무게, 질감, 색깔, 크기 등 물리적 지식을 습득하게 될 뿐만 아니라 여러 가지 논리·수학적 지식 습득으로 인지발달이 촉진된다. 또한 놀이활동을 통해 구체적 사고에서 추상적 사고로의 전환이 이루어진다. 여기서는 쌓기놀이, 물놀이, 사회극놀이로 나누어 놀잇감과 놀이 형태에 따른 인지발달의 촉진에 대하여 살펴보고자 한다.

(1) 쌓기놀이

쌓기놀이는 모든 연령의 유아들이 즐기는 놀이 형태로 여러 가지 인지적 능력을 향상시키는 데 도움을 줄 수 있다. 피아제(Piaget, 1962)는 유아들이 블록을 가지고 놀이를 함으로써 측정의 원리를 이해할 수 있다고 하였다. 즉, 블록을 가지고 쌓기놀이를 하면서 전체를 이루고 있는 부분들의 개수를 이해할 수 있게 되며 일정한 거리를 작은 부분들로 나누는 능력도 기를 수 있게 된다. 또한 쌓기놀이를 정리하는 과정에서 블록을 크기와 모양별로 제자리에 갖다 놓는 활동을 통해 유아들은 논리적 분류 개념을 발달시킬 수 있다.

(2) 물놀이

유아들이 싱크대나 목욕탕 등에서 물놀이를 할 때 많은 학습이 일어난다. 먼저 물놀이는 측정능력을 향상시킬 수 있다. 유아들은 여러 가지 용기를 사용하여 이 용기에서 저 용기로 물 붓기를 좋아한다. 이 용기에서 저 용기로 물을 부어봄으로써 용기의 모양이 바뀌어도 물의 양이 동일하다는 것을 알게 된다.

(3) 사회극놀이

유아들이 사회극놀이를 하는 동안 각자 역할을 맡고 이야기를 하면서 놀이를 진행한다. 사회극놀이를 통해 유아들은 순서를 정하고 경험으로부터 예측 가능한 놀이 활동을 설정하는 개념적 사고를 하게 된다. 이와 같이 유아들은 사회극놀이를 하는 동안 공간, 시간, 인과관계 등의 개념적 사고를 실행하고, 검증하고, 수정하는 기회를 가지면서 다양한 경험들을 통합하게 된다.

4) 놀이와 사회성발달

유아는 놀이를 하면서 사회적인 존재로 성장한다. 출생 후 초기에 처음 만나는 대상은 부모이며 부모와의 관계는 다른 사회적 관계의 기초를 형성한다. 유아는 가정에서 부모와 놀이를 하면서 긴밀한 상호작용을 하는데, 놀잇감을 가지고 놀 때보다 긍정적인 정서를 많이 경험한다.

또한 부모와의 놀이에서뿐만 아니라 친구들과의 놀이를 통해서도 사회적 능력이 발달된다. 친구들과 함께 또래 관계를 형성하여 놀이를 하면서 경험하게 되는 협동심, 경쟁심, 갈등관계 등을 통하여 다른 사람들과 함께 살아가는 지혜를 배우게 된다.

5) 놀이와 정서발달

놀이를 통해 유아는 자신의 감정과 느낌을 표현하고 조절하는 방법을 배우게 된다. 특히 유아는 언어 표현 능력이 미흡하기 때문에 자연히 놀이를 통해 자신의 감정이나 정서를 표출하는 경우가 많다. 놀이에서는 긍정적인 감정뿐만 아니라 부정적인 감정도 표출될 수 있기 때문에 정신 건강에도 도움을 준다.

예를 들어, 인형놀이를 하면서 엄마에게 받은 사랑을 그대로 표출하기도 하고, 쌓기놀이를 하면서 완성했을 때의 기쁨과 즐거움을 느낄 수도 있다. 퍼즐 맞추기를 완성한 후 완성감을 느끼거나, 친구들과 역할놀이를 하면서 상대의 입장을 이해하면서 만족감, 자율성 등 건전한 정서를 형성하기도 한다.

5. 놀이에 영향을 미치는 요인

유아의 놀이에 영향을 미치는 요인은 크게 개인적 요인, 가정환경 요인, 사회환경 요인으로 대별할 수 있다. 개인적 요인에는 연령, 성별, 인지능력을 중심으로, 가정환경 요인에는 부모, 형제자매의 유무를 중심으로, 사회환경 요인으로는 또래, 놀이공간, 놀잇감, TV를 중심으로 살펴보고자 한다.

1) 개인적 요인

(1) 연령

유아의 놀이는 연령별로 커다란 차이를 나타낸다. 유아는 성장해 감에 따라 한 연령층에서 많이 나타나던 놀이행동이 다른 연령층에서는 별로 나타나지 않고 다른 놀이행동이 새롭게 나타나기도 한다. 앞서 설명하였듯이 몇몇 놀이연구가들은 연령에 따라 놀이활동의 유형을 분류하기도 하였다.

대체적인 연령별 놀이 경향을 보면, 출생에서 만 2세 정도의 유아는 감각운동적인 탐색놀이를 많이 하며 놀이 형태도 단순하여 하나의 놀이행동을 계속적으로 반복하거나 모방하는 경향이 많으며, 놀이에 집중하는 시간도 짧다. 만 2세 이후부터 만 5세경에는 계획적이며 조직적인 놀이를 하게 되는데 상징놀이나 사회극놀이 등 사회적 상호작용을 필요로 하는 놀이를 많이 한다. 또한 운동능력이나 신체 기술이 발달하여 뛰기, 달리기 등의 운동놀이를 즐기며, 미술활동이나 구성놀이에도 많이 참여한다. 만 5세 이후에는 유아들의 놀이 형태나 종류가 다양해지고 규칙이 있는 게임을 즐기기 시작하여 놀이의 모습이 경쟁적으로 보일 때도 많다(박찬옥 · 정남미 · 임경애, 2004).

(2) 성별

유아의 성별에 따라 참여하는 놀이의 형태 및 내용, 선호하는 놀잇감 및 놀이 친구의 선택 등에 차이가 있을 수 있다. 놀잇감의 선호도에 있어 남아와 여아의 성차는 13개월에서 14개월 사이에 이미 나타나기 시작한다고 한다(Jacklin, Maccoby, & Dick, 1975). 또한 남아들은 여아에 비해 실내외에서 비교적 활동적이고 신체적 움직임이 활발한 놀이에 참여하는 것으로 나타났으며, 남아는 실외놀이를, 여아는 실내놀이를 더 많이 하는 것으로 나타났다(Goldberg & Lewis, 1969).

유아들이 선호하는 놀잇감에서도 성별 간의 차이가 나타난다. 남아는 블록이나 자동차 종류의 놀잇감을 사용하는 빈도가 많으며, 여아는 인형과 가구 놀잇감을 사용하는 빈도가 많다(Cramer & Hogan, 1975). 파곳(Fagot, 1978)의 연구에서도 남아는 교통기관 놀잇감과 조작 놀잇감을 많이 사용하였으며, 여아는 인형과 같은 부드러운 촉감의 놀잇감과 미술활동 자료를 많이 사용하는 것으로 나타났다.

(3) 인지능력

유아의 인지능력과 놀이의 관련성은 몇몇 연구에서 밝혀지고 있다. 즉, 인지능력이 높은 유아는 신체적 운동이나 거친 게임보다는 조용한 게임을 선호하는 경향이 있었다. 뿐만 아니라 자신보다 약간 나이 든 유아를 놀이친구로 선호하며 경쟁적 게임은 덜 선호하는 경향이 있다고 밝혀졌다. 반면에 지적장애아는 놀이활동에 있어서 독창성이 적고 복잡한 규칙이 없는 게임을 선호하며 자신보다 어린 유아와 더 잘 어울리는 경향이 있다(유효순 · 조정숙, 2004).

또한 존슨(Johnson, 1971)은 지능이 평균 이하인 유아는 지능이 평균 이상인 유아에 비해 사회극놀이에 참여하는 비율이 낮다고 보고하면서 유아의 지능이 놀이친구와의 관계 형성에 영향을 미친다는 사실을 시사하였다. 그러나 지능이 놀이에 영향을 미친다는 몇몇 연구결과와 달리 일부 연구결과에서는 놀이와 지적 능력 사이의 관련성이 입증되지 않기도 한다(이숙재, 1984; Smilansky, 1968).

유아의 지능수준과 놀이의 상관관계에 관한 연구들에 의하면, 지적 능력이 높은 유아는 사고능력을 요구하거나 조용한 놀이, 상상놀이, 창의적인 놀이에 흥미를 보이는 반면, 지적 능력이 평균보다 낮은 유아는 단순하고 반복적인 놀이를 더 좋아하는 경향이 있는 것으로 나타났다. 그러나 인지능력에 따라 놀이를 선택하거나 놀이발달이 이루어진다고 보기는 어렵다. 즉, 유아의 인지능력은 유아가 놀잇감을 선택하거나 활용하는 방법, 놀이친구와 상호작용하는 방식이나 놀이 내용의 복잡성 등에 중요한 작용을 하는 것은 사실이나 지적 능력이 유아의 놀이 발달에 충분조건은 될 수 없는 것으로 생각할 수 있다(하정연 · 좌승화 · 조채영, 2008).

2) 가정환경 요인

(1) 부모

유아의 최초 사회적 상호작용자인 부모는 유아의 놀이행동에 중요한 영향을 미친다. 현대사회에서 부모들은 바쁜 일상생활로 인해 자녀들과 충분한 놀이시간을 확보하지 못하는 경향이 있다. 그러나 장난감이나 구조화된 놀이 프로그램보다는 오히려 부모가 가장 좋은 장난감이며(김수영 외, 2007), 부모와 유아가 함께 시간을 보내면서 놀이시간을 가질 때 유아들은 부모와의 놀이로부터 긍정적인 영향을 받는다.

유아의 놀이활동에서 부모의 역할은 부모의 양육태도와 상당히 밀접한 관련성이 있는 것으로 알려져 있다. 예컨대, 부모가 유아에게 자주 체벌을 가하면서 통제하는 경우, 그 유아는 공격적인 행동성향이 강해지고 상상놀이에 참여하는 빈도가 적어진다(김수영 외, 1998). 반면에 어머니가 통제적이면서도 긍정적인 평가태도를 가진 경우 유아의 사회적 놀이행동은 혼자놀이와 병행놀이에는 적게 참여하고 연합놀이나 협동놀이에 더 많이 참여하는 경향이 있다(박정연, 2009)고 밝히고 있다.

❙사진 6-8❙ 부모와 함께 있는 영유아들의 모습

(2) 형제자매의 유무

형제자매가 있는가 없는가에 따라 유아들의 놀이형태가 달라지기도 한다. 형제, 자매 사이에서 자라는 유아는 일찍부터 모방을 시도하고 친구들과도 잘 어울리며 비교적 수준이 높은 놀이활동을 많이 한다. 반면에 외동이거나 장남, 장녀인 경우 부모나 조부모의 영향으로 자신의 발달수준보다 높은 놀이활동을 많이 하기도 하지만, 비활동적인 놀이를 즐기는 경우도 많다(김오남 · 노명희 · 윤은종, 2004).

❙사진 6-9❙ 형제자매와 함께 하는 유아의 모습

3) 사회환경 요인

(1) 또래

또래는 유아의 놀이 상대자로서, 그리고 놀이 모방자로서 유아의 놀이에 영향을 미친다. 출생 후 2~3개월인 영아들도 또래에 대해 관심을 나타낸다. 아기들은 서로

의사소통하려고 노력하고 더 나아가 또래와 상호작용하려는 기초적인 신호를 보내기도 한다(지옥정 외, 2008). 따라서 영아와 걸음마기 유아들은 자기중심성이 강하므로 또래와 상호작용을 할 수 없다는 것은 사실이 아니다(김수영 외, 1998; Hughes, 1999). 유아의 사회성발달을 위하여 또래와의 상호작용의 중요성을 고려해 볼 때 또래와의 친밀성, 또래의 성, 또래의 연령 등은 유아의 놀이에 많은 영향을 미친다.

❙사진 6-10❙ 또래와 즐겁게 산책을 하는 유아들 모습

(2) 놀이공간

놀이공간은 유아교육 프로그램의 질을 결정하는 중요한 요인이며, 놀이공간의 면적 및 배치가 유아의 놀이행동에 영향을 미칠 수 있다. 또한 놀이공간의 장소가 실내인가, 실외인가에 따라 놀이활동의 유형도 달라진다. 즉, 실내놀이 공간에서는 구성놀이 활동이 주로 발생하고, 실외놀이 공간에서는 대근육을 활용한 기능놀이와 다양한 놀잇감을 통한 창의적 상상놀이 활동이 많이 발생한다(신동주, 1997).

유아가 사용 가능한 놀이공간의 크기도 놀이행동에 영향을 줄 수 있다. 예를 들어, 유아가 사용할 수 있는 놀이공간이 충분하지 않으면 대근육 활동이 줄어든다. 반면에 교실에서 유아들이 뛰고 달리면서 일반적인 거친 놀이활동이 많이 이루어진다면 유아들에게 교실공간이 너무 넓은 것으로 볼 수 있다.

사진 6-11 실외 놀이공간 사진

사진 6-12 영아를 위한 실외 놀이공간 사진

사진 6-13 실내 놀이공간

(3) 놀잇감

놀잇감은 유아의 놀이활동에 영향을 미치는 중요한 요인이다. 놀잇감의 종류, 구조화 정도 및 수량은 유아들의 놀이활동에서 발생하는 상호작용의 질에 영향을 미칠 수 있다. 예를 들면, 블록이나 레고 등은 구성놀이를 촉진시키는 반면, 인형, 의상, 소꿉놀이 관련 놀잇감들은 상징놀이를 촉진한다(하정연 · 좌승화 · 조채영, 2008).

또한 블록이나 스티로폼 조각같이 크기가 작고 용도가 분명하지 않은 놀잇감으로 유아들이 놀이를 할 경우 놀이유형은 주로 조작놀이와 구성놀이로 나타났으며, 유아들이 역할놀이에 적합한 놀잇감으로 놀이를 할 경우에는 역할놀이를 많이 하게 된다.

놀잇감의 수량도 놀이행동에 영향을 미친다. 즉, 놀잇감의 수량이 많을 때 유아들은 대근육을 활용한 놀이를 많이 할 뿐만 아니라 놀잇감과 접촉도 많이 한다. 반면에 놀잇감의 수량이 적을 때는 대근육 운동 놀이가 적게 발생하며 놀잇감보다 유아들 간의 사회적 접촉이 더 빈번하게 일어난다(Johnson, 1935).

(4) 스마트폰

┃사진 6-14┃ 스마트폰을 사용 중인 유아 모습

유아의 발달과 놀이에 영향을 주는 전파 미디어 중에서 가장 영향력이 큰 것은 스마트폰이다. 스마트폰의 편리성과 접근성은 모든 연령대에 영향을 미치고 있으며 다양한 어플리케이션이 개발·보급되면서 공간이나 시간의 제약을 받지 않고 간접적인 체험 등을 학습할 수 있다는 점에서 교육적 효과가 높은 것으로 알려져 있다(유구종·김민경·김은아, 2012). 이러한 장점으로 부모들은 스마트폰을 육아에 활용해 왔으며, 유아교육기관에서도 언어활동, 과학활동 및 안전교육 등에 스마트폰을 활용하기도 한다.

그러나 이러한 장점에도 불구하고 일부 유아들은 스마트폰에 지나치게 십착하여 유아의 성장·발달을 도와주는 것이 아니라 오히려 발달을 저해하는 요소로 작용하기 시작하였다. 이처럼 유아의 스마트폰 사용이 유아들의 건강한 성장과 발달에 저해 요인이 되기도 하며, 자기통제와 자기조절력 등이 미숙한 유아가 지나치게 스마트폰을 과다 사용하게 되는 문제를 낳기도 한다.

유아가 스마트폰을 과다하게 사용하게 되면 또래 및 다른 사람과의 상호작용에 부정적인 영향을 미칠 수 있다. 유아가 과다하게 스마트폰을 사용할 경우 스마트폰과의 상호작용에 익숙하기 때문에 또래와의 놀이 빈도에 영향을 줄 수도 있으며, 자기조절력 상실, 감정조절의 어려움 등의 부정적 영향을 보일 수 있다(김광하·김미리·고재욱, 2020).

스마트폰은 다른 전자 매체에 비해 유아들도 쉽게 사용할 수 있으며, 호기심을 충족시킬 수 있다는 특성으로 인해 유아들의 과다 사용으로 이어질 가능성이 높아 유아기부터 스마트폰 사용 습관을 올바르게 형성하여 과다한 사용을 예방하는 노력이 필요하다.

chapter 07

유아교육에서의 부모교육

chapter

07 유아교육에서의 부모교육

우리는 결혼을 하면 부모가 될 것이며 우리 부모가 나를 키운 것처럼 나도 부모역할을 할 것이라고 막연한 기대를 가진다. 부모는 삶의 모델이며 양육자, 훈육자, 지지자로서 자녀의 성장·발달 과정에 따라 역할의 변화가 이루어져야 한다. 여기서는 부모교육의 목적을 살펴보고 유아교육의 효과를 극대화하기 위해 부모됨과 부모기의 역할을 수행하기 위한 이론을 이해하고 다양한 부모교육 유형을 통해 부모의 관심과 참여를 끌어내고자 한다.

1. 유아교육과 부모

유아교육은 유아를 대상으로 한 교육이라고 생각하지만, 유아뿐 아니라 부모와 함께 가정에서 일관된 교육이 이루어질 때 교육적 효과를 극대화할 수 있다. 여기서는 부모교육의 대상 및 부모교육의 필요성을 이해하고자 한다.

1) 부모교육의 필요성

대부분의 사람들은 자신의 부모가 했던 역할을 모델로 삼아 자신의 자녀에게 부모역할을 하게 된다. 그러나 자신의 부모를 모델로 한 부모역할은 급속한 사회변화에 그대로 적용하기 어려운 점이 있다. 영유아의 성장·발달에 따라 부모역할의 비중은 변화하며, 사회변화에 따라 부모역할은 신체적·물리적 측면부터 잠재능력을 개발하는 심리적·정서적인 측면까지 광범위하게 이루어지기 때문에 부모는 어려움을 느끼게 된다(Hamner & Turner, 1985).

그러나 부모기에 대한 교육은 가정에서는 거의 이루어지지 않을 뿐 아니라 대부분의 교육기관에서도 부모기에 대한 준비교육은 쉽게 접하기 어려운 실정이다. 막연한 신화를 바탕으로 부모가 되는 경우, 역할 기대와 역할 수행 간에 차이를 경험하며 부모 역할에 대한 두려움을 갖게 되면 이는 곧 양육 스트레스가 되고, 부모는 자녀에게 충분한 역할을 해줄 수 없다고 생각함으로써 죄책감을 갖게 된다.

유아교육에서 부모교육은 1960년대 이후 실시되었으며, 우리나라에서는 1980년대 초부터 유치원 등을 중심으로 활성화되기 시작하였다. 전통사회에서는 어머니가 아동양육의 일차적 책임자가 되었으나, 최근에는 어머니가 취업을 하는 경우에 자녀를 돌보는 시간이 줄게 되면서 다양한 부모-자녀 관계의 어려움이 발생하고 있다. 이로 인해 점차 양육 동반자로서 아버지의 역할이 강조되고 있으며, 이제는 부모교육에 아버지 교육을 강조하며 효과적인 아버지 역할 지원정책들이 제시되고 있다. 가정과 기관 간에 상호 이해와 협조는 영유아에게 일관성 있는 교육을 위해 필수적이며, 교사나 원장의 노력뿐 아니라 부모의 관심과 협조는 유아교육의 효과를 극대화하는 중요한 요인이 된다.

2) 부모교육에서 가족교육

세계화, 정보화, 다문화 등 사회변화 및 결혼에 대한 가치 변화, 여성의 사회참여 확대 등 가족변화에 따라 부모교육은 다양한 측면에서 요구되고 있다. 과거에는 확대가족으로 조부모 등과 함께 살면서 자녀 양육에 도움을 받을 수 있었으나, 최근에는 핵가족 및 1인 가구가 증가하는 추세로 저출산, 고령화는 가속화되고 있다. 자녀 수도 외동 또는 쌍둥이 등의 비중이 증가하고 있으며, 이혼 및 재혼 가족의 증가로 다양한 가족구성원에 따른 자녀 양육 및 부모 역할도 변화하고 있다.

부모교육은 부모들에게 자녀 양육에 필요한 정보와 지식을 제공하여 부모가 스스로 배운 정보와 기술을 적절하게 자녀 양육에 활용하는 데 목적이 있다(Grotberg, 1977). 부모교육은 영유아 교육기관에서의 교육 효과를 높이기 위해 가정과 연계하여 일관성 있게 자녀를 교육할 수 있도록 제공하는 일종의 성인교육이다.

1982년 유아교육진흥법에 근거해 유치원이 활성화되면서 유치원 운영에 부모들의 참여로 부모교육이 시작되었다. 중상층 가정의 유아를 대상으로 한 반일제 유치원의 운영환경은 전통적 가족 형태에서 주양육자인 어머니가 자녀 양육에 큰 비중을 할애하며 교육기관과 일관된 자녀 양육을 통해 교육 효과를 극대화하였다. 여성의 사회참여가 확대됨에 따라 영유아교육은 종일제로 변화되었고 맞벌이 가정이 증가함에 따라 과거보다 자녀 양육에 아버지 참여 요구가 증가하였다.

비혼, 이혼 및 재혼 가족, 동성 가족 등으로 결혼 및 가족의 형태가 다양화되면서 자녀 양육을 아버지와 어머니로 전제하기 어려운 상황이 되었다. 예컨대, 결혼하지 않은 상태에서 비혼으로 어머니가 되는 경우도 있으며, 아버지 혼자 또는 어머니 혼자서 자녀를 양육하는 경우도 있고, 부모가 서로 다른 형제-자매 관계뿐 아니라 다른 문화권의 부모 및 두 명 이상의 부모-자녀 관계 등 다양한 가족 특성을 고려해야 한다.

따라서 가정을 중심으로 하던 부모교육은 지역사회를 중심으로 한 가족교육으로 확대되었다. 2005년 건강가족기본법에 근거해 가족 교육, 가족 상담, 가족 지원 등을 통해 가족구성원의 역량을 강화하기 위해 가족센터에서는 생애주기별 다양한 교육을 실시하게 되었다. 일·가정 양립과 가족생활의 아버지 참여가 강조되면서 자녀와의 놀이방법 등 좋은 아버지가 되기 위한 양육방법 및 아버지 교육을 실시하고 있다(https://www.familynet.or.kr.). 또한 생애주기별 맞춤형 부모교육이 실시됨에 따라 '부모됨의 준비'와 '부모됨의 실천'이라는 주제 아래 '성숙한 부모', '행복한 부부란 무엇인가' 등 청소년을 대상으로 한 예비부모교육을 학교에서 실시하고 있다(2016. 12. 23. 여성가족부).

3) 소극적 접근에서 적극적 접근

1980년대부터 2010년대까지 부모교육 연구 동향을 보면(이정주 · 이종연, 2014), 부모교육 프로그램들은 예방을 목적으로 하는 프로그램이 많은 비중을 차지하고 있으며, 치료를 목적으로 하는 프로그램과 예비부모교육 프로그램 개발이 꾸준히 증가하고 있음을 볼 수 있다. 부모교육의 대상은 생애주기를 고려해 예비부모도 부모교육 대상으로 포함하며, 아버지의 역할을 지원하기 위한 다양한 부모교육 프로그램들이 제시되고 있다.

부모에게 자녀양육에 대한 발달, 교육, 심리적 차원에서 필요한 지식과 방법을 안내하고 지원한다면, 부모는 보다 바람직한 역할을 수행할 수 있을 것이다. 부모교육은 부모에게 새로운 지식과 방법을 알려주고, 자녀와의 관계형성을 위한 새로운 방법을 개발하여 가족 문제를 예방하고 가족의 기능을 최적화한다. 가족 내에서 발생하는 다양한 문제를 해결할 수 있는 관련 정보뿐 아니라 요구되는 서비스를 제공하여 가족해체를 예방할 수 있다.

부모역량 강화를 위해 육아 상담 및 가족 관계 향상, 의사소통 방법과 관련한 지식뿐 아니라 부모역할을 수행할 수 있도록 관련 서비스를 제공하고 있다. 부모교육은 단순히 부모가 자녀의 교육기관과 연계해 기관에 참여하여 교육을 받는 것에서 나아가 지역적 차원의 연계로 확대된다. 또한 부모가 전문가로부터 교육을 받는 소극적이고 일방적인 접근에서 나아가 부모교육은 교육기관 및 지역사회가 함께 자녀교육의 동반자로서 교육전문가와 상호작용한다. 넓은 의미의 부모교육은 양육태도 및 방법에 대한 교육뿐 아니라 부모 개입, 부모 지지, 부모 지원 등을 포괄하는 적극적인 관점에서 기관 및 지역사회와 함께 서로 상호작용하는 양방향적 관점으로 접근하고 있다.

2. 자녀의 성장 · 발달과 부모역할의 변화

부모가 되면 자녀와의 관계를 통해 기쁨과 만족감을 느낄 수 있다. 자녀를 양육하는 방식은 부모마다 각기 다를 수 있으며, 자녀가 성장 · 발달함에 따라 요구되는 부모의 역할도 변화하므로 여기서는 부모됨과 부모-자녀 관계를 중심으로 역할 변화와 양육방식을 살펴보겠다.

1) 부모됨과 부모기

두 남녀의 결합은 가족 구성과 사회 유지의 수단이 된다. 결혼은 자연 발생적인 현상이 아니며, 인간의 본성도 아니다. 그것은 하나의 제도이고 관례이다. 따라서 부모됨은 본능이 아니라 획득된 동기이다. 부모는 자녀를 가짐으로써 후손을 남긴다는 의미에서 자아확장의 기회를 갖게 되며, 자녀를 통해 창의적 · 성취적 동기를 투사할 수도 있고, 자녀를 지도하고 통솔함으로써 권위를 지닌 존재로 인식할 수도 있다. 또한 자녀를 양육하고 위험으로부터 보호하며 깊은 감정적 교류를 통해 정서적 충족감을 느낄 수도 있다. 이러한 이유들로 인해 부모는 경제적 · 교육적 책임과 의무가 있음에도 불구하고 선택하는 지위라 할 수 있다.

전통적으로 여성과 남성의 정체감은 부모됨과 관계있는 것으로 간주되어 왔다. 자녀가 없으면 불완전하고 열등한 것으로 인식하거나, 자발적으로 자녀를 두지 않은 부부는 이기적이거나 미성숙한 사람으로 여겨졌으며, 결혼 전에 자녀를 둔 경우는 부도덕하다고 인식하여 비난의 대상이 되기도 하였고, 결혼 전 부모가 되는 여성은 남성에 비해 상대적으로 더 냉혹한 시선을 감당해야 했다(Thompson & Walker, 1989). 사회적으로 승인되는 부모가 되기 위해서는 일정한 절차나 가족 형태가 존재함을 볼 수 있다.

갈린스키(Galinsky, 1987)는 일반적인 생의주기와 구별되는 부모시기의 발달과정을 제시하였다. 한 연구에서는 결혼, 이혼, 양부모, 입양 부모 등 다른 부모기를 경험한 228명의 부모를 면담하여 부모기 과업에 대한 정서적이고 지적인 에너지에 초점을 맞추어 부모기를 6단계로 구분하였다(Galinsky, 1981). 이를 나타내면 다음과 같다.

〈표 7-1〉 **단계별 부모기 특성**

단계	특성
1단계 이미지 형성단계	이 시기 부모는 다른 사람에 대한 관계와 스스로에 대한 변화를 준비한다.
2단계 양육단계	8~24개월에 속하는 부모들이 해당하며, 갓난아기에게 애착관계를 형성하고 자신과 자녀의 요구에 균형을 맞추어 우선순위를 정한다.
3단계 권위형성 단계	2~5세 자녀를 둔 부모들이 해당하며, 자녀들에 대한 사랑을 부모들이 배우면서 부모는 규범자와 집행자가 된다.
4단계 설명하는 단계	취학 전부터 사춘기까지의 부모들에 해당하며, 부모들은 자녀들에게 교사와 같은 권위로 사회를 설명한다. 부모는 가치와 도덕뿐 아니라 생활에 관한 모든 것을 자녀에게 가르친다.
5단계 상호의존 단계	청년기 자녀를 둔 부모들에 해당하며, 여전히 권위적이지만 자녀들과 새로운 관계를 형성하고 과거에 하지 않았던 방식으로 자녀들에게 부모의 힘을 나눈다.
6단계 떠나보내는 단계	부모는 자녀들이 집을 떠날 준비를 함에 따라 자신을 스스로 평가한다. 대부분의 부모들은 자녀를 갖기 전보다 훨씬 더 책임감 있고 수용적이고 관대해진다.

(1) 이미지 형성단계

예비부모들은 임신 기간 동안 부모로서 자신의 이미지를 구체적으로 형상화해 나간다. 부모는 태어날 아기의 출생으로 새로운 인생을 맞게 된다. 미래에 대한 예측할 수 없는 설렘과 기대로 자신의 어린 시절, 자기 부모와의 경험을 되돌아보고 성장하면서 보아온 주위 사람들의 부모로부터 부모됨의 이미지를 자기 나름대로 형성해 간다.

이미지 형상단계는 3단계로 구분할 수 있는데, 임신 후 첫 3개월경까지는 임신 수용기로 부모로서 태아발달에 도움이 될 수 있도록 임신을 긍정적으로 수용하는 과업을 갖게 된다. 임신 4개월부터 6개월까지는 태아에 대한 이미지 형성기로 태동과 함께 독립된 개체로서 아기와 유대감을 형성하는 과정을 거친다. 7개월부터 출산 전까지는 출산 준비기로 심리적으로 출산과 분만을 준비하게 된다.

예비부모들은 출산예정일이 가까워지면 기쁨과 걱정, 기대와 흥분을 모두 경험한다. 이때 남편의 자상한 배려와 공감은 긍정적인 부부관계를 유지하게 한다

(2) 양육단계

8개월부터 24개월까지로 상상의 아기와 현실의 아기를 비교하며 태어나기 전 아기에 대해 가지고 있던 이미지에서 벗어나 현실 속의 아기를 가족으로 수용하는 과업에 직면하게 된다.

부모로서의 확신은 아직 형성되지 못한 상태이나 아기와 강한 애착관계를 형성한다. 아기의 출생은 부부관계, 조부모와 형제자매 관계, 친척관계 등의 변화를 경험하게 된다. 아기를 중심으로 새롭게 확장된 관계에 적응하면서 새로운 부모역할의 분담과 협력체제를 수용하고 '나'보다는 가족구성원으로서의 부모역할에 책임감을 느끼며 양육 스트레스에 대처해야 한다.

(3) 권위형성 단계

자녀가 2~5세경이 되면 자녀를 다스릴 수 있는 권위를 가져야 하고 자녀의 행동을 결정하는 부모로서의 과업을 갖게 된다. 2세경 영유아는 자기주장("싫어", "안 할래", "내가 할 거야" 등)이 강해지면서 부모로부터 독립하려는 의지를 나타낸다. 또한 또래 친구나 교사, 이웃으로 환경이 확장되면서 부모는 자녀의 욕구를 적절히 조절하고 사회적으로 수용될 수 있는 방식으로 지도해야 한다. 이 과정에서 배우자나 친구, 전문가의 지지를 통해 부모성장을 도모할 수 있다.

(4) 설명하는 단계

취학 전부터 사춘기 무렵까지 자아개념을 형성하는 시기로 부모가 자녀에게 설명하는 방식이 중요하게 된다. 부모는 자신의 부모기를 평가하고 앞으로 자녀와 원만한 발달을 위해 어떤 부모가 되어야 하는가 자문하는 과정을 거쳐 새로운 관계를 형성한다.

유아기와 사춘기 자녀 간 부모-자녀 관계는 점차 평등한 관계로 발전해 가는 과정으로 변화한다. 자녀의 변화는 부모-자녀 모두에게 도전이므로 부모는 자녀가 형성한 새로운 이미지를 수용하고 자녀에 대한 새로운 이미지를 정립하여 교사와 같은 권위로 사회를 설명한다.

(5) 상호의존 단계

십대 이전까지는 부모에게 자녀가 의존하는 단계였으나, 청년기에는 권위형성 단계에서 가장 많이 부딪혔던 허용과 통제에 대한 새로운 해결책을 필요로 한다. 청년기의 자녀는 신체적인 변화뿐 아니라 행동과 감정도 급격하게 변화한다. 부모는 십대 자녀와 여러 차례의 갈등을 경험하는 과정에서 대화를 통해 상호의존적인 원만한 관계를 도모해야 한다.

(6) 떠나보내는 단계

자녀가 독립하여 결혼을 하면서 부모 곁을 떠나는 시기로 성장한 자녀의 부모로서 자신을 재정의하고 부모로서의 성취와 실패에 대해 검토하는 단계이다. 자녀를 독립된 존재로 존중한 부모들은 자녀들이 독립하여 부모로부터 분리되는 과정에서 만족감을 경험하며 한 인간으로서 자신에 대해 평가하게 된다.

2) 부모-자녀 관계와 부모역할

남편 혹은 부인으로서의 지위는 획득된 지위이고, 출생과 더불어 지니게 되는 어버이 혹은 자녀로서의 지위는 고유한 지위이다. 특정 지위에 요구되는 행동기준이나 문화적 양식을 역할이라고 할 때, 부모역할은 자녀의 발달수준에 따라 변화한다. 역할은 개인의 성격, 인성에 따라 형성되기도 하며 학습에 의해 형성되기도 한다. 자녀의 발달단계별로 볼 때, 유아기 자녀에게는 양육에 비중을 두게 되고, 학령기 자녀에게는 사회적으로 수용되는 방식으로 통제하며, 청소년기 자녀에게는 이전보다 더 많은 책임을 허용하고 독립을 격려한다(Minuchin, 1974). 다음에서는 자녀의 발달단계 중 영유아기와 아동기를 중심으로 부모역할을 살펴보겠다.

(1) 영아기 부모역할

임신 기간 중 충분한 영양이 공급되지 못했을 때 영아는 에너지 소비를 줄이고 환경 내의 자극으로부터 움츠러들어 에너지의 균형을 유지하려고 한다. 이러한 위축은 정보를 받아들이는 능력을 제한하며 정상적인 발달에 필요한 지식이나 기술의 습득을 저해하게 된다(Politt et al., 1999).

이 시기 아버지는 경제적 부양자로서 어머니가 임신과 출산에 대해 공포를 갖지 않도록 용기를 주고 격려를 하며(Davids, 1970), 출산 후 어머니가 건강을 회복하도록 지원한다. 어머니는 아기의 욕구에 따라 수유를 함으로써 아기와 관계를 형성한다.

생후 3개월 후부터는 아버지와의 유대를 발달시키는데 서구에서는 약 80%의 아버지가 젖먹이 아기와 놀아주는 것을 보편적인 역할로 받아들이고 있다(Cordell, 1980). 신생아에 대한 아버지의 역할분담은 첫 6개월부터 시작되는데 아버지는 주로 가사일을 하며 수유나 유아보호는 적게 하는 것으로 나타났다(Cowan et al., 1978).

아기를 안아주거나 목욕을 시키는 것과 같은 피부접촉을 통한 촉각적 자극은 영아와의 유대감 형성에 중요한 의미를 가진다. 영아는 배가 고프거나 오줌을 쌌을 때, 수유, 놀이, 수면에서 따뜻하고 일관성 있게 보살펴 주면 신뢰감을 형성하게 되며 이후 발달에 긍정적인 영향을 미치게 된다. 일반적으로 괄약근과 방광 조절능력이 발달하면서 24개월 전후에는 배변훈련을 한다. 대체로 영아가 배변 의지를 언어나 행동으로 나타내면 배변훈련을 시작한다.

(2) 유아기 부모역할

부모가 유아에게 스스로 시도할 기회를 주지 않을 경우, 유아는 무력감과 수치심을 갖게 된다. 언어를 사용하게 되면서 유아는 "내 것"이라는 소유의 개념과 "싫어", "안 돼"라는 자기주장을 하게 된다. 부모는 이때 장난감 정리하기, 옷 입기, 숟가락 사용하기, 심부름하기 등 스스로 할 수 있는 일을 시도하도록 기회를 제공하며 유아가 자신감과 성취감을 갖도록 지도해야 한다.

부모의 역할은 놀이상황에서 차이를 보인다. 어머니는 긍정적 정서와 신체적 자극을 주는 반면 아버지는 부정적 정서(꾸짖기, 비난하기 등) 표현이 더 많았고, 놀이형태에서도 아버지는 어머니보다 더욱 신체적이고 활동적인 놀이를 더 많이 하는 경향이 있다. 또한 성 역할 획득 시기에 아버지와 어머니는 유아의 모델이 되므로 성 역할 고정관념을 갖지 않도록 지도한다. 성별에 따라 구분하지 않고 장난감을 제공한다거나 직업을 선택할 수 있도록 허용하고 생각과 감정을 솔직하게 표현할 수 있도록 격려한다.

유아기는 해야 하는 것과 해서는 안 되는 것을 명확히 하여 일관성 있는 지도를 하는 것이 중요하다. 만약 한계를 벗어난 행동을 했을 때 어떻게 할 것인지를 미리 정하여 합의한 방법으로 행동을 수정하거나, 유아가 기대에 맞지 않는 행동을 했을 때 어떤 결과가 오게 되는지 알게 할 수 있다. 하지 말아야 하는 일이나 행동에 대해서는 간단하게 이유를 설명해 주어 자신의 행동을 이해할 수 있도록 하는 것이 좋지만, 유아가 모두 이해하지 못한다 할지라도 부모는 허용되는 행동의 범위와 한계를 정해두어야 한다.

부모가 정한 한계를 따르게 할 때 성인과 같은 기대를 하기보다 자녀가 지킬 수 있는 규칙을 합의하고 잘 지키도록 환경을 조성한다. 사회성발달이 이루어지는 유아기에 유치원, 어린이집, 학원 등 단체생활 경험은 가정 외에 접하는 사회로 또래와의 관계가 원만히 이루어질 수 있도록 관심을 기울인다.

(3) 아동기 부모역할

어머니에게 의존적이었던 생활에서 학교라는 사회적 환경은 자신과 타인의 입장 차이를 이해하는 기회의 장이 된다. 사회적 고립은 이기적이고 고집이 센 성격 형성의 원인이 될 수 있으므로 원만한 또래 간 관계 형성에 주의를 기울인다. 또래 관계 형성이 어려운 아동의 경우에는 자신보다 어린 아동과 일대일로 놀면서 주도하는 경험을 통해 또래 집단에 적응하는 기회를 제공할 수 있다.

가정을 넘어선 사회를 경험하는 아동기는 학업성취의 책임이 요구되는 시기로 부모와의 대화가 올바른 가치관을 형성하는 데 중요한 영향을 미친다. 발달과업의 성취 경험은 자신을 능력 있는 사람으로 인식하여 유능감과 자존감을 갖게 한다. 부모는 아동이 능력에 맞는 일을 해냈을 때 격려하며, 또래 간에 지켜야 할 규칙이나 의사소통 방법 및 자기주장을 양보하는 방법 등을 알 수 있도록 사회성발달을 지원한다.

3) 아버지 역할과 부모-자녀 관계

부모-자녀 관계는 태내에서부터 시작된다. 특별한 경우를 제외하고는 출생 직후부터 성숙과정에 이르기까지 가장 밀접한 관계를 유지하고, 광범위한 경험을 함께 한다. 부모는 자녀에 대한 일차적 책임을 가지며, 자녀를 통해 새로운 흥미와 관심이 확대되고, 부모가 되었다는 만족감과 후손을 남긴다는 안정감을 갖게 된다.

자녀들에게 모범이 되고 좋은 모델이 되기 위해서는 부모 자신이 올바른 가치관과 태도를 갖추어야 한다. 전통사회에서 아버지는 가족에게 필요한 자원을 공급하고 자녀의 주요한 훈육자로서 도구적 역할을 했고, 어머니는 가정에서 사랑을 주는 표현적 역할을 했다. 전통사회에서는 남편과 아내의 역할, 아버지와 어머니의 역할이 비교적 뚜렷하게 구분되었다. 그러나 현대사회에서는 점차 아버지 역할의 중요성을 인식하게 되었고, 과거에는 아버지를 자녀양육과 별개의 존재로 인식했으나, 이제는 어머니 역할과 함께 상호보완적 역할기대를 충족시키고 있다. 아버지의 역할이 부모-자녀 관계에 미치는 영향을 네 가지 측면에서 볼 수 있다.

- 아버지-어머니-자녀에게 영향을 미치는 경우

아버지는 어머니의 가사일을 분담하는 방식으로 어머니를 지원할 수 있다. 만일 어머니의 가사일을 덜어준다면 어머니는 그 시간만큼 더 자녀와 함께 놀아줄 수 있는 기회가 생기므로 어머니-자녀 관계가 개선될 수 있다.

- 아버지-자녀-어머니에게 영향을 미치는 경우

성급한 아버지의 영향을 받아 급한 성격의 자녀는 어머니에게 영향을 주어 어머니의 성향이 변할 수 있다. 이때 아버지가 자녀에게 영향을 주어 어머니와 자녀 간 상호작용에 영향을 미치게 된다.

▪ 아버지–어머니의 관계가 자녀에게 영향을 미치는 경우

남편–아내 관계는 임신, 출산, 자녀의 성장기 동안 간접적인 영향을 미치며, 임신 중 남편이 그의 부인에게 쏟은 정성에 따라 어머니가 자녀를 대하는 태도에 영향을 미칠 수 있다.

▪ 자녀의 특성이 아버지와 어머니 관계에 영향을 미치는 경우

자녀의 성숙 정도와 심리상태는 부모들의 결혼 관계와 관련이 있다. 민첩한 아이를 가진 아버지는 어머니를 더욱 긍정적으로 평가하며, 성숙한 자녀를 가진 경우 결혼생활에서도 긴장과 갈등이 적은 것으로 보고된 바 있다(Pederson, 1975).

이처럼 부모–자녀 관계에서 부모가 자녀에게 일방적인 영향을 미친다기보다는 자녀도 부모에게 영향을 미치는 양방향의 관계를 볼 수 있다. 자녀양육에 어머니가 미치는 영향에 초점을 둔 것에서 아버지가 미치는 영향의 중요성을 알 수 있다.

4) 부모의 양육태도

부모의 양육태도에 대한 관심이 증가하면서 학자들은 다양한 방법으로 양육태도 유형을 분류하였다. 20세기 초 발드윈(Baldwin), 미드(Mead), 사이몬드(Symonds)를 시작으로 쉐퍼(Schaefer), 베커(Becker), 바움린드(Baumrind), 비(Bee) 등을 들 수 있다. 여기서는 대표적으로 가장 많이 알려진 유형 분류를 중심으로 살펴보고자 한다.

(1) 사이몬드(Symonds)의 양육태도

사이몬드(1949)는 부모–자녀 관계를 거부–수용, 지배–복종의 두 차원으로 나누고 기대형, 엄격형, 복종형, 익애형, 간섭형, 불안형, 소극적 거부형, 적극적 거부형으로 구분하였다. 사이몬드는 가장 이상적인 부모–자녀 관계를 거부도 아니고 지배도 아니며 과보호도 아니고 복종도 아닌 중간을 취하는 형태라고 하였다. 사이몬드는

어머니의 양육태도를 체계화했다는 점에서 주목할 필요가 있으나, 정신분석학을 토대로 임상 사례에 의존한 나머지 부모의 양육태도를 부정적으로 설명함으로써 일상생활에서 일어날 수 있는 건전한 태도에 대해서는 언급하지 않았다는 한계를 가진다.

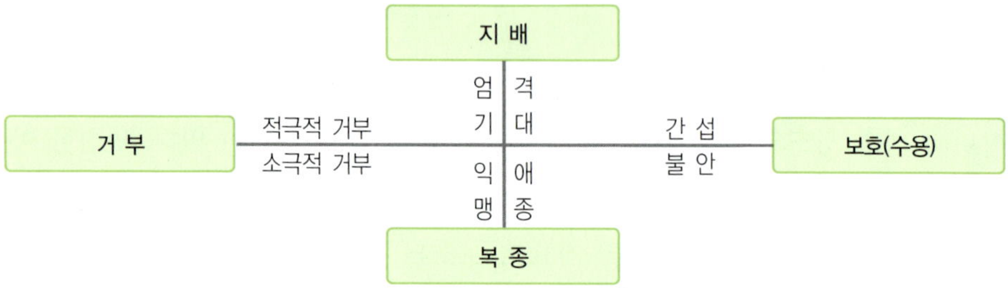

【그림 7-1】 사이몬드(Symonds)의 양육태도 모형

〈표 7-2〉 **사이몬드(Symonds)의 양육태도에 따른 부모-자녀 행동 특성**

양육태도 모형	부모의 행동 특성	자녀의 행동 특성
지배형	• 부모는 엄격한 기준을 설정하고 자녀가 도달하기를 바란다.	• 자녀는 수동적 · 의존적 존재이며 예의 바르지만 반항적 · 투쟁적 · 자학적 행동이 많으며 자립성, 창의성이 결여되어 있다.
보호형 (수용형)	• 부모가 필요 이상으로 자녀를 과보호한다.	• 자녀는 사회적 성숙이 늦고 의존심이 높으며 교우관계가 활발하지 못하다. • 책임감이 약하고 일의 마무리를 잘 못하여 분열적인 성격이 형성되기도 한다.
복종형	• 맹목적 · 익애적이며 거의 대부분의 시간을 자녀를 위해 사용하며 즐거움을 얻으려 한다.	• 자녀는 정서적인 발달에 방해를 받아 언제나 유아적 상태로 머물게 될 위험성이 많다. • 자기중심적이며 지배적 · 공격적 · 반항적 · 비사교적 성향, 억지와 의존성이 많이 나타난다.
거부형	• 자녀에게 애정을 거부하고 무관심, 벌주기, 적대 감정의 표출 및 조건적 애정을 나타낸다.	• 자녀들은 애정의 요구, 주위를 끌려는 행동, 반항, 공격, 거짓말, 도둑질, 이상행동, 신경증적 경향의 문제행동을 나타낸다.

(2) 쉐퍼(Schaefer)의 양육태도

쉐퍼는 정상적인 부모의 양육태도를 장기적으로 연구하여 신생아기부터 초기 청년기 동안의 발달과 부모의 양육태도를 이론모형으로 발표하였다. 이 연구에서는 어머니의 양육태도를 애정－적대, 자율－통제를 기준으로 자유, 민주, 협동, 수용, 지나친 접촉, 의존성 조장, 과보호, 소유, 독재적, 권위적, 요구 반복, 거부, 소홀, 무관심, 거리감 등으로 수준을 나누어 설명하였다(Schaefer et al., 1959).

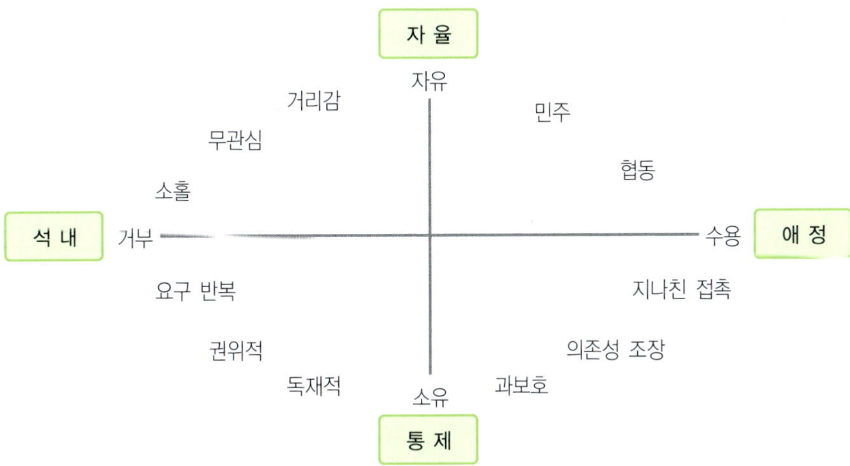

┃그림 7-2┃ 쉐퍼(Schaefer)의 양육태도 모형

〈표 7-3〉 쉐퍼(Schaefer)의 양육태도에 따른 부모-자녀 행동 특성

양육태도 모형	부모의 행동 특성	자녀의 행동 특성
애정적-통제적	• 자녀의 행동을 통제하며 자녀가 부모에게 의존하는 것을 좋아한다. • 자녀가 스스로 할 수 있는 기회를 주지 않고, 심리적 · 언어적으로 통제하는 방법을 사용하며, 신체적 체벌을 거의 사용하지 않는다. • 자녀의 요구를 모두 충족시켜 주려고 한다.	• 애정적-자율적 부모 밑에서 자란 자녀들보다 더 의존적이다. • 자기중심적이며, 사교성이나 창의성이 낮다. • 부모에 대한 상상적인 적대감이나 잠재적인 적대감을 갖기도 한다.

애정적-자율적	• 자녀를 있는 그대로 수용한다. 자녀의 발달 수준과 특성에 맞는 요구를 한다. • 자녀 양육에 책임감이 있으며 양육에 일관성이 있다. 자녀에게 정직하고 성실하게 대한다. • 합리적인 규칙을 정하고 부모가 모범적으로 이행한다. • 사교적이며 창의적이고 적대감이 없다.	• 능동적이고 외향적이며 독립적이고 사회적 적응력이 높다. • 부모에게 안정감을 느끼기 때문에 가정 내에서는 다소 고집을 부리거나 공격성을 보이기도 하고 때로는 복종을 하지 않는 경우도 있다.
거부적-통제적	• 자녀를 사랑으로 수용하지 않으며 체벌이나 언어적·심리적 통제를 하여 자녀의 행동을 규제한다. • 가정 내의 모든 규칙을 부모가 일방적으로 정하고 부모가 모든 의사결정을 한다. • 지시와 명령으로 자녀의 행동을 강압적으로 통제한다.	• 지나치게 순종적이거나 반항적이며 자아에 대한 분노, 내면적 갈등, 고통을 많이 느낀다. • 권위적, 지배적이기 쉽고, 자학·퇴행적 정신질환을 보이기도 한다.
거부적-자율적	• 자녀를 수용하거나 애정으로 허용하지 못하고 자녀가 마음대로 행동하도록 내버려 둔다. • 가족관계가 원만하지 못하고 불안정한 가정에서 나타난다.	• 공격적이며 자신의 행동을 조절할 수 있는 능력이 부족하다.

(3) 바움린드(Baumrind)의 양육태도

바움린드는 유아들의 행동 특성에 따라 세 집단으로 나누고 부모들의 양육태도를 비교하였다. 그는 관찰을 통해 허용적 태도, 독재적 태도, 권위적 태도로 구분하였다.

〈표 7-4〉 바움린드(Baumrind)의 양육태도에 따른 부모-자녀 행동 특성

양육태도 모형	부모의 행동 특성	자녀의 행동 특성
허용적 태도	• 탐닉형 부모 • 규칙을 강요하지 않는다. • 규칙을 명백하게 전달하지 않는다. • 잔소리하면서도 아동이 우는 데 굴복한다. • 일관성 없이 교육한다. • 비행을 무시하거나 허용한다. • 고통, 분노나 조급함을 숨긴다. • 충동과 욕망을 자유로이 표현한다.	• 충동-공격이 큰 아동 • 어른에 저항하고 따르지 않는다. • 의존성이 강하다. • 자제력이 약하고 공격적이다. • 성취동기가 낮다. • 급하게 화를 내다가도 즐거워한다. • 지배하려고 한다. • 충동적이고 목적이 없다. • 공격적이다. • 무엇을 하고자 하는 의욕이 부족하다.
독재적 태도	• 규칙을 경직되게 밀고 간다. • 비행을 정면으로 문제 삼고 말한다. • 분노와 불쾌함을 보인다. • 규칙을 설명하지 않는다. • 거칠게 체벌한다. • 나들이나 행사를 구상하지 않는다. • 인간미도 없고 긍정적으로 개입하지 않는다.	• 갈등-불안이 높은 아동 • 두려움과 걱정이 많다. • 감정의 기복이 심하고 불행을 느낀다. • 쉽게 과로한다. • 끌려가면서 적의를 보이고 속임수를 사용한다. • 불친절하게 공격하다가 무작정하게 후퇴한다. • 스트레스가 쌓이기 쉽다.
권위적 태도	• 규칙을 확고하게 시행한다. • 아동의 요구에 쉽게 따르지 않는다. • 반항 아동과 정면으로 맞선다. • 규칙을 명확하게 전달한다. • 아동의 소망을 고려하고 견해를 끌어낸다.	• 힘-친절이 넘치는 아동 • 어른에게 저항하고 따르지 않는다. • 성취동기가 낮다. • 자제력이 약하다. • 성급하게 화를 내다가도 즐거워한다. • 충동이 많다. • 무엇을 하고자 하는 의욕이 부족하다. • 지배하려고 한다.

3. 부모교육이론

부모-자녀 관계는 수직적인 관계에서 수평적인 관계로 변화하였고, 자녀교육에서도 엄격한 도덕성 훈련의 강조에서 안정된 정서적 적응을 강조하며 행복을 추구하는 삶으로 변화되었다. 다양하게 제시되는 많은 부모교육 프로그램들은 다음의 주요 이론에 기초한다. 여기서는 민주적 부모교육이론, 인본주의 부모교육이론, 부모 효율성 훈련이론, 체계적 부모 효율성 이론, 행동주의 부모교육이론을 중심으로 살펴보겠다.

1) 민주적 부모교육이론

드라이커스(Dreikurs)는 아들러(Adler)의 제자로 개인심리학을 부모교육에 적용하여 민주적 양육의 원칙을 소개하려고 하였다. 그는 가정, 학교, 사회 등 사람들이 함께 살며 상호작용하는 곳에는 반드시 갈등이 있기 마련이며, 이러한 갈등은 민주적 방식에 의해 해결되어야 한다고 주장하고, 가정에서 부모가 자녀를 민주적으로 양육할 것을 강조하였다.

민주적 양육태도란 민주적 상황에서의 기본 요소인 상호존중과 동등한 대우라는 개념을 바탕으로 한다. 기존의 수직적 관계였던 부모-자녀 관계를 수평적 관계로 전환하여 자녀를 부모보다 열등한 지위에 두지 않고 동등한 지위에서 보았다. 민주적 부모교육은 부모-자녀 관계, 성인-아동 관계를 인간의 평등성에 기초해 보다 바람직한 상호관계 유형으로 발전시킬 것에 목적을 두었다.

민주적 양육태도의 수평적 관계는 인간의 평등성에 기초한 것이지 부모와 자녀가 동등하고 무엇이든 허용할 수 있다는 의미는 아니다. 아동은 주어진 한계 내에서 자유를 경험하므로, 자녀의 자율성과 내적 통제력을 발달시킬 수 있다. 부모는 자녀를 한 인간으로 존중하면서 타인과 세계에 대한 개념을 확장시킬 수 있도록 한다(Christensen & Thomas, 1980).

아동은 자신의 위치를 확인하기 위한 시도로서 심리적 목표를 설정한다. 예컨대, 장기적 목표와 중간적 목표, 직접적 목표를 세우고 설정한 목표에 따라 행동한다. 그러나 그 행동이 인정받지 못하거나 소속될 수 없다고 느끼면 관심 끌기, 힘겨루기, 보복하기, 무능함 보이기 등 잘못된 행동을 한다. 이를 설명하면 다음과 같다.

(1) 관심 끌기

자신의 행동이 부정적이라 할지라도 부모의 관심을 끄는 데 목적이 있다. 그러므로 부모의 반응이 충분하지 않으면 충분하다고 생각될 때까지 계속 잘못된 행동을 한다. 아동의 관심 끌기는 아동이 소외되었을 때 또는 또래 집단과 불편한 관계에 있을 때 주로 나타난다.

(2) 힘겨루기

자신의 노력으로 관심 끌기를 실패했을 때 새로운 사회적 관계를 위해 사용한다. 예컨대, 자신이 바라는 것이 거절당했을 때 혹은 자신이 원하는 문제해결의 한 방법으로 사용하고자 할 때 주로 힘겨루기를 통해 부모를 통제하고 조절한다. 아동은 자신이 가진 힘을 최대한 활용하기 위해 자기가 하고 싶은 대로 해버리거나 부모에 대해 반항하게 된다. 이때 부모는 강한 힘을 갖고 권력을 행사함으로써 아동의 행동 범위나 한계를 통제하고 결정할 수 있다.

(3) 보복하기

아동이 부모로부터 불공평한 대접을 받았다고 느꼈을 때 부모에게 상처를 주고자 행동한다. 보복하기는 더 이상 관심 끌기나 힘겨루기를 하지 않고 미운 감정을 가지고 행동을 한다. 예컨대, 부모가 보는 앞에서 일부러 오줌을 싸거나, 장난감을 감추거나 부수기도 하고, 동생을 꼬집어 울리기도 한다. 아동의 심한 보복 행동에는 수치심이나 실망감이 있다. 따라서 부모가 따뜻하게 격려하며 용기를 북돋워 줄 필요가 있다.

드라이커스(Dreikurs)는 아동의 보복에 대해 부모의 벌은 크게 효과가 없으며 오히려 적극적으로 자연적 귀결을 내릴 수 있도록 기회를 제공하여 스스로 잘못된 행동을 인식하도록 하는 것이 중요하다고 하였다.

(4) 무능함 보이기

아동이 부모에게 극도로 실망하여 좌절했을 때 나타난다. 부적절한 행동유형으로는 게으름 피우기, 심술부리기, 엉터리로 하기 등이 있다. 부적절한 행동을 보임으로써 아동 자신에 대해 기대를 포기하도록 부모를 유도하는 데 목적이 있다.

따라서 부모는 유아의 심리적 목표 및 행동전략을 파악하고 가정의 생활환경을 개선하여 자녀와 바람직한 상호작용을 할 필요가 있다. 아동의 부적절한 행동에 대해 부모가 아동의 장점을 인정해 주고 칭찬해 준다면, 아동은 자신감을 갖게 되어 부적절한 행동이 감소될 수 있다.

잘못된 행동을 했을 때 체벌하거나 윽박지르기보다는 자신의 행동에 대한 결과를 통해 배울 수 있는 기회를 제공하는 것이 좋다. 행동의 결과에 대해 부모와 자녀가 합의한 방법으로 상호권리를 인정하는 논리적 귀결은 모든 가족구성원들이 민주적인 원칙에 따라 동등하게 지켜야 한다.

2) 인본주의 부모교육이론

기노트(Ginott)의 인본주의 부모교육은 매슬로우(Maslow)와 로저스(Rogers), 액슬린(Axline)의 인본주의 심리학에 근거한 이론으로 아동을 한 인간으로 존중하여 의사소통할 것을 강조한다. 자녀를 효율적으로 양육하기 위해서 부모의 좌절감과 실패감, 분노와 자존감 등에 대한 어려움을 극복하고 대화를 통해 자녀와 상호작용을 원활하게 하는 데 초점을 둔다.

부모-자녀 관계를 바람직하게 유지하기 위해서는 유아의 발달수준을 이해하고 필요한 기술을 효율적으로 적용하기 위한 부모교육 효율성 프로그램을 들 수 있다.

(1) 자유롭게 표현하기

부모들이 자신의 자녀에 대한 불평과 좌절감, 죄책감과 같은 감정들을 자유롭게 표현한다. 서로의 자녀에 대한 감정표현을 통해 감정의 공유현상이 나타나고 공감대가 형성된다.

(2) 감수성 높이기

부모 자신이 아동의 입장에서 자녀의 감정을 느껴보도록 노력하는 것으로, 자녀에 대한 감수성을 높이는 단계이다. 자녀의 감정에 대한 이해는 자녀의 문제를 구체적으로 생각하고 이해하고 해결히는 데 도움을 준다.

(3) 문제행동 원인 인식하기

자녀의 문제행동에 대한 원인은 부모 자신이 자녀를 잘못 양육한 결과임을 인식하고 자녀행동에 대한 이해와 능력을 개발하고자 노력하는 단계이다.

(4) 실생활에 적용하기

자녀 양육에 대한 이론과 습득한 기술들을 실생활에서 자녀에게 직접 적용해 봄으로써 문제를 해결하는 단계이다. 실생활에서 계속적으로 적용할 때 습득한 기술에 대하여 자신감과 만족감, 성취감을 느낄 수 있다.

부모는 자녀를 칭찬할 때 예쁘다, 착하다 등의 칭찬보다는 유아의 행동과 노력에 대한 구체적인 칭찬을 하는 것이 좋다. 만약 부모가 금지한 행동을 했을 경우, 유아의 행동은 부모를 화나게 할 수 있지만, 자녀의 성격이나 인성을 공격하지 않으면서 자신의 감정을 표현할 필요가 있다. 체벌은 잘못된 행동에 대해 구체적으로 이야기하는 것보다 효과가 적고, 자녀에게 신체적 · 심리적 손상 및 분노감을 갖게 하므로 오히려 부정적인 효과가 더 크다. 따라서 유아가 스스로 어떤 행동을 해야 하는지 선택하고 잘못된 행동의 결과를 이해할 수 있도록 지도한다.

3) 부모 효율성 훈련이론(PET)

고든(Gordon)이 개발한 부모 효율성 훈련 프로그램(PET : Parent Effectiveness Training program)은 정신분석학, 아동심리학, 민주적 부모교육이론, 인본주의 부모교육이론 등이 종합적으로 포함되어 있다. 이론적 배경은 로저스(Rogers)가 창안한 인간 중심 치료기법과 듀이(Dewey)의 문제해결을 위한 과학적 절차와 단계, 레비(Levy)의 의사소통기법, 카크허프(Carkhuff)의 조력기술들을 접목시켜 개발되었다.

고든은 부모가 자녀를 생산적이고 협동적이며 책임감 있는 시민으로 기르려면 부모-자녀 관계가 애정과 존경에 바탕을 둔 따뜻하고 친절한 관계가 되어야 함을 강조했다. 부모 효율성 훈련은 부모가 신이 아니라 한 인간임을 깨닫고 자신의 감정을 솔직히 표현하는 의사소통기술을 습득하는 것이다. 고든은 부모-자녀 관계가 상호작용의 수준에 의해 결정된다고 보았기 때문에 부모와 자녀가 효과적으로 의사소통할 수 있는 방법을 집중적으로 다루고 있다. 이를 설명하면 다음과 같다.

(1) 수용 정도 파악하기

부모는 자녀의 행동을 이해하기 위해서 자신의 수용 능력을 파악해야 한다. 같은 자녀의 행동도 부모의 수용수준에 따라 바람직한 행동이 될 수도 있고 바람직하지 않은 행동이 될 수도 있다. 수용적인 부모는 덜 평가하고 융통성이 있고 인내심이 많은 데 비해, 비수용적인 부모는 자녀의 이상한 행동을 조금도 참지 못한다. 따라서 비수용적인 부모는 자녀의 행동을 문제화할 가능성이 상대적으로 더 높다.

자녀에 대한 부모의 수용수준은 자녀의 성격이나 특성에 따라 다를 수 있고, 부모 자신의 상태에 따라 변하기도 한다. 부모는 자녀의 행동을 이해하고 수용하는 자신의 수준이 어느 정도인지를 파악하여 수용하지 못하는 경우에는 유아에게 솔직하게 표현한다.

(2) 문제의 소유자 파악하기

PET에서 가장 핵심이 되는 것은 문제를 누구에게 두느냐이다. 자녀에게 문제가 있는 경우 또는 부모에게 문제가 있는 경우라든가, 부모나 자녀에게 문제가 없는 경우 등 여러 가지 상황이 발생할 수 있다. 먼저 문제가 누구에게 있는지를 파악하여 나-전달법이나 적극적 경청을 한다. 즉, 유아에게 문제가 있는 경우에는 적극적 경청을 하며 함께 대화를 한다. 반면 부모에게 문제가 있는 경우에는 부모 자신의 문제를 알릴 수 있도록 부모 자신을 주어로 하는 나-전달법을 사용한 대화를 한다.

■ 적극적 경청

적극적 경청은 자녀가 문제를 소유했을 경우, 부모가 자녀를 돕기 위해 사용한다. 부모는 자녀의 이야기를 비판이나 판단 없이 있는 그대로 수용하고 자녀의 감정을 진심으로 이해하기 위해 경청한다. 그 다음 부모는 자신이 이해한 내용을 다시 자녀에게 전달하여 적극적이고 진지하게 의사소통에 참여한다. 적극적 경청에서는 부모가 자녀의 표현 뒤에 감추어진 의미를 파악해서 반영한다.

■ 나-전달법

나-전달법은 자신의 느낌과 경험을 표현하는 의사소통방법으로서 수용할 수 없는 행동이나 상황을 진실되게 표현하는 것이다. 나-전달법은 자녀의 행동에 대해 자녀를 탓하는 것이 아니라, 네가 ~ 하면(자녀의 행동의 간략한 기술), 나는 ~ 라고 느낀다(결과적으로 경험하는 나의 감정 서술), 왜냐하면 ~ (그 행동이 나에게 미치는 구체적인 결과와 영향을 서술)이라는 방식으로 이야기한다(Gordon, 1975).

나-전달법은 부모, 자녀 모두에게 문제가 없을 때에도 사용할 수 있으며, 자녀와의 관계에서 미래 상황에 대비해서 부모가 원하는 바를 자녀에게 전달할 수 있다.

(3) 무승부법

갈등이 발생했을 때 무승부법은 부모, 자녀 사이의 힘과 갈등을 줄여서 함께 문제를 해결할 수 있다(Hamner & Turner, 1985). 이를 간략히 나타내면 다음과 같다.

① **갈등 확인** : 부모와 자녀 간의 갈등요인이 무엇인지를 함께 확인하고 분명하게 밝힌다.
② **해결책 타진과 검토** : 확인된 문제를 어떻게 해결할 것인지 여러 각도에서 검토한다.
③ **가능성 있는 해결책 평가** : 가능성이 있는 여러 형태의 해결책을 평가한다.
④ **최상의 해결책 결정** : 최상의 해결방법을 결정한다.
⑤ **결정된 해결책 시행** : 어떻게 수행할 것인지 구체적인 방법을 결정한다.
⑥ **후속평가** : 선택된 시행방법과 선택한 일이 올바르게 되었는지 평가한다.

4) 체계적 부모 효율성 이론(STEP)

체계적 부모 효율성 이론(STEP : Systematic Training for Effective Parenting)은 딩크메이어(Dinkmeyer)와 멕케이(Mackay)가 드라이커스(Dreikurs)의 민주적 부모교육이론과 고든(Gordon)의 부모 효율성 훈련이론의 장점을 종합해 개발한 프로그램이다.

STEP은 완벽한 부모는 없다는 것을 전제로 책임 있는 부모의 역할을 강조한다. 부모에게는 아동의 발달단계에 따른 지식과 자녀의 자존감을 증진시킬 수 있는 기술을 제공하고 부모로서 자신에 대한 긍정적인 태도와 부모역할에 대한 자신감을 갖도록 교육하는 프로그램이다. 부모들은 자녀를 양육할 때 권위를 바탕으로 보상과 처벌을 사용하지만, 이보다는 논리적 귀결 방법을 사용하는 것이 바람직하다. 논리적 귀결은 복종을 강요하지 않고 아동에게 책임 있는 결정을 하도록 격려한다. 이러한 훈육 방식은 유아 스스로 선택하게 하고 결정을 잘못 내렸을 때, 그 결과를 통해 배우게 한다. 민주적인 가정 분위기에 영향을 주는 효과적인 부모-자녀 관계 형성의 필수 요소를 살펴보면 다음과 같다.

(1) 상호 존중하기

인간관계 문제의 대부분은 서로 존중하지 않기 때문에 일어나므로 부모-자녀 간의 원만한 인간관계를 유지하기 위해서는 자녀가 부모를 존경하고, 부모 역시 자녀를 존중하여 자녀에게 남을 존중할 수 있는 태도를 가르친다.

(2) 즐거운 시간 갖기

부모-자녀 관계가 원만하고 성숙한 인간관계가 되기 위해서는 가족 모두가 참여하여 서로 즐거운 시간을 보내는 것이 중요하다. 부모와 자녀 모두 즐겁게 할 수 있는 일을 매일 잠깐 동안이라도 가족 전체가 함께 하면서 즐거운 시간을 보낸다.

(3) 격려하기

부모는 자녀를 신뢰하고 자녀 스스로 유능감을 느낄 수 있도록 지속적인 격려와 용기를 준다. 무조건적인 격려와 용기를 주는 것은 바람직하지 않고, 자녀의 잘못된 행동에 대해서는 인정하고 평가하도록 격려하는 것이 바람직하다.

(4) 사랑 표시하기

유아는 구체적인 행동이나 언어로 확인하고 느껴야만 정서적인 안정감을 갖게 된다. 부모로부터 사랑받고 있다는 것을 유아가 확인할 수 있도록 표현한다.

이를 위해 대화, 환경계획, 부모 및 유아의 변화, 가족문제 해결 등의 기술을 활용하여 자녀를 양육할 것을 강조한다.

■ 대화의 기술

부모역할을 듣기 기술과 말하기 기술로 구분해 볼 때, 듣기 기술에는 감정이입, 반영적 경청, 감정이입적 반응, 공감, 반영시키기 등이 있으며, 말하기 기술은 나－전달법, 동등 수준의 대화 등 부모의 느낌을 정직하게 표현하는 기술 등이 있다.

■ 환경을 계획하는 기술

가족구성원들이 함께 보낼 시간, 공간, 활동을 계획한다. 유아들이 무료하지 않도록 자극을 줄 수 있는 풍부한 환경을 제공해 주어 가족생활에서의 갈등을 감소시킨다.

■ 부모 자신을 변화시키는 기술

갈등과 문제를 해결하기 위해 유아들의 행동 변화와 함께 부모 자신도 변화해야 한다. 부모가 자녀의 발달단계별 행동 특징이나 다른 부모들과 비교하여 부모 자신의 역할을 성찰하여 유아가 할 수 있는 것과 할 수 없는 것에 대한 현실적인 수준을 파악하고 적절한 태도를 갖는다.

■ 유아를 변화시키는 기술

유아 행동의 한계를 설정하고 그 한계를 지키지 못했을 때 사용하는 자연적 논리적 보상체계의 훈육방법을 사용하여 유아의 행동을 변화시킨다.

■ 가족문제를 해결하는 기술

문제에 대한 세심하고 주의 깊은 묘사로 시작하여 여러 가지 대안들 중에서 해결책을 선택하고 실행·평가한다. 만약 문제가 해결되지 않는다면, 그 해결책에 대해 재정의하거나 다른 해결책을 선택하며, 가족 중 특정한 한 사람을 정해두고 문제를 일으키는 사람으로 보지 않도록 주의한다.

5) 행동주의 부모교육이론

스키너(Skinner)의 행동수정이론을 부모교육에 적용한 행동주의 부모교육은 부모로 하여금 자녀의 문제행동을 변화시킬 책임이 있으며, 행동수정기술을 습득해서 부모 자신이 변화될 수 있다는 것을 전제로 한다.

자녀가 어떤 행동을 지나치게 많이 또는 적게 한다거나 혹은 바람직하지 못한 행동을 계속하는 경우, 행동유형을 관찰하고 자녀의 문제행동 또는 수정하고자 하는 행동을 관찰·기록한 후 자녀의 행동목표를 설정하고 이에 맞는 구체적인 행동수정 기법을 적용하는 것이다. 자녀의 바람직하지 못한 행동은 자아개념이나 부모의 애정 결핍에서 오는 것이 아니라, 학습이나 훈련의 부족 때문이라고 보는 것이다.

따라서 바람직한 행동에 대해서는 긍정적인 강화를 해주고 바람직하지 않은 행동에 대해서는 혐오 자극이나 벌을 주는 방법을 통해 행동을 수정한다. 행동 수정은 정적 강화, 부적 강화, 점신석 접근원리, 모방원리, 신호제시 원리, 변별원리를 사용하여 새로운 행동을 만든다.

대체원리와 간헐적 강화원리를 사용해 조성된 행동을 유지시키고, 포화원리와 소거원리를 사용해 부적절한 행동을 없애며, 회피원리와 공포감소의 원리를 사용해 원하는 행동을 만들거나 부적절한 행동을 하지 않도록 한다. 이를 설명하면 다음과 같다.

(1) 목표행동 또는 문제행동의 선정과 정의하기

변화시킬 행동목표를 명확히 정의하고, 측정 가능한 구체적인 단위 행동으로 정의한다.

(2) 행동 기록하기

목표행동 선정 후 일정 기간을 정하여 그 행동의 빈도 및 강도를 기록한다. 이는 행동수정 실시 후 자녀의 행동 변화를 평가하고 환경적 요인과의 관련성을 파악하는 데 도움이 된다.

(3) 행동 분석하기

관찰된 자녀의 행동을 분석하는 과정으로 행동을 유발하는 자극과 행동 후에 나타나는 자극을 찾아내는 것이다. 행동을 유발하는 자극과 행동을 증감시키는 강화의 역할을 하는 후속 자극이 무엇인지 알게 되면 행동을 변화시킬 수 있다. 자녀가 그 행동을 주로 언제, 어디에서 얼마나 자주 하는지, 어느 정도로 하는지를 세밀하게 분석한다.

(4) 강화와 벌 사용하기

강화에는 정적인 강화와 부적인 강화가 있다. 정적 강화는 바람직한 행동을 더욱 증진시키고자 할 때 칭찬, 미소, 선물, 좋아하는 음식, 미소짓기, 쓰다듬기, 안아주기 등을 하거나 스티커나 토큰 등을 사용할 수 있다. 부적 강화는 꾸짖음, 체벌, 싫어하는 일 시키기, 좋아하는 일을 못하게 하기, 원하는 것에서 제외시키기 등을 할 수 있다. 강화는 행동을 지속시키며, 벌은 행동을 감소시킨다. 가능한 한 신체적 체벌은 사용하지 말고, 어떤 상황에서든지 모든 아이들에게 사용할 수 있는 벌에 대한 신호를 정해서 사용해야 한다.

이상과 같이 다양한 관점의 부모교육이론을 살펴보았다. 부모-자녀 관계의 어려움은 유아에 대한 이해 부족이나 부모역할 수행의 혼란 및 기술의 부족 등으로 인해 발생하므로, 부모가 유아의 행동과 유아의 입장을 이해하고 부모교육을 통해 효과적인 역할 수행을 할 수 있도록 지원한다.

4. 유아교육기관의 부모 참여

기관의 교육 프로그램의 성공 여부는 부모의 참여 유무 및 정도에 따라 결정된다. 유아교육 프로그램의 성공적인 목표 달성을 위해 교사와 부모는 모두 부모참여를 긍정적으로 인식하고 적극적인 참여를 유도한다. 유아교육기관에서 부모 참여는 자문위원과 정책위원 등으로 봉사하며, 프로그램 평가와 예산 및 인사결정에 유아의 의견을 대신하여 교육 운영 및 실행에 의견을 표현한다. 기관은 가정과 함께 교육의 가치와 방향을 공유하며 유아교육의 효과를 극대화하도록 다양한 형태의 부모참여 기회를 제공한다.

1) 부모 오리엔테이션

신입 원아의 부모를 대상으로 유아교육기관의 철학 및 교육 진반에 대한 운영방침을 소개한다. 학부모 오리엔테이션 전에 반편성을 하여 각 반의 담임은 유아들에 대한 사전정보를 파악하고 학부모를 만날 수 있도록 준비한다. 당일에는 기관 안내 책자, 연중 행사계획, 3월 교육 프로그램 안내 등 이해를 돕기 위한 자료를 준비하여 학부모의 기관 이해를 위해 충분한 정보를 제공한다.

사진 7-1 유아교육기관에서의 부모 오리엔테이션 모습

ZOOM 등을 활용한 비대면 부모 오리엔테이션의 경우, 시작 시간을 사전에 안내하고 링크를 보내 미리 입장한 부모들에게 계획된 안내 자료 및 영상을 보여주며 채팅방을 활용해 관련 자료를 다운받을 수 있도록 제시하고 실시간 질문에 대해 답변하며 공지사항 등을 안내한다.

2) 강연회

부모의 자녀교육을 위해 전문가를 초빙하여 운영할 수 있다. 만약 부모가 자녀를 동반하고 참여할 경우, 자녀를 돌볼 수 있는 공간을 마련하고 강연회에 필요한 자료 등을 준비한다. 강연회는 부모교육 계획에 따라 체계적으로 실시하고 놀이의 중요성, 미래사회와 자녀교육, 유아의 발달 특성, 부모-자녀 대화법, 유아 성교육, 놀이환경 및 놀잇감, 건강 및 안전, 초등학교 입학 전 준비 등과 관련해 다양한 주제로 실행할 수 있다.

사진 7-2 부모교육 관련 강연회 모습

3) 참여수업

부모가 직접 교육활동에 참여하여 유아교육기관 및 유아의 관점에서 이해하는 기회를 제공한다. 유아교육기관의 실정에 따라 융통성 있게 진행하며, 아버지 수업 또는 어머니 수업을 실시한다. 참여수업 일주일 전에는 가정통신문을 보내서 참여 여부를 확인하고 참여수업 환경을 점검하고 계획을 수립하여 실행한다.

사진 7-3 부모참여수업 활동 모습

4) 참관

유아교육기관에서 유아가 어떤 놀이를 통해 무엇을 어떻게 배우며 생활하는지 부모의 요구 및 관심에 부응할 수 있도록 기관을 개방한다. 방학이나 개학일 또는 생일잔치 등에 자연스럽게 참관이 이루어질 수 있도록 개방할 수 있으며, 별도의 참관실이 있다면 필요에 따라 개별 요일을 정하여 참관기록부를 작성하고 참관할 수 있다.

사진 7-4 교실수업을 참관하는 부모들

5) 워크숍

워크숍은 합동연구 모임의 성격을 가지며 유아교육기관에서 부모 및 가족과 함께 다양한 내용으로 진행할 수 있다. 예를 들어, 폐품을 활용한 놀이하기, 손뜨개 및 인형 등 만들기, 외국동화 번역 등 학부모 간에 긴밀한 유대관계를 형성한다거나, 부모 권장 도서를 읽고 함께 활동한 경험 등을 공유할 수도 있다. 또한 교실에서 일어나는 구체적인 놀이에 초점을 맞춰 소모임을 진행하며 유아 놀이의 교육적 가치를 이해할 수 있는 기회를 제공할 수도 있다.

| 사진 7-5 | 합동연구 워크숍 활동 모습

6) 일일교사

유아교육과 관련된 분야에서의 경험을 발휘하여 전문적인 지식과 기술이 있는 부모들을 초대하여 일일교사로 활용할 수 있다. 부모님을 초대하여 하시는 일을 소개하거나, 관련된 전문지식을 듣기도 하고, 다양한 문화를 지닌 가족을 통해 생활방식이나 음식들을 경험할 수도 있다.

| 사진 7-6 | 부모가 일일교사로 교실 수업에 참여한 모습

7) 부모면담

유아교육기관에서의 생활 및 유아의 문제행동 등에 대해 의견을 교환하고, 유아의 문제에 대한 지도방법을 함께 의논할 수 있다. 교사는 미리 관찰기록을 참고로 정보를 제공하고 면담결과를 기록 보관하여 다음 면담에서 반복되지 않도록 면담 진행에 참고한다. 약속을 잡고 정해진 시간에 면담할 수도 있고, 등·하원 시에 수시로 유아와 관련한 문제에 대해 상담할 수도 있다. 시간이 여의치 않다면, 전화나 SNS를 활용할 수도 있다. 단, 아동의 걱정되는 부분이나 문제행동만을 중심으로 이야기하기보다는 부모의 칭찬과 격려를 통한 지원방법을 중심으로 안내하는 것이 좋다.

❙사진 7-7❙ 교사와 부모집단의 면담 모습

8) 매체를 통한 부모와의 교류

부모를 만나기 어려울 경우에는 유아교육기관에서의 생활 및 유아 관련 정보를 알리는 내용의 문서를 작성하여 유아 편에 가정으로 보낼 수 있다. 가정통신문이나 알림장 등 종이로 된 형식적 문서뿐 아니라, 유아교육기관의 전반적 정보 및 운영 내용을 책자 또는 인쇄물 형태로 제공할 수 있다. 또한 문서 이외에 홈페이지 또는 SNS를 활용해 다양한 방법으로 놀이에 대한 구체적 정보를 공유하고, 공지사항, 생일, 궁금한 일, 일과 운영, 교육실행 결과에 대해 기록이나 사진, 작품 등을 공유하며 멀티미디어를 활용해 실시간 교류할 수 있다.

이상에서 보는 바와 같이 부모참여는 다양한 형태로 제공될 수 있다. 유아교육기관에서뿐 아니라 교육청과 육아종합지원센터 등 지역사회와 연계하여 하나의 주제를 중심으로 토론한다거나, 학부모 공동체와 다양한 방식으로 긴밀히 소통하며 일관성 있는 교육이 이루어지도록 상호 노력한다.

chapter

08

유아교사론

chapter

08 유아교사론

1. 유아교사의 특성

1) 교직관

'스승의 그림자도 밟지 않는다'라는 말이 있다. 이는 그만큼 스승에 대한 존경을 포함한 말일 것이다. 그러나 현세대는 이러한 말이 무색할 정도로 교권이 무너졌다는 우려의 목소리가 높다. 교육에 대한 관점 중에서 '교육에 있어서 처음이요 끝이 교사다'라는 말이 있다. 이만큼 교육의 질에 교사의 영향이 크다는 것을 의미한다.

그러나 과거의 스승에 대한 관점과는 달리 최근 교사라는 것이 직업군의 하나로 정착되면서 교직에 대한 관점도 달라져 온 것이 사실이다. 교사란 가르치는 사람으로 학교라는 조직체계와 함께 인식되고 있다. 일반적으로 교사는 자격증을 가지고 정규 교육기관에서 학습자를 대상으로 교육활동을 하는 사람으로 규정된다. 따라서 교직이라고 함은 여러 가지 사회 내에서의 존재하는 다양한 직업 가운데 학교에서 학생을 맡아 가르치는 일을 의미하게 된다.

그렇다면 이러한 교직은 어떠한 특성으로 이해될 수 있는가? 과연 교직이란 무엇이며 어떠한 면에서 다른 직업과 구별되는 특성을 가지고 있는가에 대한 이해는 유아교사로서의 역할 및 전문성의 관점을 세워줄 수 있을 것이다. 교직에 대한 관점은 다양하게 논의될 수 있지만 성직으로서의 교직, 노동직으로서의 교직, 전문직으로서의 교직, 생명인으로서의 교직관으로 나누어서 살펴보면 다음과 같다.

(1) 성직자관

성직으로서의 교직관은 교직을 경외와 존중의 대상으로 본다. 이러한 입장에서 교직이란 사랑과 헌신에 기반을 둔 소명의식을 가지고 있어야 한다. 따라서 경제적 이익이나 보수와 같은 세속적인 기준에 따라 임하는 것이 아니라 높은 이상을 추구하며 끊임없이 헌신과 봉사로서 역할에 전념하기를 원하는 것으로 교직을 성직과 같이 신성한 직업으로 보는 관점인 것이다.

(2) 노동직관

노동직으로서의 교직관은 교사도 생계를 유지하기 위해 직업을 갖게 된다는 관점이다. 노동을 함으로써 생계를 유지하게 되는 현대사회 구조에서 출발한 교직관이라고 볼 수 있다. 이러한 측면에서 교직을 노동을 통해 삶을 유지해 가는 하나의 수단으로 여기므로 교사도 노동의 대가로 보수를 받기 때문에 교사로서의 노동의 강도에 맞게 적절한 처우와 보상이 중요한 논의의 대상이 될 수 있다. 따라서 교사는 적극적 생활인으로 자신의 노동의 합리적 대가를 위해 권리와 책임을 함께 지게 되는 것이다.

(3) 전문직관

전문직으로서의 교직관은 전문적인 지식과 기술을 필요로 하는 직업으로서 교직을 바라보게 된다. 교직은 전문직이 가지는 일반적 특성을 포함하며, 전문적 서비스 기능을 담당한다고 보는 관점이다. 전문성이란 어떤 분야에서 경험이나 지식을 가진

상태나 특성을 지칭하는 것으로 그 일에 대한 신념과 헌신하는 태도를 갖고 있기 때문에 바람직한 선택과 결정을 할 수 있음을 내포하고 있다. 즉, 전문직은 사회적 필요, 이타주의, 자율과 윤리, 객관성, 전문화된 지식과 같은 특성을 포함하는 직업에 종사하는 사람을 의미한다고 볼 수 있다. 이러한 전문직으로서의 교직은 특별한 교육과 자격을 소유하게 되는데 자율성과 더불어 책임을 갖게 되며, 이에 상응하는 사회적 위상과 경제적 보상을 확보하게 된다.

(4) 생명인관

생명인으로서의 교직관은 교사를 자연인으로서 아이와 더불어 삶을 나누는 생명인으로 보는 관점이다. 이러한 생명인으로서의 교사는 단지 지성뿐 아니라 몸, 마음, 영혼을 돌보며 나아가 함께 살아가는 삶과 교육공동체의 구성원이기도 하다. 자연, 학생, 사회의 관계 속에서 생명인으로서의 자기관리 및 관계맺기를 해 나가게 된다. 이러한 생명인으로서의 교직관은 어머니나 농부의 마음으로 생명을 섬기고, 관계를 돌보며, 삶을 보듬는 과정을 내포한 교사상을 제안하게 된다.

【그림 8-1】 교직에 대한 다양한 관점들

현대에서는 교직의 전문성을 강조하는 형태로 교직이 직업으로서의 의미와 자리를 새로이 하고자 한다. 이러한 변화 가운데 교직이 성직인가, 노동직인가, 전문직인가는 한마디로 결정하기에는 무리가 있는 것으로 보인다. 교직은 일반적으로 법학, 의학 등과 같은 높은 수준의 학식을 요구하는 직업들의 전문성과 더불어 전통적으로 성직으로서의 특성을 함께 요구해 왔고, 실제로도 봉사와 헌신이라는 개념과 별개의 것으로 분리될 수 없기 때문이다. 또한 기술의 전수자로서의 선생이 아니라 스승으로서의 교직에 대한 이해를 간과해서는 안 된다. 그렇다면 교직이라는 것은 일반적 직업군으로서의 전문직과 다른 독특성을 가진 특성의 이해가 필요하다. 교직은 인간의 생명을 다루는 직업이며 한 생명의 몸, 마음, 영혼과 더불어 삶을 나누는 직업이기 때문에 이에 대한 심층적 성찰이 필요하다고 볼 수 있다.

교사는 성직자, 노동자, 전문가이기 이전에 하나의 생명체인 유아와의 삶을 나누는 존재이다. 이 땅에서 유아와 더불어 원래 하나님에게서 부여받은 생명의 특성을 살리고, 그에 근거한 삶을 함께 나누고, 교류하는 생명인으로서의 교직을 바라보는 관점이 필요하다. 【그림 8-1】과 같이 이 땅을 살아가는 '생명인'으로서 나눔과 섬김의 자세를 바라보는 새로운 교직관이 요구된다.

2) 유아교사의 특성

교사란 그 사전적 의미를 살펴보면 유치원·초등·중등학교 등에서 일정한 자격증을 가지고 학생을 가르치는 사람으로 교원의 의미와 연결되어 정의된다. 교사에 대한 의미는 일반적으로 학교라는 조직체계와 함께 존재해 오면서 가르치는 사람으로 인식되어 왔다. 우리나라에 유아교사는 국가 및 지역사회의 구성원이며, 교직 단체의 구성원이 되기도 하고, 특정한 교육청 및 유아교육기관에 소속되기도 한다. 유아교육법 제21조에 의하면 교사는 법령에 정하는 바에 따라 해당 유치원의 유아를 교육한다고 명시되어 있다.

그렇다면 이러한 유아교사는 무엇을 해야 하며, 어떠해야 하는가? 교사의 기본적 특성으로는 가르치는 직업이라는 점이 강조되어 왔다. 그러나 현대에 와서 이러한 가르치는 전문성에 있어서 돌봄이라는 특성에 대한 재인식을 요구하고 있다. 즉, 가르치는 특성과 돌봄의 특성은 유아교사직의 논의에 있어 함께 다루어져야 할 필요가 있는 것이다. 유아교사직의 특성에 있어서 이러한 가르침, 돌봄, 전문성을 각각 다른 요인으로 해석한다면 통합적 존재로서 유아와의 진정한 공존관계가 힘들 수 있다. 로저스와 웹(Rogers & Webb, 1991)은 좋은 교사를 논의함에 있어서 돌봄을 실천하여야 하며, 좋은 가르침 또한 돌봄의 행위가 함께 이루어질 수밖에 없음을 제시한 바 있다. 따라서 유아교사직의 특성은 가르침, 돌봄, 전문성이라는 요소들이 통합적 관계로 융화되어 유아의 생명을 돌보는 삶의 양식으로 표출되어야 한다.

2. 유아교사의 자질 및 역할

1) 유아교사의 자질

교육의 질에 가장 큰 영향을 주는 것이 교사이며, 특히 교사의 자질은 유아교사가 갖추어야 할 중요한 기초라고 볼 수 있다. 유아교사가 갖추어야 할 자질은 일반적으로 개인적 자질과 전문적 자질을 포함한다. 유아교사가 진정한 전문인으로서의 정체성을 찾아가기 위해서 유아교사의 자질과 역할에 대한 논의가 필요하다. 유아교사로서의 자질에 대한 견해는 학자들에 따라 다양할 수 있으나 일반적으로 유아교사의 자질로 제시되는 견해를 살펴보면 다음과 같다.

(1) 개인적 자질

개인적 자질로는 인성과 신체적·정신적 건강을 기초로 하여 기본적으로 교사가 어떤 인성 및 품성을 가지고 있으며, 매사에 어떤 태도를 가지고 생활하는가에 대한 성격 및 태도를 포함한다. 뿐만 아니라 신체적·정신적으로 건강한가에 대한 측면도 중요한 자질의 요인이 될 수 있다. 유아교사 양성과정에는 이러한 개인의 인적성검사를 통해 적합성을 판단하는 과정을 포함하고 있다.

- **인성** : 유아에 대한 사랑, 인간에 대한 사랑, 성실성, 봉사성, 사려성, 자발성, 도덕성, 원만한 인간관계 등
- **건강** : 신체적 건강, 정신적 건강(긍정적 자아관, 타인에 대한 긍정적 사고, 건전한 인생관, 정서적 안정)

(2) 전문적 자질

전문적 자질로는 지식, 교수기술, 교육관을 지녀야 한다고 하였다. 이러한 유아교사의 자질을 형식적이고 제도적으로 규정한 것이 자격이다.

- **지식** : 일반 교양지식, 유아교육과정에 대한 지식, 교수방법 및 평가에 대한 지식, 영유아에 대한 지식 등
- **교수기술** : 교육과정 구성기술, 프로그램 실천기술, 프로그램 평가기술, 의사소통기술, 부모교육기술, 창의성 및 융통성, 교재 및 교구의 제작 활용 기술 등
- **교육관** : 교육에 대한 소명감, 직업윤리, 전문성 함양의 노력

2) 유아교사의 자격

우리나라에서 유아교사는 유치원교사와 보육교사로 구분되고 있으며, 각각의 자질 특성에 따라 유치원교사와 보육교사로서의 자격을 획득하게 된다. 이러한 자격기준을 살펴보면 다음과 같다.

(1) 유치원 교원의 자격

유아교사의 자질 특성을 형식적이고 제도적 양식으로 규정한 것이 교사 자격이다. 현재 유치원 교원의 종별과 자격 기준은 유아교육법 제22조에 원장, 원감, 교사를 포함하여 그 자격기준을 명시하고 있다. 유치원 원장, 원감, 교사의 자격기준을 살펴보면 다음과 같다.

① 유치원교사

유치원 교원은 기본적으로 준교사, 정교사 2급, 정교사 1급으로 유아교육법 제22조 제2항 관련 교사 자격기준은 다음의 <표 8－1>과 같다.

〈표 8-1〉 **유치원교사 자격기준(유아교육법 시행령 별표 2)**

급 별	자격기준
정교사 (1급)	1. 유치원 정교사(2급) 자격증을 가진 자로서 3년 이상의 교육경력을 가지고 소정의 재교육을 받은 자 2. 유치원 정교사(2급) 자격증을 가지고 교육대학원 또는 교육부장관이 지정하는 대학원의 교육과에서 유치원 교육과정을 전공하여 석사학위를 받은 자로서 1년 이상의 교육경력이 있는 자
정교사 (2급)	1. 대학에 설치하는 유아교육과 졸업자 2. 대학(전문대학 및 이와 동등 이상의 각종 학교와 평생교육법 제31조 제4항에 따른 전문대학학력인정 평생교육시설을 포함한다) 졸업자로서 재학 중 소정의 보육과 교직학점을 취득한 자 3. 교육대학원 또는 교육부장관이 지정하는 대학원의 교육과에서 유치원 교육과정을 전공하고 석사학위를 받은 자 4. 유치원 준교사자격증을 가진 자로서 2년 이상의 교육경력을 가지고 소정의 재교육을 받은 자
준교사	1. 유치원 준교사 자격검정에 합격한 자

비고 : 1. 원장·원감, 초·중등교육법의 규정에 의한 교장·교감, 교육장·장학관·장학사·교육연구관·교육연구사의 경력연수는 교육경력 연수로 볼 수 있다.
2. 이 중 전문대학에는 종전의 초급대학·전문학교 및 실업고등전문학교를 포함한다.

② 유치원 원장 및 원감

유아교육법 제22조 제1항 관련 유치원 원장 및 원감의 자격기준은 다음 <표 8-2>와 같다.

〈표 8-2〉 원장 및 원감 자격기준(유아교육법 시행령 별표 1)

급 별	자격기준
원 장	1. 유치원의 원감자격증을 가지고 3년 이상의 교육경력과 소정의 재교육을 받은 자 2. 학식·덕망이 높은 자로서 대통령령이 정하는 기준에 해당한다고 교육부장관의 인정을 받은 자
원 감	1. 유치원 정교사(1급) 자격증을 가지고 3년 이상의 교육경력과 소정의 재교육을 받은 자 2. 유치원 정교사(2급) 자격증을 가지고 6년 이상의 교육경력과 소정의 재교육을 받은 자

비고 : 1. 원장·원감, 초·중등교육법의 규정에 의한 교장·교감, 교육장·장학관·장학사·교육연구관·교육연구사의 경력연수는 교육경력 연수로 볼 수 있다.

(2) 어린이집의 보육교사 자격

어린이집의 원장 또는 보육교사의 자격은 영유아보육법 제21조에 근거하고 있다. 즉, 어린이집 원장은 대통령령으로 정하는 자격을 가진 자로서 보건복지부장관이 검정·수여하는 자격증을 받은 자이어야 하며, 보육교사는 고등교육법 제2조에 따른 학교에서 보건복지부령으로 정하는 보육 관련 교과목과 학점을 이수하고 전문학사 학위 이상을 취득한 사람이나 이와 같은 수준의 학력이 있다고 인정된 사람으로 보육관련 교과목과 학점을 이수하고 전문학사학위 이상을 취득한 사람으로서 보건복지부장관이 검정·수여하는 자격증을 받은 자로 규정하고 있다. 이러한 어린이집 원장과 보육교사의 자격 기준을 구체적으로 살펴보면 다음과 같다.

① 보육교사

보육교사의 등급은 1·2·3급으로 하고, 등급별 자격기준을 두고 있는데 이를 구체적으로 살펴보면 다음 <표 8-3>과 같다.

〈표 8-3〉 보육교사 자격기준(영유아보육법 시행령 별표 1)

등 급	자격기준
보육교사 1급	1. 보육교사 2급 자격을 취득한 후 3년 이상의 보육 업무경력이 있는 사람으로서 보건복지부장관이 정하는 승급교육을 받은 사람 2. 보육교사 2급 자격을 취득한 후 보육관련 대학원에서 석사학위 이상을 취득하고 1년 이상의 보육 업무 경력이 있는 사람으로서 보건복지부장관이 정하는 승급교육을 받은 사람
보육교사 2급	1. 전문대학 또는 이와 같은 수준 이상의 학교에서 보건복지부령으로 정하는 보육 관련 교과목 및 학점을 이수하고 졸업한 사람 2. 보육교사 3급 자격을 취득한 후 2년 이상의 보육업무경력이 있는 사람으로서 보건복지부장관이 정하는 승급교육을 받은 사람
보육교사 3급	고등학교 또는 이와 같은 수준 이상의 학교를 졸업한 사람으로서 보건복지부령으로 정하는 교육훈련시설에서 정해진 교육과정을 수료한 사람

② 어린이집의 원장

어린이집의 질적 관리와 체계화를 위해서는 보육교직원 관리의 투명성이 무엇보다도 중요한 과제이다. 어린이집의 원장의 자격기준은 다음과 같다.

〈표 8-4〉 어린이집 원장의 자격기준(영유아보육법 시행령 별표 1)

유 형	자격기준
일반기준	1. 보육교사 1급 자격을 취득한 후 3년 이상의 보육 등 아동복지업무 경력이 있는 사람 2. 유아교육법에 따른 유치원 정교사 1급 자격 또는 같은 법에 따른 특수학교(유치원 과정을 말한다)의 정교사 자격을 취득한 후 3년 이상의 보육 등 아동복지업무 경력이 있는 사람 3. 유치원 원장의 자격을 가진 사람 4. 초·중등교육법에 따른 초등학교 정교사 자격 또는 같은 법에 따른 특수학교(초등학교 과정을 말한다)의 정교사 자격을 취득한 후 5년 이상의 보육 등 아동복지업무 경력이 있는 사람 5. 사회복지사업법에 따른 사회복지사 1급 자격을 취득한 후 5년 이상의 보육 등 아동복지업무 경력이 있는 사람 6. 의료법에 따른 간호사 면허를 취득한 후 7년 이상의 보육 등 아동복지업무 경력이 있는 사람 7. 국가 또는 지방자치단체에서 7급 이상의 공무원으로 보육 등 아동복지업무에 5년 이상 근무한 경력이 있는 사람

가정어린이집	1. 일반기준에서 정한 자격을 갖춘 사람 2. 보육교사 1급 이상의 자격을 취득한 후 1년 이상의 보육업무 경력이 있는 사람
영아전담 어린이집	만 3세 미만의 영아만을 20명 이상 보육하는 어린이집 1. 일반기준에서 정한 자격을 갖춘 사람 2. 간호사 면허를 취득한 후 5년 이상의 아동간호업무 경력이 있는 사람
장애아 전문 어린이집	장애아동복지지원법 제32조에 따른 장애영유아 어린이집 중 12명 이상의 장애영유아를 보육할 수 있는 어린이집 1. 일반기준에서 정한 자격을 갖춘 사람으로서 대학(전문대학 포함)에서 장애인 복지 및 재활 관련 학과를 전공한 사람 2. 일반기준에서 정한 자격을 갖춘 사람으로서 장애영유아 어린이집에서 2년 이상의 보육업무 경력이 있는 사람
대학 또는 교육훈련시설이 운영하는 어린이집 원장	고등교육법에 따른 대학(전문대학을 포함) 또는 영유아보육법 제21조 제2항 제2호에 따른 교육훈련시설이 운영(위탁 또는 부설 운영을 말함)하는 어린이집 1. 일반기준에서 정한 자격을 갖춘 사람 2. 어린이집을 운영하는 대학의 조교수 또는 교육훈련시설의 전임교수 이상으로서 보육 관련 교과목에 대하여 3년 이상의 교육 경력이 있는 사람

3) 유아교사의 역할

유아교사는 교사의 자질에 따라 자격을 부여하고 있으며 이러한 자질 및 자격에 따라 다양한 현장에서의 역할 수행을 필요로 하고 있다. 유아교사의 자격은 유치원 정교사 2급, 유치원 정교사 1급, 원감, 원장으로 다양하다. 또한 어린이집은 보육교사와 시설장으로 자격이 구분되어 있다. 이러한 자격에 따라 그 역할은 다양한 측면을 포함하고 있다. 자격에 따른 일반적 역할을 살펴보면 다음과 같다.

(1) 유치원

① 원장

유치원에서 원장은 원무를 통할하고 소속 교직원을 지도·감독하며 원아를 교육하게 된다(유아교육법 제21조 제1항). 즉, 유치원에서 원장은 한 기관의 장으로서 전체를 총괄 감독하기 위해 다양한 역할을 수행해야 한다. 이러한 유치원 원장의 역할을 살펴보면 다음과 같은 측면을 포함하고 있다.

첫째로 유치원의 철학을 세워나가고, 구체적 아동관을 가지고 기관을 운영해야 한다. 유치원의 교육철학 및 교육과정을 명확한 관점을 가지고 구성해 나가는 것은 유치원 원장의 가장 중요한 역할이라고 할 수 있다.

둘째로 몸, 마음, 영혼이 건강하여 밝은 사고를 통해 유아교육의 실천 과제를 수행할 수 있어야 한다. 유아교육현장의 구체적 실제를 이해하고 긍정적으로 실천 과제를 수행하는 역할을 담당해야 한다.

셋째로 원장은 사람 간의 관계를 이끌어 갈 수 있어야 한다. 원만한 인간관계는 필수적 요소로서 교육공동체를 만들어 나갈 수 있어야 한다. 따라서 원장의 역할은 유아, 교사, 부모, 지역사회를 돌보는 과정을 포함하게 된다.

넷째로 교육행정에 대한 기본능력을 가지고 효율적으로 유치원을 운영 및 관리해야 한다. 즉, 이러한 원장이 가져야 할 기본적 소양은 유아교육기관의 실천에 있어서 중요한 영향을 미치는 요인이 된다.

이러한 소양과 자질을 갖춘 원장은 원 내외적으로 다양한 역할과 임무를 수행하여야 한다. 이러한 역할에 대해 정리하면 다음과 같다.

- 유치원 운영 계획 수립
- 유아교육과정 구성 및 실행
- 원아모집과 원아관리
- 교직원 인사관리
- 시설 설비 관리 및 비품 관리
- 재정관리의 전반적 이해
- 사무관리의 전반적 이해
- 대외 관계 및 지역사회와의 협력
- 원내 자율장학 및 교사교육

② 원감

유치원에서는 원감의 역할은 매우 구체적이며 실천력을 요하게 된다. 일반적으로 유치원에서 원감은 원장을 보좌하여 원무를 관리하고 원아를 교육하는 역할을 담당하게 된다. 그러나 만약 원장이 부득이한 사유로 직무를 수행할 수 없는 때에는 그 직무를 대행하며, 유아교육법 제21조 제2항에 의하면 원감을 두지 아니하는 유치원의 경우에는 원장이 미리 지명한 교사가 그 직무를 대행하도록 되어있다.

원감은 일반적으로 교육과정의 운영 및 관리를 보좌하고, 교사들의 형편을 살피며 교육하여 원장과 교사와의 협력에 적극 참여할 뿐 아니라 업무 추진을 적극적으로 실천해 나가게 된다. 이러한 원감의 역할을 구체적으로 살펴보면 다음과 같은 사항들을 포함하게 된다.

- 유아교육과정 선정 및 조직
- 교사 및 원장과의 협력적 관계 형성
- 원아모집과 원아지도 관리 계획 및 실행
- 비품 및 소모품 관리
- 학급 운영 계획 및 수업에 대한 평가 및 지도
- 재정 및 사무 업무 추진 확인 및 정리
- 부모교육 계획 및 실시
- 원장 부재 시 대리자 역할 수행

③ 교사

교육의 질은 교사의 질에 의해 좌우될 수 있을 정도로 교사는 교육의 질을 결정하는 중요한 역할을 한다. 우리나라에서 유아교사는 국가 및 지역사회의 구성원이며, 교직 단체의 구성원이기도 하고, 특정한 교육청 및 유아교육기관에 소속되기도 한다. 유아교육법 제21조 제4항에 의하면 유치원교사는 법령이 정하는 바에 따라 원아를 교육하는 사람으로 명시되어 있다.

교사가 교수-학습의 본질, 아동관, 유아교육의 목적, 놀이의 기능 등에 대하여 어떻게 생각하는가에 따라 환경구성, 교수내용, 교수방법, 상호작용이 달라질 수밖에 없다. 따라서 유아교사들이 지니고 있어야 하는 특성 중의 하나는 교수에 필요한 이론적인 지식, 기술, 방법 등을 토대로 실천적 지식을 이끌어 내고 이를 실천하는 능력일 것이다. 그러나 유아교육의 질적 향상에 유아교사의 전문적 지식과 능력이 결정적이고도 중요한 요인임에도 불구하고 유아교사에 대한 사회적 인식 및 대우 등은 아직 부족한 상태이다. 유아교육의 질적 개선을 위해서는 무엇보다도 유아교사가 전문직으로 인정되고 이에 상응하는 제반 여건이 마련될 필요가 있다. 유치원교사들의 실제 직무에 따른 역할은 다음과 같은 사항들이 있을 수 있다.

- 유아의 신체적, 심리적 건강 및 안전관리
- 교육목표 달성을 위한 교육과정의 계획 및 운영
- 각 학급의 운영 및 관리
- 유아 관찰 및 평가
- 부모교육 및 상담
- 비품 · 교재 · 교구의 준비 및 활용
- 실내외 교육환경의 조성과 활용
- 업무 분장된 실무 관리

(2) 어린이집

① 원장

영유아보육법 제18조 제1항을 보면, '어린이집의 원장은 어린이집을 총괄하고 보육교사와 그 밖의 직원을 지도 · 감독하며 영유아를 보육한다'라고 명시되어 있다. 즉, 어린이집의 원장은 어린이집의 업무를 총괄하고 보육교직원을 관리하며 영유아를 보육하는 역할을 수행해야 한다.

② 보육교사

영유아보육법 제18조 제2항에는 '보육교사는 영유아를 보육하고 어린이집의 원장이 불가피한 사유로 직무를 수행할 수 없을 때에는 그 직무를 대행한다'라고 명시되어 있다. 즉, 보육교사는 영유아를 보육하고, 때에 따라서는 원장의 직무를 대행할 수도 있다.

3. 유아교사의 발달과 성장

1) 주기에 따른 발달과 성장

교사는 교직을 수행하는 동안 지속적으로 변화·성장해 나간다. 이러한 교사의 변화와 성장을 종합적으로 연구하기 시작하면서 '교사 발달'이라는 새로운 학문의 영역이 생겨나게 되었다. 이러한 교사 발달에 있어서도 학자들에 따라 그 개념과 접근 방법을 달리하고 있는 것도 사실이다. 현재 교사 발달이라 함은 일반적 인생 주기처럼 교사에게 있어서도 교사로서의 주기가 있고 이에 따라 발달의 특성이 다름을 제시하고자 하는 '교직 주기에 따른 발달'의 개념이 제시되고 있다. 교직 주기에 따른 발달단계의 대표적인 형태로 훼슬러(Fessler)가 제시한 교사의 직업 주기를 소개하면 다음과 같다.

① 교직준비의 단계

이 단계는 교사로서 전문적 기술 및 능력을 갖추기 위해 교육을 받는 단계이다. 일반적으로는 초임교사의 대학 직전교육을 통한 일련의 과정을 통해 이루어지지만 주임교사, 원감, 원장 등의 경우도 새로운 역할이나 직위에 따라 성공적 수행을 위해 자격연수 혹은 직무연수 등을 통해 이루어질 수 있다.

② 교직 입문 및 적응의 단계

자신이 소속된 조직 및 체제에 부합되도록 적응하여 사회화되는 단계이다. 이 시기는 일반적으로 교직 입문에서 3년차 정도까지로 볼 수 있는데 초임교사의 경우는 교직생활과 자신의 직업에 적응하기 위해 노력하게 된다. 물론 경력교사나 다양한 직위에 따라 새로운 과제 및 요구를 수행하는 데 익숙해지기 위해 노력하거나 교육기관 이동으로 새로운 조직 적응의 노력이 필요한 경우도 이 단계에 적용될 수 있다.

③ 능력 구축의 단계

이 단계는 교사로서 단지 적응을 위한 수동적 입장에서 벗어나 자신의 역할을 적극적으로 수행하기 위해 노력하는 기간을 의미한다. 즉, 자신의 역할과 관련된 기술과 능력을 향상시키기 위해 각종 연수에 참여하거나 진학이나 자체 연마 등을 통해 노력해 나가는 시기이다. 이러한 과정이 성공적으로 이루어지면 성장 단계로 이어지지만 그렇지 않으면 좌절 및 침체 단계로 넘어갈 수도 있다.

④ 열중과 성장의 단계

교사로서 자신의 직업과 교직생활에 만족하면서 자신의 전문적 지식과 기술에 대한 자부심을 가지게 된다. 이러한 단계에서는 교직생활에 높은 수준의 만족도를 가지고 타인들과 이러한 전문적 영역을 나누고자 하는 열중과 열망이 있는 긍정적 성장의 단계이다.

⑤ 좌절의 단계

이 단계는 교수행위에 대해 좌절감과 환멸을 느끼는 단계이다. 이러한 좌절감은 교직생활 과정에서 자신의 지식과 기술의 한계, 조직 여건 및 조건, 성공적이지 못한 교수 경험 등에 의해 생기기도 하는데, 이때 교사들은 교직생활이 자신에게 맞는 것인지에 대해 고민하게 된다.

⑥ 안정 혹은 침체의 단계

교직생활의 일상에 익숙해지는 단계이다. 이 단계는 더 이상의 성장을 위해 노력하지 않고 지금 상태를 그대로 유지하면서 안정을 찾거나 더 침체되는 경향이 나타난다.

⑦ 교직 쇠퇴 혹은 퇴직의 단계

이 단계는 교직생활을 마무리하며 퇴직을 위한 준비를 하게 된다. 이 단계는 정년, 결혼, 진학, 이직 등의 여러 가지 사유로 가르치는 일을 그만두거나 직장을 바꾸는 것을 포함하게 된다. 이때 구체적인 성찰과 계획이 있을 경우는 긍정적 자세로 퇴직을 준비하게 되지만, 그렇지 않을 경우 갈등과 혼란에 빠질 수도 있다.

2) 관심사에 따른 발달과 성장

교사는 교직생활에서 지속적으로 흥미, 불안, 요구, 좌절, 문제, 스트레스 등을 지각하게 된다. 이렇게 교사가 지각하는 관심 분야가 교직과정에서 변화된다는 사실에 근거하여 전문직으로서 교직생활을 해 나가면서 교사에 의해 지각되는 흥미나 관심사를 중심으로 하는 연구가 '교사의 관심사 발달' 분야이다. 교사의 관심사는 풀러(Fuller)에 의해 처음으로 개념화되기 시작하였다. 그리고 카츠(Katz)는 이러한 교사의 관심사를 유아교사를 대상으로 연구하여 유아교사 발달 이론으로 확장하였다.

(1) 풀러(Fuller)의 교사 관심사 이론

풀러의 초기 관심사 이론은 계속 수정되면서 교직 이전 관심사, 생존에 대한 초기 관심사, 교수 상황 관심사, 학생에 대한 관심사로 정리되었다(Fuller & Bown, 1975).

〈표 8-5〉 풀러의 교사 관심사 단계

단 계	특 징
교직 이전 관심사	교직 이전 단계의 예비교사들은 학생에 대해 관심을 가지고 현실적으로 접근하지만 교사에 대해 환상적이고 이상적으로 바라보는 경향이 있으며, 교사에 대해 비판적 기준으로 엄격한 잣대를 가지게 된다.
생존에 대한 초기 관심사	교직 경험을 해나가게 되면서 이전에 교직에 대한 이상적인 관심사보다는 교사로서 자신의 생존에 관심을 갖게 되어 교수방법, 업무내용, 평가 등에 관심을 보이게 된다.
교수상황 관심사	교수상황에 대한 다양한 현실 앞에서 좌절과 한계를 느끼며, 이러한 상황에 대한 교사 자신의 교수 행위에 관심을 가지게 된다.
학생에 대한 관심사	학생의 요구, 발달, 학습 등에 관심을 가지면서 학생에 대한 공정한 대우, 개별 교수법 구성, 개인적 관계 및 상호작용 등에 관심을 가지게 된다.

(2) 카츠(Katz)의 유아교사 발달 이론

풀러의 교사 관심사 이론의 기본 개념을 확장하여 유아교사의 발달단계를 생존단계, 강화단계, 갱신단계, 성숙단계로 구분하여 제시하였다. 이러한 카츠(Katz, 1972)의 연구는 교직경험에 따른 유아교사의 요구와 관심에 초점을 둔 유아교사의 발달을 보여주고 있다.

〈표 8-6〉 카츠의 유아교사 관심사 단계

단 계	특 징
생존단계	교직생활의 시작에서 1년 정도의 시기로서 초임교사로서 적응하기 위한 현장의 문제에 관심을 가지게 된다. 이때 경력이 많은 경력교사 및 원장, 원감의 지원과 격려가 도움이 될 수 있다.
강화단계	생존단계를 넘어서서 교직경력 3년 정도의 시기로서 교직생활에 안정과 자신감을 얻게 되면 교사로서 업무 및 기술을 숙달하고, 유아의 상황에 관심을 가지게 된다. 이때 경험 많은 선배나 동료 교사, 전문가의 지원과 정보제공이 필요하게 된다.
갱신단계	교직경력이 3년 내외 정도에 교사들은 반복되는 자신의 일상에 싫증을 느끼게 된다. 그래서 무언가 새로운 것을 시도해 보고자 동료교사와의 만남, 수업 참관, 전문적 모임 참석, 자신의 수업 분석 등을 통해 자기 발전의 요구가 생기게 된다.

성숙단계	보통은 5년에서 그 이상의 경력이 되었을 때 나타나지만 빠르면 3년 내에 도달하기도 하는데 교사로서 완전한 자신감을 갖게 되는 시기이다. 이 단계에서는 세미나, 학회, 학위과정, 폭넓은 독서, 전문가와의 모임 등을 통해 전문가로서의 관점에 대한 이해와 확신, 자아갱신 및 인정의 기회를 제공할 필요가 있다.

이상의 풀러의 교사 관심사 이론이나 카츠의 유아교사 발달 이론은 교사의 관심사가 직선적으로 발달한다는 관점에서 이루어진 직선적·순차적 이론의 특성을 가지고 있다. 그러나 이러한 직선·순차적 교사 관심사 이론과는 달리 교사의 발달을 한 가지 이상의 복합적 요인으로 보면서, 직선적 순서에 의해 이루어지는 것만이 아니라 순환적이고 역동적으로 이루어질 수 있다고 보는 순환·복합적 모델이 있다. 순환·복합적 모델의 대표적인 것으로 버크(Burke)의 교사발달 순환모델, 후버만(Huberman)의 복합적 관심사 이론 등이 있다.

3) 직위에 따른 발달과 성장

유아교사는 초임교사에서 경력이 증가해 가면서 다른 직위와 책무가 주어지게 된다. 유아교육기관에서는 그 조직 안에서 다양한 직위가 존재하고 이에 따른 다양한 변화와 성장을 필요로 하게 된다. 일반적으로 유치원과 어린이집에서는 유아교육 공동체 및 조직의 특성에 따른 다양한 직위가 존재하고 그에 따른 역할과 발달이 있게 된다.

일반적으로 유치원교사의 직위는 유치원 2급 정교사, 유치원 1급 정교사, 원감, 원장의 자격증 종류에 따라 다른 직위를 가질 수 있는 자격이 주어지게 된다. 보통 자격증에 근거하여 원감, 원장, 교사, 특수교사 등의 공식적 직위가 있을 수 있으나 현장에서는 원장, 원감, 주임교사, 교사, 초임교사 등 다양한 접근으로 실제 조직을 운영하고 있는 현상을 살펴볼 수 있다.

(1) 초임교사의 과제와 발달

초임교사는 개인적으로는 아직 기관 조직 체제에 적응하기 위해 노력하면서 선임교사의 교수법 및 행동을 모방하게 되는 시기이다. 그러나 유아교육에 대한 열정과 이상은 커서 유아들과의 관계를 적극적으로 하게 되는데 이러한 과정에서 유아를 지나치게 가르치려 하기도 하고 스킨십이나 애정관계를 활발하게 시도하기도 한다. 때로는 과장된 행위로 실수를 하기도 하고, 의욕만큼 이루어지지 않는 자신의 교수 행위에 실망을 느끼기도 한다. 그러나 경력교사나 원장 및 원감의 기대 및 지도 속에서 변화의 열정을 품게 되기도 하며, 조직과 인간관계에 적응하려고 하는 시기이다.

(2) 경력교사의 과제와 발달

2년 차, 3년 차, 4년 차로 경력이 늘어가게 되면서 유아교육기관에서 교사에게 바라는 기대수준도 높아져 간다. 초임교사였을 때는 요구와 함께 지원과 배려가 있었다면 경력이 높아질수록 동등한 협력체제로서의 요구 및 기대가 있게 된다. 이 속에서 교사는 자신의 활동적이고 새로운 시도들이 빛을 발하기도 하고, 때로는 교수 행위에 대한 딜레마에 빠지기도 한다. 즉, 교수 행위와 학급 운영의 다양한 측면에서 능동적 성취 경험을 맛보기도 하지만 때로 적절한 선택 갈등으로 딜레마를 겪게 되고, 전문가로서의 성숙이 요구된다. 이러한 과정에서 연수 및 재교육의 요구가 생겨나고 동료교사와의 협력 구축 및 지원 방안을 마련하는 것은 유아교사로서의 성장 및 발달을 지원할 수 있는 좋은 방법이 될 수 있다.

(3) 주임교사의 과제와 발달

주임교사 정도의 위치가 되면 교사로서의 모델과 모범을 보여야 하는 다양한 과제 앞에 직면하게 된다. 따라서 교수법, 상호작용 방법, 학급 운영 등의 교육행위에 대한 전문적 관점을 세우고, 자신감을 가지게 된다. 이러한 점에서 교직의 사명감을 가지고, 동료교사의 모범이 될 수 있는 자신만의 교직생활을 구축해 나갈 필요가 있다. 특히 교사 간 인간관계 및 조직 체계 속에서의 역할 수행에 대한 적절한 자기관리가 필요하며, 이를 통해 안정된 교사 생활의 방법을 찾아가게 된다.

(4) 원감으로서의 발달과 성장

원감은 유아교육기관의 조직에 있어서 다리의 역할을 한다고 해도 과언이 아니다. 교사와 유아, 교사와 부모, 원장과 교사의 다리 역할로서 서로 간의 중재와 연결을 지원해 주는 자리가 원감의 자리이다. 따라서 원감은 원장과 교사와의 협력에 적극 지원할 뿐 아니라 교사가 성공적인 교육과정 운영 및 실행을 할 수 있도록 안내하는 역할을 해 나가야 한다. 이러한 측면에서 원감은 교육과정에 대한 통합적 이해, 다양한 교사 특성 및 교직생활에 대한 이해, 유아교육기관의 운영 특성 및 비전 등을 종합적으로 살피면서 유아교육기관 내외의 인적·물적 자원의 조화와 관계를 지원할 수 있도록 자신을 준비해 나가야 한다. 특히 지도자로서의 덕성과 자질을 연마해 나가야 하는 새로운 과제 앞에서 조직의 갈등을 해결하고, 조화로운 관계와 성취를 위한 새로운 시도가 생겨나게 된다. 이러한 과제를 성공적으로 해결하기 위한 자기성장을 위해 다양한 유아교육 전문가와의 모임 및 관계, 교육기회 등을 필요로 하는 시기이기도 하다.

(5) 원장으로서의 발달과 성장

원장은 유아교육에 대한 확고한 철학과 신념을 가지고 있어야 한다. 그리고 더불어 사람과 사람의 관계를 다룰 수 있는 리더십을 형성해야 한다. 즉, 유아교육기관의 전체 프로그램의 운영, 조직체계의 구성 및 관리, 기관 운영의 다양한 요구 안에서 통합적 운영 능력과 교육 지원을 위해 지도자로서의 소양 및 자질을 형성할 뿐 아니라 조직 운영을 성공적으로 실행할 수 있는 지도성 성장·발달을 위해 노력해 나가야 한다. 이러한 측면에서 원장은 개인 품성, 교육철학 및 신념, 교육 실제에 대한 이해 및 지원 능력, 조직에 대한 종합적 파악 능력, 인간관계 및 관리 능력 등을 발달시키기 위한 다양한 재교육의 노력을 해나가야 한다.

4. 유아교사를 위한 교육

1) 유아교사의 직전교육

유아교사 직전교육은 예비유아교사를 위한 교육으로서 유아교사가 되기 위한 중요한 과정이다. 즉, 유아교사 직전교육이란 예비유아교사를 양성하기 위해 교육기관에서 자격취득을 제공하는 양성교육을 의미한다. 유아교사가 되려면 유치원 교사 자격이나 보육교사 자격을 취득해야 하는데, 현재 우리나라의 유아교사 양성 제도를 보면 유치원교사와 보육교사를 양성하는 기관이 매우 다양함을 알 수 있다. 교육 연한의 측면에서 2·3년제와 4년제로 나누어져 있을 뿐만 아니라, 교육 기관 역시 대학의 유아교육학과 및 아동학과·아동복지학과, 방송통신대학교, 교육대학원 등 매우 다양하다. 여기서 보육교사를 양성하는 기관까지 고려한다면 4년제 대학 및 전문대학과 더불어 다양함을 알 수 있다.

그러나 대부분의 경우, 유아교사의 양성교육과정은 교양과정·전공영역·교직으로 이루어져 있으며, 이러한 세 가지 영역의 특성에 따라 교과를 구성하고 직전교육을 운영하고 있다.

(1) 교양과정

교양과정은 학문을 탐구하는 전문인으로서 전공과목을 이수하기 전에 여러 학문 분야를 광범위하게 접함으로써 다양한 시각과 소양을 갖추어 나갈 수 있는 기회를 제공하는 대학 양성과정에서의 교육과정이다.

(2) 전공영역

전공영역은 교원으로서 교사 자질과 소양을 형성하여 교사 역할을 수행하기 위해, 전공에 대한 철학에서부터 교과교육, 실천적 지식 형성에 이르기까지 다양한 실제적 학문적 경험을 쌓음으로써 전문가로서 필요한 능력의 기초를 다지는 교육과정이다.

(3) 교직

교직은 일선 교육현장에서 필수적으로 요구되는 최소한의 교직이론, 교직실무 및 특수아동의 이해를 포함하며, 특히 현장실습을 통해 현장에 대한 이해와 실무능력을 갖추기 위한 교육과정이다. 교직은 특히 교원양성과정에서 재학 중 소정의 과정을 이수하고 요건을 충족하여 관련 교원자격증을 취득하게 된다. 유치원 2급 정교사의 경우 전공영역, 교직영역, 교과교육 영역의 교과를 이수하도록 하고 있으며, 이는 유아교육법, 교원자격검정령, 교원자격검정령 시행규칙 등에 기준하여 이루어진다.

보육교사의 양성을 위한 대학에서의 보육관련 교과목 및 학점은 영유아보육법 시행규칙과 관련하여 이수하여야 한다. 보육교사는 인성과 자질을 향상시켜 전문성을 높이고 보육서비스의 질적 수준 향상을 위해 그 자격기준이 강화되어 왔다. 특히 보육실습의 기준이 강화되어 정원 15인 이상 평가인증을 유지하는 어린이집에서 6주 240시간 이상의 보육실습을 받도록 하고 있다.

2) 유아교사의 현직교육

우리나라의 경우 교육기본법 제14조에 "교원은 교육자로서 갖추어야 할 품성과 자질을 향상시키기 위해 노력하여야 한다"라는 규정과 교육공무원법 제38조에 "교육공무원은 그 직책을 수행하기 위하여 끊임없이 연구와 수양에 힘써야 한다"라는 규정을 통해 지속적인 현직교육의 중요성을 강조하고 있다. 현직교육이란 교사가 효과적인 직무수행과 전문적인 성장을 위해 받는 형식적·비형식적 교육으로 교사들의 자질과 역할수행을 꾸준히 연마할 수 있는 기회를 가지는 과정이라고 볼 수 있다. 이러한 현직교육은 다음과 같은 다양한 형태를 포함하게 된다.

(1) 개인 중심의 현직교육

유아교사 개인이 자발적 동기에 의해 스스로 연구 및 활동을 구성하며 노력하는 과정이다. 이러한 개인 중심의 현직교육에는 스스로 관련 전문정보를 찾고, 토론모임을 가지는 과정을 포함하게 된다. 또한 강연회나 워크숍 등에 참여하여 스스로 단체에서 제공하는 새로운 정보와 자료를 제공받게 된다. 그리고 나아가서는 상급학교인 대학원이나 자격이수과정에 개인적으로 진학하여 새로운 지식과 정보를 습득해 나가게 된다.

(2) 유아교육기관 중심의 현직교육

유아교육기관에서 이루어지는 연수활동으로 자체연수와 연구활동을 포함하는 것이며, 교사들 간의 협력적 과정이 중요한 현직교육이다. 일반적으로 교사들이 공개수업 및 연구수업을 사전에 계획하여 자신의 수업을 공개하기도 하고, 다른 교사의 수업을 관찰함으로써 유아교사로서의 역할에 대해 반성적 과정을 거치게 된다. 또한 유아교육기관 자체의 필요성에 근거하여 강사를 초빙하거나 특별한 전문단체에 가입하여 활동하는 것을 포함한다.

(3) 정부 및 행정기관 중심의 현직교육

교육청이나 관할부처가 중심이 되어 장학지도를 하거나 이와 관련하여 연수과정을 실시하는 현직교육을 뜻한다. 정부 및 행정기관이 지역과 상황에 맞게 구성하여 이루어지고 있는 장학지도가 대표적인 형태이다. 또한 더불어 유아교사가 새로운 자격을 취득할 경우, 새로운 교육이론 및 방법을 학습해야 할 경우, 직무수행에 필요한 능력과 기술향상이 필요한 경우에 따라 각각 자격연수, 일반연수, 직무연수 등의 다양한 형태의 연수과정을 구성하게 된다. 이러한 과정을 통해 유아교사로서의 현직 실천력을 지원하는 과정이 이러한 현직교육에 포함된다.

chapter

09

유아교육기관의 환경

chapter

09 유아교육기관의 환경

영유아는 그들을 둘러싸고 있는 환경과 직접 관계를 맺으면서 성장·발달한다. 영유아기는 어느 인간의 발달단계보다도 성장이 빠르며 초기의 경험은 이후의 성장에 지속적인 영향을 주므로 다른 어느 시기의 환경보다 중요하다. 특히 영유아들은 자신을 둘러싼 다양한 환경 속에서 놀이가 시작되며 놀이를 통해 배움이 일어나므로 교사는 영유아가 여러 가지 놀이와 풍부한 활동을 경험하도록 유아교육기관의 실내외 환경을 구성하고 풍부한 놀이자료를 제공해야 한다.

일반적으로 유아교육기관 환경은 인적 환경과 물리적 환경을 포함한다. 인적 환경은 부모, 교사, 또래, 지역사회 인사 등을 포함하며 물리적 환경은 유아교육기관의 실내·외 환경 및 각종 설비, 놀이자료뿐 아니라 건물의 주변 환경도 포함된다.

이 장에서는 실내환경, 실외환경 및 놀이자료를 포함하는 유아교육기관의 물리적 환경을 중심으로 살펴보고자 한다.

1. 실내환경

유아교육기관의 실내공간은 영유아가 주로 생활하며 활동하는 장소이다. 많은 연구들에 의하면 실내공간의 크기와 배치, 구성, 놀이자료의 구조와 종류는 영유아의 발달과 밀접히 관련이 있다. 그러므로 잘 조직되고 풍부한 실내환경을 구성하여 영유아의 학습과 성장에 도움이 되도록 해야 한다.

1) 실내환경 구성

실내환경은 현관, 교실(보육실), 유희실, 낮잠실, 화장실, 조리실, 양호실, 교사실 등을 포함한다. 이를 살펴보면 다음과 같다.

(1) 현관

현관은 영유아, 부모 및 그 밖의 지역주민들이 유아교육기관을 방문할 때 처음으로 접하는 공간이며 등원하는 영유아가 친구와 교사를 만나는 공간이자 부모와 헤어지는 공간이며 다시 부모를 만나 집으로 돌아가는 공간이다. 그러므로 영유아에게는 기분 좋고 유쾌한 느낌이 들어 다시 들어가고 싶은 곳이라는 인상을 주어야 하며 부모들에게는 내 아이를 보낼 만한 교육기관이라는 신뢰감을 주는 공간이어야 한다(강문희 외, 2008). 특히 현관의 문은 외부를 단절시키는 듯한 느낌을 주는 출입문보다 내부를 관찰할 수 있게 디자인된 것이 바람직하다. 현관에는 신발장이 놓여 있으며 교육기관의 철학을 나타내는 게시판을 배치하기도 한다.

┃사진 9-1┃ **현관**

(2) 교실(보육실)

교실은 영유아가 놀이와 교육활동을 경험하면서 많은 시간을 보내는 주된 실내공간이다. 교실환경을 구성할 때 일반적으로 고려해야 할 몇 가지 사항이 있다.

첫째, 교실은 건강하고 안전하며 편리하게 일상생활을 영위할 수 있는 공간이어야 한다. 이를 위해 채광, 방음, 냄새, 습기 및 온도, 건축 재료 등을 고려하여 영유아의 건강을 배려한 교실이 되도록 한다. 또한 영유아의 수를 고려하여 영유아가 안전하게 활동할 수 있는 충분히 넓은 공간으로 구성하고 교구장, 탁자, 콘센트 등에서 위험한 부분이 없어야 한다. 그리고 영유아의 일상생활 편리를 위해 개별 사물함, 휴식 공간, 식생활 공간을 마련하고 배변활동을 용이하게 하기 위해 화장실을 교실 가까이 두는 것이 좋다.

둘째, 교실은 영유아가 오래 머물고 싶은 편안하고 아늑하며 매력적인 공간이어야 한다. 이를 위해서는 다양한 놀이자료, 계절에 맞는 자연물, 비품 등을 활용하여 아름다운 공간으로 구성하며, 커튼, 조명 등으로 아늑하고 편안한 분위기를 마련한다.

셋째, 교실은 영유아의 연령과 발달적 특성이 고려된 공간이어야 한다. 즉, 영유아의 신체발달적 특성을 고려하여 선반, 책상, 의자 등의 크기, 높이 등을 적절히 하며 연령과 발달 수준에 맞는 교구, 놀이자료로 교실을 구성해야 한다.

특히 놀이자료를 전시 및 보관하는 교구장은 영유아의 손이 닿을 수 있도록 낮아야 하며 개별 영유아의 사물함은 영유아가 쉽게 사용할 수 있는 높이여야 한다. 또한 간식 및 식사 시간이나 미술활동 후 손을 씻을 수 있도록 영유아의 키를 고려한 싱크대 시설이 구비되어야 한다.

보통 영아를 위한 보육실은 정서적으로 가정과 같이 아늑하고 편안하며 영아 개개인의 개인적 욕구를 반영할 수 있도록 구성되어야 하며 무엇보다 안전과 위생을 고려한 공간이어야 한다. 보육실은 영아가 마음껏 움직일 수 있는 넓은 공간이 필요하며 감각운동 경험을 충분히 할 수 있는 놀이자료와 비품 등이 마련되어야 한다.

유아를 위한 교실은 유아의 흥미와 욕구를 고려하여 자발적이고 주도적인 학습과 놀이가 이루어지고 또래와의 상호작용을 통해 유아의 인지발달과 사회성발달이 이루어지도록 구성해야 한다. 이를 위해 유아반 교실은 다양한 놀이자료를 풍부하게 제공하여 유아 스스로가 선택할 수 있도록 한다. 교실공간을 흥미영역으로 구성할 때 흥미영역은 유아가 가장 좋아하는 놀이 중심의 흥미영역으로 구성하는 것이 좋으며, 유아가 좋아하는 흥미영역은 더 넓게 배치하고, 흥미를 보이지 않는 영역은 다른 영역과 통합하거나 다른 영역으로 대체할 수 있다(교육부 · 보건복지부, 2019).

▎사진 9-2▎ 교실

(3) 유희실

유희실은 주로 동적인 놀이나 대집단활동에 활용되는 넓은 공간이며 비나 눈이 올 때와 같이 실외놀이를 하기 곤란한 경우에 이용하기도 한다. 또한 유희실은 강당이 없는 경우 부모교육, 입학식, 졸업식, 강연회, 연수회 등의 장소로 사용되기도 한다.

유희실은 통풍과 채광이 잘 되어야 하며 바닥재는 영유아가 마음껏 구르고 뛰며 활동할 수 있도록 탄력성이 좋고 청소에 용이하며 소리가 적게 나고 미끄럽지 않아야 한다. 또한 소음을 흡수하고 영유아의 안전을 위하여 카펫을 사용하는 경우가 많으나 카펫은 세균과 먼지 등을 보유하여 영유아의 건강에 해가 될 수 있으므로 카펫을 사용할 때에는 세탁이 용이하고 털빠짐이 적으며 세균에 강한 면제품이나 친환경 카펫을 사용하는 것이 좋다.

유희실에는 화장실, 손 씻는 곳, 물 마시는 곳, 놀이도구를 수납할 수 있는 설비 등이 필요하다.

(4) 낮잠실

종일반 및 영아반에서는 낮잠을 위한 별도의 공간이 필요하지만 공간 마련이 어려운 경우에는 교실 내에 낮잠을 위한 공간을 마련하기도 한다. 교실 내 낮잠을 위한 공간을 마련할 때에는 개별 영유아의 이불을 펼 수 있어야 하기 때문에 일반적인 교실보다 더 넓어야 한다. 낮잠을 자는 방은 조용하며 가정과 같이 안락하고 편안한 느낌을 주어야 한다.

(5) 화장실

화장실은 교실 가까운 곳에 배치하여 영유아의 배변활동이 용이하도록 해야 한다. 또한 영유아가 배변 및 화장실에 대하여 긍정적인 감정을 갖도록 자연채광이 잘 이루어지게 하고 따뜻한 느낌이 드는 밝은 자연색으로 구성한다. 특히 좋지 않은 냄새를 없애기 위하여 화학 약품이 들어 있는 방향제를 사용하기보다 자연통풍을 이용하거나 자연방향제인 허브식물, 숯 등을 사용하는 것이 좋다(임재택 외, 2008).

유아의 화장실은 남아용과 여아용으로 분리할 필요가 없으나, 성인용 화장실과는 구분되게 설비해야 한다. 화장실 문은 완전히 닫히는 경우, 유아에게 불안과 공포를 야기하므로 안에서 밖이 보이고 유아가 쉽게 열고 닫을 수 있는 문을 설치한다. 변기와 세면기는 유아용이어야 하며 거울, 휴지, 수건 등 모든 사용도구를 유아의 키 높이에 맞추도록 한다.

화장실에는 변기, 세면대 이외에 샤워 겸용 수도, 변기 사이의 칸막이, 욕조 등이 필요하며, 영아반 화장실의 경우 기저귀를 갈 수 있도록 견고한 기저귀 갈이대가 필요하다(보건복지부, 2000). 걸음마기 영아를 위해서는 영아용 변기를 설치하여 배변훈련을 함께 할 수 있게 하는 것이 좋으며 청결을 유지하기 위해 간이 욕조 등을 두는 것이 좋다. 또한 화장실 바닥은 청소하기 쉽고 미끄럽지 않도록 설비해야 한다.

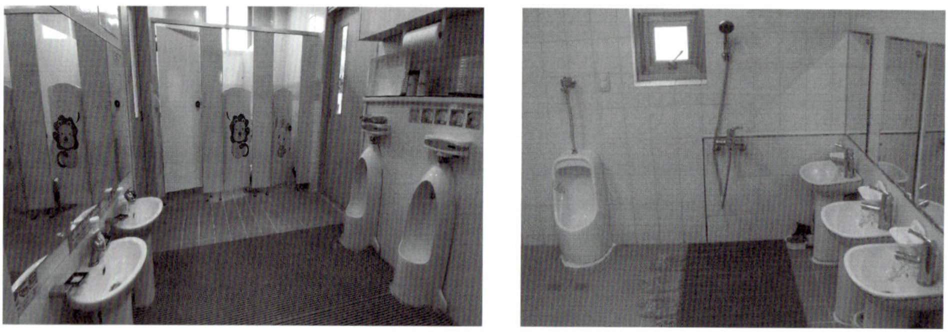

사진 9-3 화장실

(6) 조리실

조리실은 영유아를 위한 간식 및 점심을 준비하는 곳으로 반일제로 운영하는 기관의 주방시설은 넓은 공간이나 많은 설비를 필요로 하지 않지만 종일제로 운영하는 기관에서는 적당한 공간과 설비, 비품을 갖추어야 한다. 조리실에는 열기구, 냉장고, 냉・온수 싱크대, 작업대, 조리기구, 식료품 보관시설 등이 필요하다. 그리고 식기를 소독하고 위생적으로 조리할 수 있는 설비를 갖추어야 하며 창문에는 방충망을 설치해야 한다. 바닥은 청소가 용이한 타일을 사용하는 것이 좋다. 조리실은 밝고 통풍이 잘 되고 청결해야 하며 영유아가 주로 생활하는 교실과 비교적 먼 곳에 위치해 있는 것이 바람직하다.

(7) 양호실

양호실은 유아교육기관에서 활동 중 다쳤거나 몸이 아픈 영유아가 간단히 치료를 받고 안정과 휴식을 취할 수 있는 곳이다. 특히 감염이 우려되는 영유아가 있는 경우 쉽게 격리시킬 수 있기 때문에 양호실은 꼭 필요하다. 양호실은 아늑하고 조용한 공간이어야 하며 몇 개의 침대 및 약간의 구급약품과 간단한 놀이기구 등을 구비해야 한다.

(8) 교사실

교사실은 교사가 교육활동을 준비하고 학습자료를 제작하며 행정적인 업무를 보는 공간이자 휴식의 공간이기도 하다. 충분한 공간이 있는 경우 교사실과 원장실을 분리하여 사용하지만 그렇지 못한 경우에는 약간의 넓은 공간을 마련하여 공동으로 사용하기도 한다. 교사실의 위치는 방문자가 쉽게 찾을 수 있는 곳 또는 교실로의 접근이 용이한 곳에 위치해야 한다. 하지만 영유아와 적절히 분리되어 충분히 휴식을 취할 수 있는 공간으로 구성되어야 한다.

사진 9-4 교사실

2) 교실(보육실)의 놀이환경 구성

교실은 교사와 영유아가 가장 오래도록 머무르는 공간이며 영유아의 일상생활, 다양한 놀이 및 활동이 활발하게 이루어지는 공간이다. 유아·놀이 중심을 표방하는 2019 개정 누리과정은 '교육환경'이라는 용어 대신 '놀이환경'이라는 용어를 사용하고 있다. 따라서 여기서는 교육과정에 나타난 교실 놀이환경, 교실 놀이환경 구성 시 고려사항, 영아 및 유아의 교실 놀이공간에 대하여 살펴보고자 한다.

(1) 교육과정에 나타난 교실 놀이환경

전통적으로 유치원의 교실과 어린이집의 보육실은 전체 공간을 언어영역, 역할놀이 영역, 미술활동 영역, 수·조작놀이 영역, 쌓기놀이 영역, 과학영역, 음률영역 등 몇 가지 흥미영역으로 구분하여 배치하였다. 흥미영역이란 교구장이나 분리대 등으로 전체공간을 나누어 분명한 경계를 둔 교실의 각 영역을 총칭하는 것으로 각 영역에는 영역의 특성에 맞는 놀잇감이나 놀이자료들이 제공되어 있다.

흥미영역은 영유아 놀이의 균형과 전인 발달을 가능하게 하며, 영유아가 다른 영유아의 놀이를 방해하지 않고 자신의 놀이에 좀 더 집중하도록 한다. 또한 흥미영역에는 영역별 놀이종류, 참여 인원수 등 영유아가 지켜야 하는 규칙이 있어 흥미영역으로 교실을 구성·운영하는 것은 교사의 교실 통제 및 운영의 효율성을 돕는다. 이러한 이유로 흥미영역으로의 공간 구성과 운영은 교육과정 실행에서 매우 중요한 환경구성의 원리로 자기매김하여 왔다. 특히 흥미영역은 영유아가 자신의 흥미나 요구에 따라 놀이를 선택하여 자발적이고 주도적으로 놀이를 하는 데 목적을 둔 자유선택활동과 깊이 관련되어 구성·운영되어 왔다. 왜냐하면 영유아는 자유선택활동 시간에 2~3개 정도의 흥미영역을 선택하여 놀이를 하기 때문이다. 하지만 자유선택활동 시간은 영유아 주도로 이루어지는 놀이시간이기보다 교사의 계획과 제안에 의해 운영되는 것으로 진정한 의미의 놀이에서 벗어나는 시간이다. 왜냐하면 교사가 미리 구획화해 놓은 흥미영역에서 영유아의 흥미와 요구보다 생활주제에 맞는 흥미영역별 놀이사료와 활동사료가 세시뇌어 놀이가 제한뇌기 때문이다(임부연 외, 2019).

유아·놀이 중심 교육과정을 표방하는 2019 개정 누리과정에서는 유아가 자유롭게 놀이할 수 있는 시간을 충분히 편성하여 유아가 충분히 놀았다고 느낄 수 있도록 놀이시간을 운영하도록 하고 있다. 이러한 관점으로 2019 개정 누리과정에서는 흥미영역의 구성 및 운영방식을 자율화하도록 하고 있는데(교육부·보건복지부, 2019), 이는 지나치게 경직되고 고정된 흥미영역의 운영은 유아가 스스로 주도하는 놀이와 발현적 놀이를 제한할 수 있어 유아가 충분하게 자신이 하고 싶은 놀이를 하였다는 만족감을 주기 어렵기 때문이다(임부연 외, 2019).

따라서 2019 개정 누리과정에서는 고정된 흥미영역의 개수, 유형, 운영방식 등을 자율적으로 개선하여 유아의 자유로운 놀이가 가능하도록 제안하였으며 이에 따라 놀이가 미리 계획한 생활주제에 맞지 않더라도 교사가 유아의 관심과 생각을 우선적으로 존중하고 지원할 수 있도록 하였다(교육부·보건복지부, 2019). 이처럼 2019 개정 누리과정에서는 교실 놀이환경 구성 시 유아 주도적인 자유로운 놀이가 활발히 이루어질 수 있는 놀이환경 구성을 강조하고 있다.

(2) 교실(보육실)의 놀이환경 구성 시 고려사항

영유아의 자기주도적인 놀이를 위해 교실 및 보육실 놀이환경을 구성할 때 고려해야 할 사항은 다음과 같다.

① 놀이환경을 구성하는 실질적인 주체는 영유아이다

교실은 언어, 수・조작, 음률, 미술, 과학 영역 등의 여러 가지 흥미영역으로 고정시켜 배치하기보다 영유아의 필요와 흥미에 따라 영유아가 주도적으로 다양한 공간을 만들고 활용할 수 있는 환경으로 구성해야 한다. 즉, 영유아 교실 공간은 영유아에 의해 언제든지 새롭게 만들어지고 없어질 수 있는 변화하는 공간이다.

교실을 흥미영역으로 구성하더라도 영유아의 요구가 있으면 몇 개의 영역을 통합하기도 하고, 영역을 해체시켜 새로운 놀이공간으로 만들 수 있다. 예를 들면, 영유아의 요구와 흥미에 따라 모든 영역을 해체시키고 교실 전체를 시장, 바다 등의 역할놀이 영역으로만 구성할 수 있다. 또한 큰 성, 기찻길과 같은 구조물을 만들어 놀기 위해 쌓기놀이 영역과 역할놀이 영역을 통합하여 구성할 수 있다.

② 놀이환경은 영유아의 흥미, 교육내용, 계절 등에 따라 언제든지 재구성될 수 있다

교실을 흥미영역으로 지나치게 경직되게 구성하기보다 영유아의 흥미, 교육내용 등에 따라 융통성 있게 구성하는 것이 좋다. 예를 들면, 유아들이 흥미를 보이는 놀이영역은 더 넓게 배치하고, 유아들이 흥미를 보이지 않는 놀이영역은 다른 공간과 통합하거나 다른 영역으로 대체할 수 있다(교육부・보건복지부, 2019a). 또한 요리 및 목공놀이 공간은 고정하여 구성하기보다 교육내용 및 영유아의 흥미와 요구에 따라 수시로 배치하고 없앨 수 있다.

③ 놀이별 공간의 크기는 전체 교실공간의 크기, 놀이의 성격, 참여한 영유아 수, 흥미를 고려하여 수시로 바꿀 수 있도록 한다

예를 들면, 쌓기놀이나 역할놀이처럼 활동성이 크고 영유아의 참여도 및 흥미가 높은 놀이는 공간의 크기를 넓게 하여 영유아의 놀이를 지원할 수 있다.

④ 교실에서의 이동을 원활하게 한다

교실 공간의 이동을 원활하게 구성하여 영유아가 교실 공간을 주도적으로 구성하고 활용할 수 있도록 한다. 너무 많은 놀잇감, 교구장, 책상과 의자로 가득 찬 교실이나 너무 많은 흥미영역으로 구성된 교실은 영유아가 다른 영역으로 이동하는 것을 어렵게 하며 오히려 창의적인 놀이활동을 방해하게 된다. 교실 공간을 흥미영역으로 구성하더라도 적절한 수의 흥미영역으로 구성하여 이동을 원활하게 하고 교실의 중앙부를 빈 공간으로 남겨두어 영유아가 공간을 자유롭게 활용하도록 한다.

교실 공간 이동의 원활함과 교실 공간의 자유로운 활용으로 한 공간에서 놀이자료의 뒤섞임과 다양한 놀이의 뒤섞임이 일어날 수 있다. 한 공간에서 블록과 그리기 자료가 섞이고 역할놀이와 만들기 활동이 함께 일어나더라도 교사는 이를 제재하기보다 교실은 영유아가 주도적으로 놀이하고 활용하는 놀이공간이라는 관점에서 이해하는 것이 필요하다.

⑤ 교실 안과 밖의 경계를 허물어 통합적 놀이환경으로 구성한다

영유아의 놀이는 놀이에 따라 교실의 작은 공간에서 이루어지기도 하고 때로는 교실 전체 공간에서 이루어지기도 하며, 더 크게는 교실 안을 넘어 복도, 현관 입구, 계단 밑 등 교실 밖 공간으로 확장되어 다양한 놀이가 이루어지기도 한다. 따라서 교실 안과 밖의 통합적 놀이환경을 구성하여 영유아가 교실 안과 밖 공간을 자유롭게 넘나들면서 다양한 놀이를 하는 것을 허용하도록 한다.

⑥ 모든 놀이공간을 교사가 한눈에 관찰할 수 있도록 개방적으로 구성한다

교실은 교사가 영유아의 놀이 상황을 한눈에 관찰하여 안전사고를 예방하고 도움이 필요한 영유아에게 적절한 도움을 줄 수 있도록 개방적으로 구성해야 한다. 개방적인 놀이환경 구성은 영유아의 놀이가 진행되는 과정에서 배움이 일어나도록 상호작용하기에 적절한 순간과 방법을 결정하는 등 교사가 영유아의 놀이지원을 용이하게 하는 데에도 도움이 된다(교육부 · 보건복지부, 2019a).

(3) 영아를 위한 교실 놀이공간

영유아교육기관에서 0~1세 영아의 기본적인 활동은 놀이하고, 먹고, 잠자고, 기저귀 가는 것이기 때문에 이를 위한 공간이 필요하며, 2세 걸음마기 영아의 경우 기본적인 활동을 위한 공간 외에도 탐색하고 실험하고 움직이는 공간이 더 필요하다. 따라서 0~1세 영아를 위한 보육실 공간은 놀이를 위한 공간 이외에 식사 및 배변 등 기본생활에 필요한 공간, 낮잠 및 개별 휴식 공간 등이 필요하며 2세 걸음마기 영아를 위해서는 0~1세 영아들에 비해 좀 더 다양한 놀이공간이 필요하다. 영아를 위한 교실 놀이공간을 살펴보면 다음과 같다(김경희 · 한성희 · 김혜금, 2010; 보건복지부, 2013; 이기현 외, 2010; 이소은 · 이순형, 2014).

① 일상생활 공간

• 기저귀 갈이 공간

기저귀 갈이 공간은 0~1세 영아반에서 필요한 공간이다. 기저귀 가는 청결실을 따로 두는 것이 좋지만 공간이 부족하여 별도의 공간을 구성할 수 없다면, 보육실 내에 기저귀 가는 공간을 설치해야 한다. 이 영역은 물을 쉽게 사용할 수 있도록 세면대 가까이에 배치하는 것이 좋으며 기저귀 갈이대, 기저귀를 넣을 수 있는 서랍, 기저귀를 갈 때 필요한 용품인 딸랑이, 로션, 수건, 물휴지, 비누, 휴지통 등을 비치한다. 기저귀 갈이대의 바닥은 물로 닦거나 세탁이 용이한 재질로 된 것이 좋으며 벽면에는 영아 자신을 볼 수 있는 거울을 게시해 준다. 교사는 항상 기저귀를 간 후에 기저귀 갈이대의 위생에 신경을 써 청결하게 관리해야 한다.

• 낮잠 및 휴식 공간

낮잠을 자는 공간은 영아가 아무런 방해 없이 편안하게 잠자고 휴식할 수 있도록 조용한 장소에 배치한다. 보육실의 공간이 넓은 경우 별도의 낮잠 자는 곳을 꾸미는 것이 좋지만 공간이 부족할 경우 낮잠시간 외에는 놀이공간으로 이용할 수 있다. 침구는 개인용 침구를 마련하는 것이 좋으며 면으로 접어서 사용할 수 있는 것을 준비한다. 침대와 침구를 배열할 때에는 침구 간의 간격을 충분히(60센티미터 정도) 확보하며 커튼이나 블라인드 등을 활용하여 직사광선이 들어오지 않도록 한다. 침구 외에도 영아의 숙면을 돕기 위해 음악 CD, 모빌 등을 비치한다.

휴식공간은 영아가 편안하게 휴식을 취할 수 있도록 쿠션, 편안한 의자, 봉제완구, 담요 등을 비치한다. 바닥에 요나 카펫을 깔아주면 좋다.

• 수유 · 식사 공간

식사나 수유를 위해 다른 공간으로 이동하기보다는 보육실을 식사공간으로 활용한다. 수유기 영아를 위해서는 수유공간과 조유공간을 보육실 내에 분리된 공간으로 마련하는 것이 좋다. 조유하는 곳에는 우유 준비, 세척, 데우기 등이 가능하도록 냉장고, 전자레인지, 조리대, 살균소독기, 개수대, 분유, 개인용 우유병 등을 설치해야 한다. 수유하는 곳에는 거즈, 휴지 등을 비치하고 영아가 편안하게 누울 수 있도록 깔개를 준비한다. 이유 및 급식을 하는 영아를 위해서는 영아 상호 간 또는 영아와 교사의 사회적 상호작용이 일어날 수 있도록 낮은 테이블이나 식탁의자 및 이유식용 앞가리개도 필요하다.

② 신체놀이 공간

신체놀이 공간은 영아가 대근육활동을 통해 자신의 자세와 균형을 잡는 기회를 갖는 공간이다. 특히 대근육활동은 신체적 움직임이 큰 활동이기 때문에 대근육활동을 위한 환경을 계획할 때에는 안전에 유의해야 한다. 이 공간에는 밀고 끄는 놀이기구, 공, 타는 놀이기구, 낮은 미끄럼틀, 오름틀, 커다란 상자 등을 비치할 수 있다.

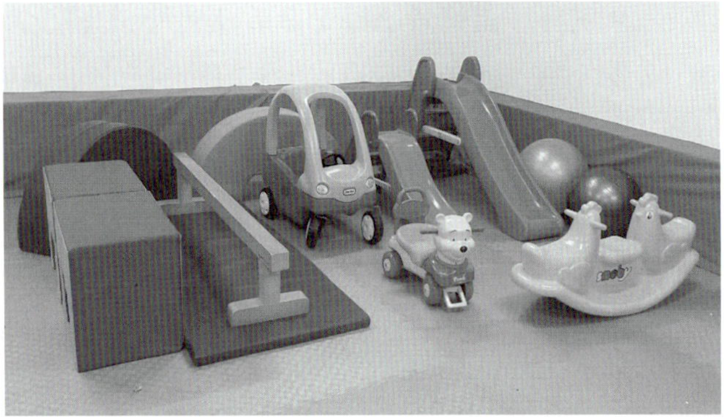

❙사진 9-5❙ 신체놀이도구

③ 언어놀이 공간

이 공간은 주변 자극과 격리될 수 있도록 조용하고 밝은 곳에 구성한다. 편안하게 기대어 책을 보거나 쉴 수 있도록 카펫을 깔고 푹신한 쿠션, 매트, 방석 등을 제공한다. 교사와의 언어적 상호작용을 촉진할 수 있도록 다양한 촉감책, 헝겊책, 비닐책, 두꺼운 종이로 된 책, 각종 인형(손장갑 인형, 막대 인형 등), 그림, 사진자료 등을 비치할 수 있다.

❙사진 9-6❙ 언어놀이 공간

④ 감각·탐색 놀이 공간

감각·탐색 놀이 공간은 영아가 다양한 감각기관을 활용하여 자발적으로 탐색활동을 하며 호기심을 충족시키는 곳이다. 따라서 이 공간은 영아가 자유롭게 감각활동과 탐색활동을 할 수 있는 놀잇감을 제공하는 것이 좋다.

0~1세 영아를 위해서는 손에 꼭 쥘 수 있는 장난감, 딸랑이처럼 소리 나는 놀잇감, 질감이 다양한 인형, 부드러운 블록과 같은 촉감 놀잇감 등을 비치하며, 2세 영아를 위해서는 다양한 감각기관을 활용하는 감각탐색 놀잇감, 여러 가지 식물화분, 자연물 등의 자연탐색자료, 퍼즐이나 구슬 끼우기와 같은 조작자료 등을 배치한다. 주의해야 할 점은 영아는 모든 놀잇감을 입으로 가져가는 경우가 많기 때문에 놀이자료의 크기는 영아가 삼킬 수 없는 크기의 무독성이어야 한다.

⑤ 역할놀이 공간

영아의 사회성발달과 사회생활교육을 위해 역할놀이 공간이 필요하다. 특히 2세 전후의 영아는 상상놀이나 모방놀이가 확장되는 시기이므로 2세 영아를 위해서는 실물과 유사한 다양한 소품 및 넓은 공간을 제공하여 영아들의 상상력과 창의력 발달을 지원해야 한다. 가능한 한 역할놀이 공간은 가정과 같은 분위기로 구성하며 영아가 가정에서 경험할 수 있는 다양한 의상과 소품, 영아용 화장대, 부엌용품, 음식모형, 여러 가지 인형, 전화기, 안전거울, 소꿉놀이 자료 등을 비치한다.

사진 9-7 역할놀이 공간

⑥ 쌓기놀이 공간

쌓기놀이 공간은 영아가 블록을 구성하여 간단한 구조물을 만들거나 쌓고 무너뜨리는 경험을 하는 곳이다. 활동량이 크고 많은 놀이가 일어나므로 넓은 공간을 마련하는 것이 좋으며 다툼이나 소음 등을 예방하기 위해 카펫을 깔아주는 것도 좋다.

영아는 아직 복잡한 구조물을 쌓기 어렵기 때문에 가볍고 손에 잘 잡히며 안전하고 푹신한 우레탄 블록, 스펀지 블록, 종이벽돌 블록 등을 제공해 준다. 이와 함께 실제 형태와 유사한 자동차류, 동물 모형이나 인형, 가족인형 등을 비치해 준다.

▌사진 9-8▐ 쌓기놀이 공간

⑦ 미술놀이 공간

미술놀이 공간은 영아가 소근육의 특성을 이용하여 손으로 끄적거리기, 단순한 오리기, 붙이기, 그리기, 반죽놀이 등을 하는 곳이다. 이 공간은 영아가 자유롭게 창작 표현을 할 수 있도록 다양한 미술 관련 자료를 제시한다.

미술놀이 공간에서 갖추어야 할 자료 및 비품은 낮은 책상과 책상용 비닐, 비닐 앞치마, 여러 가지 종류의 종이, 색연필, 사인펜, 크레파스, 풀, 잡지, 신문, 찰흙, 그림물감, 밀가루 점토 등이다.

⑧ 음률놀이 공간

이 공간은 영아가 음악듣기, 간단한 리듬악기 연주, 음악에 맞춰 몸을 움직이는 등 비교적 시끄럽고 동작이 많은 활동이 이루어지는 공간이다. 따라서 다른 활동이 방해를 받지 않도록 배치하고 소음을 줄이기 위해 카펫을 깔아주도록 한다.

이 곳에는 영아의 연주활동을 위해 딸랑이, 손목벨, 마라카스, 탬버린, 주변의 소리 나는 물건 등을 비치하고 몸을 움직이는 동작활동을 위해 여러 가지 색 보자기, 스카프, 리본 테이프 등을 제공한다. 그리고 카세트나 CD 플레이어, 음악 CD나 테이프를 비치하여 영아의 음악 듣기 및 동작활동이 활발히 일어나도록 한다.

(4) 유아를 위한 교실 놀이공간

유아를 위한 교실 놀이공간에 대하여 살펴보면 다음과 같다.

① 쌓기놀이 공간

쌓기놀이 공간은 여러 가지 블록으로 유아가 원하는 형태의 구조물을 만들어 독창성을 발휘하는 곳이다. 이 공간은 활동성이 크고 소음이 나는 곳이므로 넓은 공간을 제공해야 하며, 바닥에 카펫을 깔아 소음으로 인해 다른 활동에 방해를 주지 않도록 하는 것이 좋다. 특히 유아는 여러 가지 블록과 소품을 활용하여 영아보다 한층 더 복잡한 구조물을 만든다. 따라서 쌓기놀이 공간에는 여러 가지 종류의 블록(단위블록, 종이벽돌, 나무블록, 레고블록 등)과 주제와 관련된 다양한 소품(나무로 된 사람, 동물, 교통기관, 교통표지판 등)을 제공하여 유아의 독창성이 잘 발휘될 수 있도록 한다.

▎사진 9-9▎ 쌓기놀이 공간

② 언어놀이 공간

언어놀이 공간은 듣기, 말하기, 읽기, 쓰기 등 유아의 언어발달과 관련된 다양한 활동이 일어나는 곳이다. 특히 책 읽는 공간은 가능한 한 창가에 배치하여 자연조명을 받도록 하는 것이 좋으며 카펫, 쿠션, 소파 등을 활용하여 아늑하고 매력적인 공간으로 꾸민다. 또한 교사는 유아의 흥미, 경험 등을 고려하여 수시로 책을 교체하여 유아가 다양한 그림책에 지속적인 흥미를 가질 수 있도록 한다.

언어놀이 공간에는 다양한 도서, 융판자료, 카세트 · CD 플레이어, CD, 테이프, 손인형, 동화자료, 각종 그림자료, 쓰기 도구 등 듣기, 말하기, 읽기, 쓰기와 관련된 활동이 활발하게 일어날 수 있도록 자료를 제공할 수 있다.

| 사진 9-10 | 언어놀이 공간

③ 역할놀이 공간

역할놀이 공간은 소꿉놀이, 극놀이가 이루어지는 영역으로 유아가 일상생활 속에서 경험한 다양한 사건이나 유아 자신의 상상 또는 생각들을 구체적인 사물을 가지고 재현해 보거나 행동으로 표현하는 놀이가 이루어진다. 역할놀이는 움직임과 상호작용이 활발하게 일어나므로 넓은 공간이 필요하다. 또한 쌓기놀이 공간과 인접하게 배치하면 놀이가 확장될 수 있다.

역할놀이 공간에는 실물과 유사한 다양한 가정생활소품(싱크대, 냉장고, 식탁, 화장대, 그릇, 화장품, 옷, 신발, 가방, 수저, 음식 모형 등)을 준비해 둔다. 또한 병원놀이, 시장놀이, 우체국놀이 등과 같이 유아가 가정의 상황에서 벗어난 여러 가지 경험을 할 수 있도록 직업과 관련된 다양한 복장과 도구를 마련한다. 역할놀이 공간에 제공되는 도구 및 소품들은 유아의 흥미, 활동내용에 따라 수시로 바꾸어 주어야 한다.

사진 9-11 역할놀이 공간

④ 수 · 조작 놀이 공간

수 · 조작 놀이 공간은 구체물과 퍼즐 등을 활용하여 유아의 논리 · 수학적 사고능력 및 눈과 손의 협응력, 소근육 발달을 돕는 공간이다.

이 공간에는 분류하기, 순서 짓기, 패턴 인식하기, 수 세기, 시간개념, 보존개념, 공간개념, 측정개념 등 수학적 개념을 이해하는 데 필요한 수놀이자료와 퍼즐, 끈과 구슬, 바느질 재료, 열쇠와 자물쇠, 볼트와 너트, 일상생활 훈련틀(단추틀, 리본틀, 지퍼틀) 등을 제공할 수 있다. 상품으로 판매되는 교구 외에 달력의 숫자, 계산기, 전화기, 돌 등 생활 주변의 사물들을 활용할 수 있다.

⑤ 탐구놀이 공간

탐구놀이 공간은 동식물의 생태계 및 여러 가지 자연현상과 물리 · 과학적 현상을 경험할 수 있는 공간이다.

이 공간에서는 곤충이나 작은 동식물을 기를 수 있으며 나무열매, 조개껍데기, 각종 수확물 등 계절에 맞는 자연물들을 전시하여 유아가 관찰할 수 있도록 할 수 있다. 또한 유아의 흥미 및 활동내용에 따라 자석, 현미경, 저울 등의 도구들을 비치하여 다양한 탐색활동이 일어날 수 있도록 한다.

| 사진 9-12 | 탐구놀이 공간

⑥ 음률놀이 공간

음률놀이 공간은 유아가 노래 부르기, 악기 연주하기, 신체표현하기, 음악 감상하기 등의 활동을 하는 곳이다. 이 공간은 신체를 자유롭게 움직일 수 있도록 넓은 공간이 필요하며 바닥에 카펫을 깔아 소음을 줄이는 것이 좋다.

음률놀이 공간에는 다양한 종류의 리듬악기, 가락악기, 녹음기, 음악테이프, 카세트 플레이어, CD 플레이어, 헤드폰 등을 준비하여 음률놀이가 활발히 일어날 수 있도록 한다. 음률놀이 자료들은 유아의 흥미와 요구를 고려하여 수시로 바꾸어 배치한다.

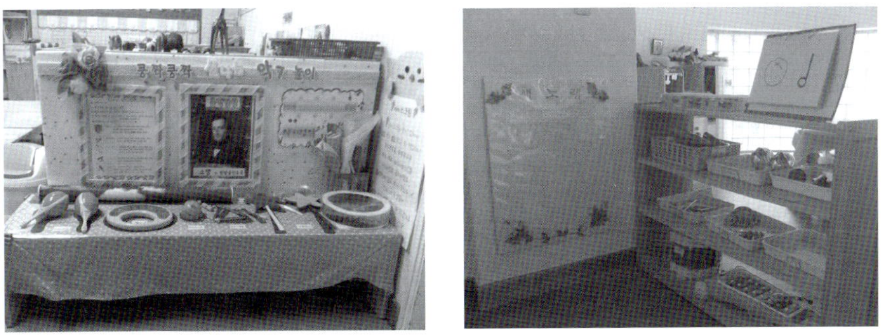

| 사진 9-13 | 음률놀이 공간

⑦ 미술놀이 공간

미술놀이 공간에서는 그리기, 붙이기, 자르기, 찢기, 찍기, 만들기, 구성하기 등 다양한 미술활동을 통해 유아의 창의적 표현활동이 이루어진다.

미술놀이 공간에는 각종 그리기 자료(물감, 크레파스, 파스텔, 색연필 등), 여러 가지 종류의 종이(색종이, 도화지, 마분지 등), 풀, 가위, 테이프, 각종 폐품, 다양한 자연물 등을 비치해 둔다.

미술놀이 공간에는 빗자루, 쓰레받기, 휴지통, 걸레 등을 두어 쉽게 뒷정리를 할 수 있도록 돕는다.

사진 9-14 미술놀이 공간

2. 실외환경

유아교육기관의 실외환경은 유아교육기관 전체 공간에서 건물을 제외한 나머지를 말하며 실외 놀이환경 또는 바깥놀이터로 불리기도 한다.

실외환경은 영유아가 또래들과 마음껏 뛰어놀면서 즐거움을 느끼고 자연과 계절의 변화를 만나면서 탐색이 일어나는 공간이다. 실외환경은 영유아의 운동 기술을 향상시킬 뿐만 아니라 인지발달, 창의성발달, 의사소통능력 및 사회적 기술의 향상에도 큰 역할을 한다. 그러므로 교사는 영유아에게 다양한 경험과 흥미를 줄 수 있는 공간으로 실외환경을 구성해야 한다.

1) 실외환경의 교육적 기능

실외는 활발한 신체운동뿐만 아니라 영유아의 전인적인 성장·발달이 일어나는 곳으로 다양한 기능을 수행한다. 실외환경의 교육적 기능은 다음과 같다(하정연·좌승화·조채영, 2008).

(1) 여러 가지 신체활동을 자발적으로 자유롭게 해볼 수 있는 장소이다

실외는 신체 움직임의 자유가 주어지는 곳으로 영유아가 마음껏 소리치며 자유롭게 뛰어놀 수 있는 장소이다. 따라서 실내놀이실보다 대근육활동이나 신체적 활동이 더 활발하게 이루어진다.

(2) 다양하고 풍부한 감각경험을 제공하는 장소이다

실외는 영유아에게 풍부한 감각경험을 제공하는 많은 요소들을 가지고 있다. 모래, 흙, 돌, 나뭇잎, 나무, 꽃, 곤충, 동물 등의 여러 가지 사물과 자연은 영유아의 다양한 감각기관을 자극하고 일깨운다.

(3) 자연을 학습하고 자연의 생명을 중시하는 윤리체계를 형성하는 장소이다

실외에서 영유아는 다양한 자연을 직접 경험하고 학습한다. 자연을 자주 가까이 경험하면서 자연의 소중함을 알고 자연의 생명을 중시하는 윤리체계와 자연과 공생하는 태도를 가지게 된다.

(4) 실내놀이를 확장시켜 할 수 있는 장소이다

대부분의 실내놀이는 실외에서도 실시될 수 있다. 동화 및 동시 듣기, 미술활동, 요리활동, 역할놀이 등이 활발히 일어날 수 있다.

(5) 다양한 사회관계를 맺는 장소이다

실외는 다양한 연령의 영유아가 함께 어울리는 장소이기 때문에 다양한 사회관계가 형성된다. 또한 영유아는 사회관계를 잘 유지하기 위해서 지켜야 할 예절이 있다는 것을 알게 된다.

(6) 즐거움을 주는 장소이다

실외환경의 중요한 기능 중 하나는 영유아에게 즐거움을 준다는 것이다. 교사의 간섭과 제한이 덜하며 신체활동의 자유가 주어지기 때문에 영유아는 마음껏 소리치고 뛰어놀면서 즐거움을 느낄 수 있다. 또한 영유아의 탐색과 도전의 욕구를 충족시켜 주고 발견의 기쁨을 느끼게 해주는 공간이기도 하다.

2) 실외환경 구성의 일반적인 원리

유아교육기관의 실외공간은 풍부한 상상력과 창의력을 발휘해 갈 수 있으며 심미적인 즐거움을 주는 안전한 공간으로 구성해야 한다. 실외환경을 구성할 때 고려해야 할 일반적인 원리는 다음과 같다(박찬옥 · 정남미 · 임경애, 2004; 박찬옥 외, 2020; 유효순 · 조정숙, 2004; 최석란 외, 2006; 이소은 · 이순형, 2014; 하정연 · 좌승화 · 조채영, 2008; 박찬옥 외, 2020).

(1) 영유아가 융통성 있게 활용할 수 있도록 변화 가능성을 고려하여 구성한다

실외놀이터의 구조화되고 완성된 형태의 놀이기구는 영유아의 놀이행동을 제한하고 반복적인 기능놀이를 유발한다는 점에서 제한점이 있다. 따라서 단일기능의 구조화된 놀이기구만을 배치하기보다는 영유아가 융통성 있게 활용할 수 있는 비구조화된 놀이기구 및 놀이자료를 함께 배치하여 영유아의 창의적인 놀이를 지원할 수 있도록 해야 한다. 즉, 조작, 연합, 변화 가능성이 높은 흙, 모래, 물, 돌, 목공놀이 도구, 소꿉놀이 도구, 흙놀이 도구, 다양한 재활용품 등을 구비하여 영유아가 필요할 때 사용할 수 있도록 구성하여 놀이의 변화가 수시로 일어나도록 한다.

(2) 영유아의 연령 및 신체발달 수준에 적합하며 안전하게 구성한다

영아를 위한 실외놀이 도구는 영아용으로 제작되어 안전사고를 예방하고 운동기능이 미숙한 영아에게 좌절감을 주지 않는 것이어야 한다. 영아의 실외놀이 공간은 유아를 위한 공간과는 분리되는 것이 좋지만 공동으로 사용해야 할 경우는 시간을 다르게 해서 사용하는 것도 좋다.

유아를 위한 실외환경은 영아를 위한 실외환경보다 더 다양한 형태로 설계되어야 한다. 즉, 유아의 호기심과 도전을 자극하고 상호작용이 활발히 일어나고 유아가 좀 더 발전된 다양한 유형의 놀이를 즐길 수 있도록 설계되어야 한다.

영유아기는 위험에 쉽게 노출되는 시기이므로 특히 안전을 고려한 공간으로 실외환경을 구성해야 한다.

(3) 위치와 면적을 고려한다

실외공간은 유아교육기관 건물의 남쪽 면에 배치하여 하루 종일 햇볕이 골고루 들게 한다. 실외놀이터의 기준면적은 정원 50인 이상의 어린이집의 경우 영유아 1인당 3.5m^2 이상 규모의 놀이터를 설치해야 한다. 놀이기구는 영아용과 유아용 또는 대상 연령별로 설치하며 대근육활동 놀이기구 1종 이상을 포함하여 최소 3종 이상의 놀이기구를 설치하도록 하고 있다(보건복지부, 2014).

(4) 바닥표면은 다양한 형태로 구성한다

바닥표면은 영유아가 놀이 상황에 따라 다양하게 활용하며 놀 수 있도록 흙, 모래, 잔디, 딱딱한 바닥 등으로 구성한다. 예를 들어, 복합놀이기구가 있는 곳에는 모래를 깔아 영유아가 안전하게 놀 수 있도록 하며 영유아가 자전거나 짐차를 끌고 다니는 곳에는 바퀴가 잘 구를 수 있는 고무트랙 등의 바닥으로 구성한다.

(5) 동적인 놀이와 정적인 놀이가 균형 있게 이루어질 수 있도록 구성한다.

영유아는 건강 및 발달의 측면에서 동적인 놀이와 정적인 놀이의 조화가 필요하다. 따라서 마음껏 소리 지르고 뛰어다니며 놀 수 있는 동적인 놀이공간과 조용히 책을 읽거나 그림을 그리면서 놀 수 있는 정적인 놀이공간을 마련하여 정적·동적 놀이가 균형 있게 이루어지도록 구성한다.

(6) 이동을 원활하게 하는 통로를 마련하고 놀이기구 간 충분한 공간을 둔다

통로는 한 장소에서 다른 장소로의 이동을 원활하게 해주며 영유아가 서로의 놀이를 방해하지 않고 놀게 하며, 놀이기구를 사용할 때나 놀이기구를 이동할 때 발생할 수 있는 안전사고를 줄일 수 있다. 또한 안전하고 효과적인 놀이기구 사용을 위해 놀이기구 간 충분히 넓은 공간을 두는 것이 좋다.

(7) 실내놀이실과 실외놀이터 간 이동 동선을 짧게 한다

실내놀이실과 실외놀이터 간의 이동 동선을 짧게 하여 이동시간을 줄일 수 있다. 1층에 실내놀이실이 위치한 경우는 실내놀이실에 실외놀이터로 향하는 별도의 문을 설치하여 실내와 실외의 이동을 원활하게 한다. 실내놀이실이 2, 3층에 위치한 경우는 실외놀이터로 바로 이동할 수 있도록 미끄럼틀과 계단을 설치할 수 있다.

(8) 빈 공간을 마련해 준다

실외에 놀이시설물이 없는 빈 공간을 마련해 준다. 실외의 모든 공간이 놀이시설물로 꽉 차게 되면 오히려 영유아가 다양한 놀이를 하는 데 방해가 된다. 빈 공간은 그날의 활동내용이나 영유아의 요구에 따라 잡기놀이, 숨바꼭질, 전통놀이, 게임 등과 영유아가 창조한 놀이가 융통성 있게 이루어질 수 있다.

(9) 울타리와 창고를 설치한다

실외공간에 울타리를 설치하여 교육기관 밖의 위험에서 영유아를 보호하고 영유아가 무단으로 이탈하는 것을 방지하도록 한다. 또한 실외놀이도구를 쉽게 꺼내 쓰고 정리·보관하기 위해서 창고를 설치하는 것이 좋다.

(10) 자연과 어우러진 공간으로 구성한다

실외는 영유아의 다양한 상상력과 창의력이 자극되는 공간이어야 한다. 이러한 공간은 인위적인 공간이 아닌 자연적인 공간이다. 그러므로 실외는 각종 인위적인 놀이시설물들로 채워진 인위적인 공간이 아닌 자연과 어우러진 환경으로 구성하는 것이 좋다. 따라서 실외에는 텃밭, 동물우리, 작은 정원을 마련하거나 곳곳에 다양한 유실수를 심어 자연이 있는 공간으로 구성하는 것이 좋다.

3) 실외 놀이공간

유아교육기관의 실외공간은 영유아의 다양한 놀이가 일어나는 놀이공간이다. 특히 실외공간은 실내에서 하기 어려운 놀이나 놀이자료를 자유롭게 활용하여 새롭고 창의적인 놀이를 마음껏 시도해 볼 수 있는 공간이다. 영유아는 실외에서 설치된 놀이기구를 활용하기도 하며 온몸으로 마음껏 달리고, 구르고, 오르며 놀기도 한다. 나뭇잎, 나뭇가지, 돌, 물·모래를 활용하여 성, 산, 물길 만들기 등의 놀이를 하기도 하며, 실외의 넓은 공간과 다양한 놀이기구를 자유롭게 활용하여 활동성이 큰 역할놀이를 하기도 한다. 영유아를 위한 실외 놀이공간을 살펴보면 다음과 같다.

(1) 운동놀이 공간

운동놀이 공간은 오르기, 매달리기, 구르기, 달리기 등 다양한 운동놀이를 통해 대근육 운동능력을 기르고 기구를 이용하는 방법을 습득할 수 있는 곳이다. 이 공간에서는 복합놀이기구, 그네, 시소, 평균대, 뜀틀, 미끄럼틀, 정글짐 등을 용도, 특성, 안전성과 활동성을 고려하여 적절하게 배치하고 특히 모래바닥 위에 놀이기구를 설치하여 안전한 놀이가 이루어지도록 한다.

▎사진 9-15▎ 운동놀이 공간

(2) 물 · 모래놀이 공간

물놀이 공간은 수도 가까이에 배치하여 물 사용이 용이하게 한다. 모래놀이 공간은 햇볕이 뜨거운 여름이나 추운 겨울에도 놀 수 있도록 햇볕과 그늘이 함께 있는 공간에 위치하도록 한다. 물놀이와 모래놀이는 함께 이루어지는 경우가 많고 도구도 공동으로 사용되기 때문에 인접하게 배치하는 것이 좋다. 물 · 모래놀이 공간에는 다양한 놀이도구를 두어 활발한 놀이가 이루어지게 하고, 특히 그릇, 냄비, 수저 등 주방용 폐품을 두어 놀이도구로 활용할 수 있도록 한다.

사진 9-16 모래놀이 공간

(3) 자연탐구 및 관찰 놀이 공간

자연탐구 및 관찰 놀이 공간은 텃밭, 정원, 동물 우리를 두어 동 · 식물을 기르고 관찰 및 탐구를 하는 곳이다. 텃밭과 정원은 텃밭작물과 꽃, 나무들이 잘 자랄 수 있도록 햇볕이 잘 들고 배수가 잘 되는 곳에 배치하여 계절에 따른 다양한 식물과 곤충들을 관찰할 수 있도록 한다. 텃밭, 정원, 동물 우리는 다른 놀이를 방해하지 않는 적절한 곳에 배치한다.

▍사진 9-17▍ 자연탐구 및 관찰 놀이공간

(4) 작업놀이 공간

작업놀이 공간은 실외환경의 특성을 활용하여 그림 그리기, 큰 블록 쌓기, 목공놀이, 점토놀이 등이 이루어지는 곳으로 영유아의 흥미에 따라 수시로 만들어지고 없어지는 공간으로 구성한다.

미술놀이를 할 때에는 미술활동을 위한 테이블을 준비해 주고 다양한 미술재료들을 제공해 주어 영유아가 자유롭게 표현할 수 있도록 한다.

목공놀이를 할 때에는 소나무, 백양나무 등의 나무를 유아가 사용하기에 적절한 크기로 제공해 준다. 또한 망치, 톱, 펜치, 못, 드라이버 나사못, 나사조이개 등 유아용 연장들을 연장통에 담아 비치해 둔다. 목공놀이는 소음이 많고 주의해서 사용해야 할 도구들이 많으므로 통행이 빈번하지 않고 다른 놀이공간과 떨어진 곳에 배치한다.

(5) 편평하고 개방된 놀이공간

이 공간은 확 트이고 편평한 바닥으로 된 곳이므로 영유아가 마음껏 뛰어놀거나 게임, 음률, 전통놀이, 신체표현활동, 소집단활동 등을 할 수 있는 곳이다. 교사는 신체발달, 활동 주제, 계절, 영유아의 흥미 등을 고려하여 다양한 이동놀이 도구를 제공할 수 있다. 이 공간에 제공될 수 있는 놀이도구는 공, 훌라후프, 축구대, 줄넘기, 농

구대, 타이어 등이며 영유아가 필요할 때 수시로 꺼내서 사용할 수 있도록 한다. 보통 이 공간의 바닥에는 흙이나 잔디를 깔아주는 것이 좋다.

사진 9-18 편평하고 개방된 놀이공간

(6) 성적 놀이 또는 휴식공간

영유아의 놀이는 동적인 놀이와 정적인 놀이의 조화가 잘 이루어져야 한다. 이 공간은 주로 정적인 놀이가 이루어지는 곳으로 동화책 보기, 친구들과 대화 나누기 등을 하거나 휴식을 취하는 공간이다. 그러므로 영유아의 왕래가 많지 않은 조용하고 시원한 그늘진 곳에 배치하는 것이 좋다. 등나무 벤치를 마련하여 활용할 수 있으며 나무 그늘에 돗자리를 깔아서 활용할 수도 있다.

3. 놀이자료

일반적으로 유아교육기관에서는 교육활동에 활용되는 교수매체, 놀잇감, 활동자료 등에 교재·교구라는 용어를 주로 사용하였다. 하지만 유아·놀이 중심을 표방하는 2019 개정 누리과정에서는 '교재·교구'라는 명칭을 사용하지 않고 '놀이자료'라는 명칭을 사용하고 있다. 놀이자료는 영유아가 놀이에 사용할 수 있는 놀잇감, 매체, 자료와 도구 등을 포함한다. 교사는 다양한 놀잇감, 일상생활 용품, 자연물, 악기, 미술재료, 그림책, 재활용품, 비구조적인 열린 자료 등을 풍부하게 제공하고 계절, 행사, 국경일과 관련된 자료를 시기에 맞게 제공해야 한다. 또한 놀이자료를 제공할 때에는 영유아가 자유롭게 탐색할 수 있도록 자료의 사용방법이나 놀이방식을 지나치게 제한하지 않도록 유의해야 한다(교육부·보건복지부, 2019).

여기서는 놀이자료의 필요성 및 선정 기준을 살펴보고자 한다.

1) 놀이자료의 필요성

영유아에게 놀이자료는 자신의 감정과 생각, 상상 등을 자유롭게 표현하는 수단이자 세상에 대한 이해를 넓혀가는 중요한 역할을 하는 매개물이다(교육부·보건복지부, 2019).

직접 만지고, 냄새 맡으며, 맛을 보고, 탐색해 보는 등 다양한 감각적 자극을 제공하는 놀이자료는 영유아에게 구체적인 경험을 제공하여 보다 효과적이고 능률적인 배움으로 이끈다. 놀이자료의 필요성은 다음과 같다(김상윤 외, 2007; 이대균·송정원, 2010; 한성희·임연진, 2005).

(1) 영유아의 흥미를 유도한다

다양한 감각적 자극을 제공하는 놀이자료는 영유아의 흥미와 호기심을 유발하여 영유아가 적극적으로 활동에 참여하도록 한다. 또한 영유아의 학습 동기를 유발하고 주의집중력을 높여 영유아가 학습에 대한 높은 기대감과 즐거움을 가지도록 한다.

(2) 놀이를 통해 학습이 일어나도록 한다

영유아의 놀이와 학습은 분리시켜 생각할 수 없다. 즉, 영유아는 놀이를 통해 배우기 때문에 놀이가 곧 학습이 된다. 따라서 영유아의 호기심을 자극하여 다양한 놀이활동을 이끌어 낼 수 있는 풍부한 놀이자료가 필요하다. 영유아기는 감각기관을 통해 환경을 인식해 가는 시기이므로 구체적인 사물이나 자료를 가지고 활동을 할 때 가장 효과적인 학습이 이루어질 수 있다. 영유아에게 감각기관을 자극하는 놀이자료를 제공해 준다면 영유아는 사물을 관찰하고, 만져보고, 냄새 맡는 등 감각으로 사물을 탐색하며 자연스럽게 지식을 구성하게 된다.

(3) 다양한 발달을 돕는다

놀이자료는 감각발달, 인지발달, 사회성발달, 언어발달, 신체발달, 창의력발달 등 다양한 발달을 돕는다. 영유아는 다양한 감각기관을 통해 세상을 배운다. 따라서 실물, 모형, 사진 등 구체적인 놀이자료를 직접 만지고 보고 듣고 냄새 맡으면서 감각 및 인지 발달이 이루어진다. 또한 영유아는 놀이자료를 또래와 함께 가지고 놀면서 또래관계 형성에 필요한 사회적 기술을 획득하며, 놀이자료를 활용한 놀이에 몰두하면서 즐거움을 경험한다. 이러한 또래와 놀이 경험은 영유아의 정서 및 사회성 발달에 도움이 될 뿐 아니라 또래 및 교사와의 언어적 상호작용을 빈번하게 하여 언어발달에도 긍정적인 영향을 미친다. 영유아는 다양한 놀이자료를 가지고 놀면서 소근육과 대근육이 발달하며 체력이 증진되는 효과를 갖는다. 특히 바깥놀이터에서 이루어지는 여러 가지 놀이도구를 활용하여 놀이를 하는 것은 체력 증진과 대근육발달에 큰 도움이 된다. 또한 놀이자료는 창의력발달과 깊이 관련된다. 특히 돌멩이, 흙, 물, 모래, 자연물 등과 같은 비구조화된 놀이자료는 영유아 주도의 창의적인 놀이로 이끌기 때문에 창의성과 사고력 발달을 증진시킨다.

(4) 교수-학습 과정에서 보다 긍정적인 역할을 할 수 있다

교사가 계획한 활동을 진행할 때 적절한 놀이자료(활동자료)를 사용함으로써 교사는 활동 내용을 설명하는 데 필요한 노력을 줄일 수 있으며 영유아는 활동 내용을 더 잘 기억하고 이해할 수 있다. 특히 주변에서 손쉽게 마련할 수 있는 자연물이나 실물은 교사의 제작 노력을 덜어주면서 영유아의 학습에 큰 효과를 낸다. 따라서 교사는 자연물이나 실물과 같은 놀이자료를 사용함으로써 놀이자료 제작에 소요되는 시간을 절약하여 개별 처치가 필요하거나 교사와의 상호작용이 필요한 영유아들을 위해 더 많은 시간을 할애하고 관심을 쏟을 수 있다.

(5) 교사 개개인의 능력에 따른 교수활동의 차이를 줄이는 데 기여한다

유아교육현장에서 교사가 같은 내용에 대한 활동을 하더라도 교사들 간의 경험, 지식 및 활동방법 등에 따라 활동의 양과 질이 달라지며 이로 인해 영유아들에게 미치는 영향 또한 달라진다. 하지만 특정 놀이자료(활동자료)를 사용하게 되면 교사 개개인의 능력에 따른 교수활동의 양과 질의 차이를 줄일 수 있다.

2) 놀이자료의 선정 기준

영유아교육기관에서 활용되는 놀이자료는 식물, 돌, 흙 등의 자연물, 컵, 옷걸이, 수건, 접시, 빈 상자, 병뚜껑 등의 생활용품, 종이, 철사, 천 등의 재료, 그림책, 블록, 소꿉놀이 도구, 퍼즐 등의 상품화된 놀잇감이 있다.

유아교육현장에서 놀이자료는 영유아가 직접 선택하여 놀이에 활용하기도 하고, 교사가 선택하여 영유아에게 제공하기도 한다.

여기서는 놀이자료를 선정할 때 고려할 사항을 살펴보고자 한다.

(1) 적합성

놀이자료는 현재 영유아의 발달수준에 적합해야 한다. 왜냐하면 영유아가 이해하거나 활동하는 데 너무 쉽거나 너무 어려운 놀이자료는 영유아의 관심과 흥미, 집중을 지속하기가 힘들기 때문이다. 또한 놀이자료는 학습 목표를 달성하는 데 적합하여 교육적 효과를 가져오는 것이어야 한다.

(2) 참신성

영유아는 하나의 놀이자료에 익숙해지면 흥미를 잃는 경향이 있다. 새로운 놀이자료는 영유아의 호기심과 관심, 흥미를 끌어 학습목표 달성에 효과적이다. 기존에 사용하던 놀이자료의 사용 방법을 바꾸어 제시하거나 일정기간이 지난 후 다시 제공하는 것도 참신성을 높일 수 있다. 특히 교사가 특정 주제와 관련된 활동을 할 때 사용하는 놀이자료는 내용상 오류가 없어야 하며 비교적 최근의 교육내용을 담고 있는 참신한 것이어야 한다.

(3) 경제성

놀이자료는 적은 양의 시간, 비용 및 노력으로 큰 교육효과를 내야 한다. 이러한 점에서 자연물 또는 폐품은 우수한 놀이자료라 할 수 있다. 특히 유아교육현장에서 놀이자료는 다음 해에도 지속적으로 사용되어야 하므로 견고성과 내구성을 고려하여 선정해야 한다.

(4) 안전성

영유아를 대상으로 하는 놀이자료는 무엇보다 안전하고 위생적이어야 한다. 예를 들면, 날카로운 모서리나 뾰족한 부분은 없는가, 유해한 페인트로 칠해지지는 않았는가, 청결한가 등 세심한 주의를 기울여야 하며 특히 상품화된 놀이자료라면 국가로부터 승인된 제품인가를 확인해야 한다.

(5) 다양성 및 창의성

좋은 놀이자료는 정해진 방법 이외의 다양한 방법으로 활용될 수 있어야 하며 영유아가 창의적으로 활용할 수 있어야 한다. 따라서 놀이자료를 선택할 때에는 하나의 놀이자료가 얼마나 다양하게 활용될 수 있으며 영유아의 창의적인 표현을 자극하는지를 고려해야 한다.

흙, 물, 모래, 자연물 등 비구조화된 놀이자료는 활용방법이 고정된 구조화된 놀이자료보다 다양성과 창의성이 우수하다.

(6) 매력성

좋은 놀이자료는 학습자들의 흥미를 유발하고 주의집중을 가능하게 하는 매력적인 것이어야 한다. 아무리 좋은 내용의 놀이자료라 하더라도 매력적이지 못하면 영유아의 흥미를 끌 수 없으며 주의집중을 힘들게 한다.

(7) 메시지의 중립성

좋은 놀이자료는 성 역할관, 직업관, 인종, 문화적·경제적 편견 등 한 개인이나 한 집단의 의사를 편협되게 전달하는 것이어서는 안 된다. 특히 영유아기에 고정관념화된 편견은 영유아기뿐 아니라 성인기까지도 사회와 자신을 이해하는 데 좋지 않은 영향을 미친다.

chapter 10

유아교육의 발전방향

chapter

10 유아교육의 발전방향

이 장에서는 사회변화에 따른 유아교육의 변화를 살펴보고, 유아교육의 발전방향 모색을 위한 미래 전망과 과제를 세시하였다.

1. 사회변화와 유아교육

최근 정보의 총량이 기하급수적으로 증가하는 정보의 홍수 속에서 최첨단 융합기술의 발달로 인공지능 로봇, 사물 인터넷(IoT), 무인자동차, 웨어러블 기기, 나노 · 바이오 기술 등 이전과는 다른 사회변화를 맞이하고 있다. 4차 산업혁명은 경제 · 사회 시스템의 혁명적 변화는 물론 인간이 살아가는 방식에서부터 사고하는 방식에 이르기까지 획기적 변화를 초래하고 있다.

기후변화에 영향을 받지 않는 주거지 개발 인력 수요의 증가 및 식량 문제와 관련한 종자 확보를 위해 군사적 · 경제적 분쟁 발생 등이 전망되고 있고, 산업경제 분야에서는 노동의 경제적 가치 소멸 및 인공지능 로봇과 인간의 일자리 경쟁이 치열해지는 상황 등을 예측한 바 있다(과학기술정책연구원, 2017).

100세 시대의 도래로 고령화 및 청년 실업 등 연령 간 사회적 격차는 확대되고 있으며, 노동시장은 정시 출퇴근의 일자리가 줄고 유연 근무, 재택 근무 등이 증가하고 있다. 여성의 경제활동 참가와 출생률 저하는 지속되고 있으므로 다양한 형태의 가족 출현은 불가피하며, 사회적 역할은 사회문화와 성별의 차이를 넘어 역량 중심의 효율화를 선택하는 방향으로 가고 있다.

인공지능 시장의 확대로 디지털 기술은 바이오산업 및 물리학과 생물공학의 경계를 허물고 기술 융합에 박차를 가하고 있다. 로봇공학과 기계학습 분야 등 다수의 산업 분야에서는 변화된 직무역량을 요구하며 지금까지의 직무 기술 대신 인지적 유연성 및 창의성, 논리·수리적 사고 역량, 복합문제 해결역량을 요구하고 있다. 일과 학습이 통합되고 개인과 사회, 인간과 자연 간의 관계가 더욱 긴밀히 연계되는 글로벌 지식경제 사회에서 교육의 방향은 급속한 환경변화에 유연하게 대처할 수 있는 창의적인 인재 육성을 더욱 강조하고 있다.

2015 유네스코 세계교육포럼에서는 '교육을 통한 삶의 변화'를 새로운 비전으로 제시하며 '교육 2030 : 모두를 위한 포용적이고 평등한 양질의 교육과 평생학습을 향하여'를 인천 선언(Incheon Declaration)에서 채택하였다. 지식 기반 사회에서 필요한 교육 접근성 보장 및 학습자의 삶을 위한 경제적 활동 증진을 모색하며, 교육 보장과 평생학습의 변화와 개선을 강조한 것이다. 단순한 지식전수가 무의미해지고 있는 상황에서 교육의 내용은 컴퓨터가 할 수 없는 인간의 고유한 영역 개발에 관심을 두고 통합적 학습역량을 갖춘 인재 육성을 지향하고 있다.

인구변화에 따른 미래 한국의 교육이슈로 저출산을 주목하지 않을 수 없다. 학생 수 감소로 인해 교육여건 개선이 요구되며 교육 인프라 수급의 불균형 해소를 통해 유아교육의 질 개선이 요구되고 있다. 유아교육의 공공성 강화를 위해 초·중·고에 비해 부족했던 만 3~5세 모든 유아의 실질적 교육기회 평등을 추진하고자 학부모의 선호가 높은 국공립 유치원을 확대하며, 유아교육의 과도한 사교육을 개선하기 위해 방과후 과정 등을 확대하였고, 유아 중심의 교육문화를 선도하는 혁신 유치원을 확대하고, 현장 교원의 업무경감과 학부모의 교육참여를 위한 교육환경을 조성하며, 교원의 임용과 임금체계 등 유아교육 혁신을 추진하고 있다.

국제정세의 변화로 인해 글로벌화가 가속화됨에 따라 교사양성과정에 국제이해교육과 다문화수용 역량은 중시되고 있고, 지속가능발전교육, 평화교육 등 교사의 개방성과 수용성이 강조되고 있다. 이와 관련해 글로벌 경제 사회에서 다양한 직업진로교육 및 교육 양극화로 인한 불평등 해소를 위해 보편적 교육기회 확대가 요구되고 있다.

한 연구(김은영, 2017)에 의하면 호주와 비교하여 우리나라의 영유아는 상대적으로 놀이시간이 많이 부족한 상황이며, 지나치게 오랜 시간을 학습하는 것으로 나타났다. 또한 가정에서 양육하는 2세 영아의 전자기기 노출 시간은 심각한 수준이며, 영유아들의 하루 일과 중 건강한 성장·발달을 보장하기 어려운 수준의 과다한 사교육이 만연하였다. 아동의 권리를 보장하기 위해 아동권리협약에 비준한 우리나라는 아동의 놀 권리를 인식하고, 교육현장에서 아동의 권리증진 방안을 모색하며 유아중심 놀이중심 교육과정을 실행하고 있다. 또한 개인주의가 심화되는 사회환경 속에서 교사의 인성 및 가치관은 영유아의 가치관 형성에 지대한 영향을 미친다. 미래사회의 핵심역량 개발을 위한 다양한 요구 속에서 인성형성에 미치는 교사의 영향력을 고려해 교사의 창의성 및 인성 개발 역량은 더욱 중시되고 있다.

2. 유아교육의 미래 전망과 과제

1) 정책 추진의 통합적 접근

유아교육은 미래사회를 살아갈 대상을 교육한다는 점에서 미래의 전망과 예측을 통해 교육 방향을 설정하고, 교육정책, 복지정책, 사회정책이 유기적으로 연결되어 실행되어야 한다. 유아교육은 사회의 기본 단위인 가족을 중심으로 영유아의 미래사회를 결정짓는다.

0~5세 영유아가 최고수준의 교육과 보육을 받도록 유보통합 관리체계를 3단계로 계획하고 있다. 1단계는 정부조직법 개정으로 중앙단위 일원화로 중앙부처로 업무를 이관하고, 2단계는 지방단위 일원화로 「지방교육자치에 관한 법률」 등 개정으로 지방단위 일원화를 계획하고 있으며, 현재 '유보통합 관리체계 일원화 방안(7.28)'에 따라 보건복지부의 '영유아보육' 업무를 교육부로 이관하여 중앙정부 차원의 관리체계 일원화를 위해 정부조직법을 개정하였다. 유치원은 교육기본법 제9조(학교교육)에 의거 학교로서의 지위를 가지고 있으며, 정부조직법상에도 '학교교육'에 포함되어 있고, '영 · 유아 보육'이 이관되더라도 이미 '학교교육'에 포함되어 있는 유치원의 지위와 성격에는 변화가 없다.

우리나라 아동 정책의 주무부처는 연령에 따라 영유아기는 여성가족부, 보건복지부, 아동기와 아동기 이후는 교육부, 여성가족부, 문화체육관광부 등으로 다양했다. 인간 발달이 출생부터 성장 시기에 따라 통합적인 관련이 있음을 고려한다면, 부처별 연계성 있는 정책 추진이 요구된다. 따라서 장기적이고 지속적인 아동 정책 추진을 위해서는 보다 통합적인 접근이 이루어질 필요가 있다(도남희 · 이재희 · 예한나, 2019).

유아기의 가치, 태도, 행동 습관, 기술 등은 평생 동안 지속되며 이후의 삶에 영향을 미친다. 영유아가 속한 환경은 가정-유아교육기관-지역-국가로 확장되어 하나의 지구촌으로 함께 공생하는 관계이므로 지속가능한 교육시스템이 재정비되어야 한다.

인간의 삶은 정치, 경제, 사회, 환경 등이 유기적으로 연결되어 자연환경의 보존뿐 아니라 빈곤, 경제와 소비, 미래교육, 평화교육, 다문화교육, 인성교육 등을 통합하고 있다. 삶이 교육이 되기 위해서는 분절적, 단기적인 접근에서 나아가 전체적, 미래지향적 관점에서 생태적 사고의 전환이 필요하다. 가정 및 지역사회 등은 유아교육이 지역 문화와 관련하여 우리 미래의 삶에 영향을 미치는 문제에 주체적으로 참여하여 지속 가능한 방향으로 나아가야 할 것이다.

2) 영유아 권리와 교육의 질

유아교육의 질 제고를 위한 노력의 일환으로 그동안 평가체제를 통해 개선을 도모해 왔다. 유치원과 어린이집은 주기별로 평가지표에 근거해 어린이집 평가 및 유치원 평가를 실시하여 평가 결과를 공개하고 학부모의 선택기회를 확대하며, 지역실정과 상황을 고려해 자발적인 상생 노력을 유도해 왔다.

이제 교육부로 부처 통합을 이루었으며(교육부 자료, 2024), 세계 최고의 영유아교육 및 보육을 위한 유보통합 체제구축을 목표로 하고 있다(제4차 영유아교육보육통합 추진위원회, 2024, 6. 27).

영유아 최우선 원칙을 중심에 두고, 학부모 눈높이에 맞는 서비스 질 제고를 위해, 기본운영시간을 교육과정 및 3~4시간의 연장과정으로 돌봄운영을 위한 전담인력 또는 비용지원을 추진할 계획이다. 방학 중에도 운영을 확대해 맞벌이 자영업자의 휴일 근무 등 다양한 돌봄 수요에 대응할 수 있도록 토요일·휴일 거점 기관을 운영할 계획이라고 한다.

영아는 기본생활습관, 신체운동, 놀이중심 교육체험을 강화하여 누리과정과 연계하며, 5세는 초기 문해력, 기초역량 향상을 통해 유초연계를 강화한다는 계획이다. 2, 5세를 이음연령으로 지정하고, 교육과정 공동 운영 및 늘봄 연계 등 소규모 기관에서의 내실 있는 교육을 지원할 계획이다. 영유아 정서심리 지원을 강화하고, 장애 영유아의 평등한 출발선 보장을 위해 현행과 같이 어린이집 장애 영유아를 특수교육 대상자로 선정·지원할 것이다.

영유아를 최우선으로 고려해 설립운영 기준을 상향 평준화하되, 기존 기관에는 일부 경과규정을 적용하여 제한적으로 사인 설립을 허용하고, 재산요건을 강화하며, 시설기준을 상향하는 방향으로 계획하고 있다.

한편 영유아교사의 처우는 초·중등교사와 비교해 매우 열악한 수준이므로, 보육교사와 사립유치원교사 간 처우개선비 격차를 단계적으로 해소하여 동일 수준까지 지원하며, 교사의 휴가·질병 등에 따른 교육·보육 공백을 방지하기 위해 대체교사 지원을 확대할 계획이다. 단계적으로 기관 간 차이를 해소하고 효율적인 관리 지원을 위해 충분한 준비기간을 두고 안정적인 재원확충을 통해 행·재정적 지원이 이루어지길 기대한다.

3) 장애 영유아의 포용적 통합

유아특수교육 및 보육은 전체의 0.5%가 이용하고 있다. 유치원, 어린이집, 특수학교(학급) 이용 시 어려움으로는 등·하원 불편, 비장애 유아 부모님의 이해 부족 및 편견으로 장애 영유아의 부모나 가족이 실제적으로 경험하는 양육 어려움이 10년 전과 다르지 않다.

장애 영유아 자녀를 양육하는 과정에서 부모는 신체 피로도, 건강상의 문제, 장래 걱정, 우울, 비장애 심리문제, 소외, 경제적 부담, 사회경제활동의 곤란을 경험하고 있다. 취학 전 영유아를 둔 부모 1,000명을 대상으로 조사한 연구(박창현·김근진·이은혜, 2019)에 의하면, 주양육자는 대부분 어머니였고, 가장 높은 돌봄 시간은 평일 8시간 이상 주말에는 14시간이었으며, 야간 수면시간을 제외한 일상의 돌봄 시간은 평일기준 하루 8시간, 10시간, 6시간 순이었다. 현행 선별검사로는 정확한 장애 선별이 어렵고, 지역 의료시설에서 발달 및 치료 서비스를 정확하게 연계해 주지 못하며, 검진과정에서 장애진단을 받은 자녀와 가족의 애로점을 고려해 주지 않으므로 장애 영유아의 부모나 가족의 양육 어려움을 개선할 수 있도록 돌봄 지원과 경제적 지원의 측면에서 실제적인 행·재정적 지원이 필요하다.

통합보육의 질 향상을 위해 가장 필요한 것으로 (유아)특수교사 인력 확충, 통합보육 및 교육기관의 양적 확대, 교사의 전문성이 강화되도록 개별적 프로그램의 편성·운영 등이 있다. 장애 영유아의 초등학교 적응을 위해 학교 선생님의 이해와 배려, 특수교사의 전문성을 향상시키고 특수교사의 수를 확대하여 특수교육지원을 내실화하고, 통합교육 지원을 강화하며, 장애에 대한 공감문화를 확산하여 통합교육 지원체계를 구축할 필요가 있다.

특수교육·보육과 관련해 영유아 특수교사 인력을 확충하고, 장애 영유아 보육·교육기관도 확대하며, 장애 영유아 보육비 및 교육비를 추가로 지원하는 등 장애 영유아에게 균등하고 공정한 교육기회를 보장해야 한다. 장애 영유아 자녀가 초등학교 특수학급 또는 학교로 배치되기 위해 필요한 정보를 제공하고 지원하는 거점기관을 내실화해야 한다. 유치원과 어린이집 장애 영유아의 통합관리 시스템을 마련하여 유치원과 어린이집의 특수학교(학급)에 대한 정보를 내실 있게 제공해야 할 것이다.

통합교육은 장애 유무와 상관없이 모든 유아들이 동등한 교육적 혜택을 받을 권리를 말하며, 같은 공간에 머무르는 수준의 물리적 의미가 아니라 개별적 요구가 수용되어야 한다. 영유아교육기관에서는 특히 특수교육 대상자를 조기에 발견할 수 있도록 교사양성 교육을 내실화하고, 기관과 인력을 확충하여 사회적 차별 및 인식개선을 통해 단순히 물리적 공간을 통합하는 것이 아니라, 장애 영유아의 포용적 통합 방향으로 나아가야 할 것이다. 또한 특수 영유아의 개별요구를 수용할 수 있는 교수법, 보조공학, 관련 서비스 지원이 좀 더 촘촘하고 긴밀하게 연결된 통합시스템을 구축하고 지역사회 네트워크를 연결할 수 있는 중점기관을 통해 의료와 보건을 통합한 장애 영유아 맞춤 서비스가 제공되어야 할 것이다.

4) 교육의 공공성과 가족 지원

유치원과 어린이집에 비해 초등학교 1학년은 수업 및 돌봄 시간이 짧은 관계로 자녀의 초등학교 진학은 여성의 경력단절 및 사교육 확대의 원인(이재희 · 김근진 · 엄지원, 2017)이 되고 있다. 따라서 12세 이하의 돌봄이 필요한 아동은 언제든지 이용할 수 있도록 학교와 지역사회 및 관계부처 간 협력 체제를 구축하여 온종일 돌봄체계가 촘촘히 연계되어야 한다.

유아교육현장에서는 시설설비 및 놀잇감의 청결 · 안전관리, 아동학대 예방 및 감염병 예방 관리, 급간식 영양 및 위생관리, 통학차량 안전관리 등을 통해 학부모의 유아교육 환경에 대한 불안을 해소할 수 있도록 학부모 안심 교육인증제를 통해 급 · 간식 영양위생, 아동학대 예방, 감염병 예방, 시설설비 안전, 통학안전 등 안심 교육환경 및 문화를 확산해야 할 것이다.

또한 출산휴가 및 육아휴직 기간 중 재택 근무 기회를 확대하고, 출산휴가 및 육아휴직 사용 시 대체 인력 지원 및 재택 근무, 유연근무제 등을 활성화하며, 모성 보호 관련법, 남녀고용평등법과 일 · 가정 양립 지원 관련법, 근로기준법 등의 준수 여부를 감독하고, 성 평등 직장문화 개선 및 성별 임금 격차 해소를 위한 법 개정을 통해 실효성 있게 추진해야 할 것이다.

과거에 비해 개인별 육아지원과 남성의 육아에 대한 긍정적인 사회적 시선은 개선되었다고 볼 수도 있으나, 실제적으로 아버지 육아 참여 및 아버지 육아휴직은 아직까지 보편적인 제도로 적용되지 못하고 있는 상황이다. 이를 지원하기 위해 육아휴직 기간 동안 월 통상임금의 80%(상한 150만 원) 급여를 지원하고 있다. 고용보험법은 육아휴직을 사용한 근로자가 복직한 후 6개월 이상 계속 일할 경우 급여의 25%가량을 지급하도록 규정하고 있다. 육아휴직자의 직장 복귀를 독려하기 위한 조항이지만 고용보험법의 위임범위를 벗어난 위헌적 행정입법이라는 비판도 있는 상황이다. 특수고용직이나 예술인 등에 대한 육아휴직급여 적용을 확대하는 방안도 필요하며, 배우자 출산휴가를 1개월로 늘려 남성의 육아참여를 확대하고 기업이 재택근무와 양육기 탄력근무제 도입 시 세액공제 확대 등 인센티브를 주는 정책지원 등을 고려해 볼 필요도 있겠다. 아직까지도 아버지의 육아 참여 및 인식변화는 미약한 수준이기 때문이다.

5) 스마트 기기와 교사 역할

맞벌이 시간대에 맞는 육아지원 공간과 놀이공간, 연령별 놀이공간 조성으로 편리한 육아환경을 제공하고자 스마트 기기가 활성화되고, 다양한 소프트웨어와 디바이스들이 합쳐져 생활 전반에 혁신적인 기술이 적용 및 확대되고 있다. 코로나19를 거치면서 4차 산업혁명은 더욱 가속화되고 있으며, 비대면 수업으로 초지능, 초연결 사회를 경험하면서 학교 교육의 양상도 변화하고 있다. 학교의 교실 수업은 줄어들고 온라인 교육이나 재택학습이 증가하는 상황에서 ICT와 인공지능은 이제 우리생활과 밀접한 관련을 맺게 되었다.

아동과 양육자의 삶의 질 향상을 위해 돌봄, 교육, 출산의 육아친화적 직장 문화 조성 및 육아친화적 정책을 통해 아동중심의 가족관점에서 사람이 중심이 되고 시간-공간-활동의 융합이 가능한 육아친화 스마트 시티를 건설하고 있다. 스마트 시티는 도로, 항만, 수도, 전기, 학교 등 도시의 인프라를 효율적으로 관리하고 공공 데이터를 수집·활용하여 교통, 에너지 등 다양한 도시 문제를 해결하고자 사물인터넷(IoT)과 인공지능(AI)기술을 결합한 도시이다.

스마트 시티는 단순히 기술의 진보로 이루어 낸 도시가 아닌 인간과 도시가 한데 어우러지는 사회를 지향한다. 사무실에 나가지 않고도 집에서 모든 업무를 처리할 수 있는 원격근무가 가능한 환경으로 확대방안을 모색하고 있다. 스마트 워크와 재택 근무가 가능한 환경을 조성하면, 온/ 오프라인에서 자녀를 함께 키우는 육아공동체제를 구축하여 지역과 정부의 체계적인 지원이 가능할 것이다.

비용 대비 효율성의 측면에서 상용화까지는 다소 시간이 소요될 수 있으나, 기술적으로는 돌봄 로봇이나 배달 드론 등이 등장하고 있다. 단, 로봇은 인간의 휴머니즘을 바탕으로 한 애정이나 사랑 등의 행위보다는 분유 타기, 우유 먹이기, 함께 놀기, 책 읽기 등의 양육 행동에 일부 활용될 가능성이 높고, 드론은 현재 항공촬영 등에 활용되고 있으나, 위험한 상황이나 유해한 물질의 운반 및 항공택시 등의 활용 가능성을 검토하고 있다. 이제는 인간의 고유한 감성영역을 개발이나 창의성을 발휘할 수 있도록 상상력을 자극하고 문제해결 역량을 강화하는 것이 더욱 중요해지고 있다. 통상적으로 수업은 교사에 의해 주도되어 왔으나, 이제는 다양하고 새로운 기술들이 접목되어 교실공간이 확장되고, 교실 안 풍경도 변화하고 있다. 과학 기술의 발달로 인공지능 시대의 '빅데이터'를 기반으로 한 기계학습과 인공지능을 결합하려는 시도는 계속되고 있으며, 교수–학습 방법에서는 학습자의 학습발달과정을 장기적으로 파악하여 교수–학습과 연계한 교육과정, 다양한 영역의 개인 맞춤형 학습평가와 가상현실, 게임 기반 평가 등 테크놀로지의 효율적 활용이 교육현장에 적용되고 있다.

학교와 교실의 물리적 공간도 변화하고 있다. 복도를 통해 이동이 가능하도록 배치된 형태에서 개방성을 확보한 열린 공간으로 변화하고 있다. 열린 공간은 발표, 공연, 휴식을 위해 다양한 용도로 활용하고 학습자의 개별 학습에 필요한 도움을 제공할 수 있도록 융통성 있는 공간 재구성이 이루어지고 있다.

오프라인과 온라인 학습이 혼합된 형태로 교육이 이루어지고 있으며, 교실과 교실 밖 실생활을 연계한 인공지능(AI : Artificial Intelligence)과 딥러닝(deep learning), 크로스오버러닝(Crossover learning), 증강현실(AR : Augmented Reality), 가상현실(VR : Virtual Reality) 등 물리적 공간과 사이버 공간을 연계한 교수–학습 방법이 적용되고 있다. 이러한 기술적 변화는 시·공간을 초월한 교육을 가능하게 한다(한국교육과정평가원, 2018).

따라서 개별 학습자의 특성을 이해하고 창의적 문제해결 역량을 기르도록 융합적 사고 역량을 강화하기 위해 교사는 교과서를 통한 텍스트의 전달자로서의 역할이 아니라 콘텐츠를 재생산하여 제공하는 스토리텔러, 개별 학습자의 요구와 조건 등을 고려해 적절한 학습 목표와 내용을 선정하고, 학습 자원을 선별하여 제공하는 큐레이터로의 변화가 요구된다. 뛰어난 역량을 지닌 학습자부터 평범한 학습자에 이르기까지 학습자의 역량을 최고로 이끌어 내고 학습자 스스로가 동기화되어 긍정적 결과에 도달할 수 있도록 유아가 중심이 되고 놀이가 중심이 되는 교육과정을 실행하며 지원자로서 교사역할을 감당해야 할 것이다.

참·고·문·헌

강나영 외(2016). 유아기 교육・보육에 한 재정지원의 정성 연구. 미래사회 협동연구총서 16-25-01 수탁보고 2016-03. 경제・인문사회연구회.

강문희・윤애희・이경희・정정옥(2008). **유치원・보육시설 운영관리**. 서울 : 학지사.

고문숙・임영심・황정숙(2005). **어린이 놀이지도**. 경기 : 양서원.

곽노의(1998). 유아교육 개혁모델로서 자유 발도르프 유치원교육 탐색. **열린유아교육연구, 3**(1), 173-208.

______(1999). **자유발도르프 유아교육**. 서울 : 밝은누리.

______(2008). 2007년 개정 유치원 교육과정 건강 생활 영역. 한국유아교육학회 2008년 춘계학술대회 자료집, 120-135.

______(2012). 자연주의 교육사상에 기초한 숲 유치원의 이해. **한국열린유아교육학회 2012년 춘계학술대회자료집**, 13-44.

곽노의・이경순・유승훈(2010). **숲유치원 아이들**. 서울 : 교육자치연구소.

교육과학기술부(2012). 5세 누리과정 교사용 지침서.

교육부(1994). **유치원 교육과정 해설**. 서울 : 대한교과서주식회사.

______(1997). **고등학교 유아교육원리**. 서울 : 대한교과서주식회사.

______(1998). **유치원 교육과정 해설**. 서울 : 대한교과서주식회사.

______(1998). **유치원 교육과정**. 서울 : 선명인쇄주식회사.

______(2000). **교육50년사**. 서울 : 동부.

교육부・보건복지부(2019). **2019 개정 누리과정 해설서**. 세종 : 교육부.

________________(2019). **2019 개정 누리과정 놀이실행자료**. 세종 : 교육부.

교육인적자원부(2007). **유치원 교육과정**. 서울 : 신일문화사.

권대원(2015). **불교유치원을 위한 유아교육 이론과 실제**. 경기 : 양서원.

권미경・문무경・김영민(2019). 육아존중문화로의 패러다임 전환과 긍정적 육아문화 조성방안 연구(I) : 육아문화 분석과 과제. 연구보고 2019-26, 육아정책연구소.

권미량(2005). 생태유아교사교육 프로그램 모형 개발연구. 부산대학교 대학원 박사학위논문.

______(2008). **유아교육과정**. 서울 : 청목출판사.

권미량・손영환(2007). **유아교육기관운영관리**. 서울 : 파란마음.

권지영(2018). 유아교육 공공성 강화를 위한 유아교육 혁신방안. 육아정책포럼 55, pp. 31-36. 육아정책연구소

김경희 · 한성희 · 김혜금(2010). **영유아 관찰 및 실습**. 경기 : 정민사.

김광하·김미리·고재욱(2020). 유아의 스마트폰 과의존이 사회성에 미치는 영향-자기조절 매개효과. **유아교육 · 보육복지연구**, 24(4), 323-348.

김근진(2021). 문재인 정부 육아정책의 성과와 향후 과제 – 2021년 부모, 전문가, 기관 조사 결과를 중심으로, 육아정책포럼, pp. 6-28.

김명순(2008). 2007년 개정 유치원 교육과정 표현 생활 영역. **한국유아교육학회 2008년 춘계학술대회 자료집**, pp. 140-148.

김상윤 · 최진원 · 조채영 · 권미량 · 조정아 · 차영숙 · 최숙연(2007). **유아교수매체 및 교수공학**. 서울 : 청목출판사.

김성원 · 석은조 · 신성숙 · 신은정 · 이춘옥(2014). **유아교육개론**. 경기 : 공동체.

김수경 · 이규창 · 도경옥 · 홍제완(2019). **북한인권백서**. 서울 : 통일연구원.

김수영 · 김수임 · 김현아 · 정정희(2007). **놀이지도**. 경기 : 양서원.

김수영 · 김수임 · 정정희(2008). **영유아 프로그램 개발과 평가**. 경기 : 양서원.

김수영 · 김수임 · 허선자 공역(2000). **유아의 놀이와 발달**. 서울 : 창지사.

김영옥 · 조부경 · 홍혜경 · 김희진 · 김순주(2004). **제6차 유치원 교육과정 실태조사 및 발전방향 연구**. 서울 : 교육인적자원부.

김영지(2011). 영재교육기관 운영 효율화에 대한 연구. 고려대학교 대학원 석사학위논문.

김오남 · 노명희 · 윤은종(2004). **유아교육개론**. 서울 : 동문사.

김옥경 · 이선옥 · 고태순 · 이현아(2005). **21세기 교사를 위한 유아교육개론**. 서울 : 태영출판사.

김은숙(2012). 숲에서 놀며 배우며 자라는 아이들 – 인천대학교 부설 숲유치원 운영 실제 –. **한국열린유아교육학회 2012년 춘계학술대회자료집**, 111-120.

김은영(2017). 영유아의 하루 일과에 비추어본 아동권리의 현주소 및 개선방안. 이슈페이퍼 2017-01. 육아정책 연구소.

김은영 · 장혜진 · 조혜주(2013). 영유아 교사 복지 실태와 개선방안. 연구보고 2013-13. 육아정책연구소.

김은주(2003). 생태유아교육의 사상체계 및 실천원리 연구. 부산대학교 대학원 박사학위논문.

김은지 · 최인희 · 선보영 · 성 경 · 배주현 · 김수정 · 양난주(2018). 지속가능한 돌봄정책 재정립 방안 연구(II) : 여성 가족과점의 돌봄 정책 추진전략. **연구보고서 26**. 한국여성정책 연구원.

김은희(1996). 다상징적 접근에 의한 유아의 사고과정변화. 중앙대학교 대학원 박사학위논문.

______(2003). **레지오 에밀리아 접근법의 이해와 현장 적용**. 서울 : 창지사.

______(2006). **레지오 에밀리아 접근법의 적용과 변형유아교육과정**. 서울 : 창지사.

김인경(2019). 모든 영유아를 위한 어린이집 질 내실화 방안. KDI FOCUS 통권 제95호.

김정규 · 이광자 · 조정숙(1997). 교과교재연구 및 지도법. 서울 : 정민사.

김정원 · 김유정 · 박현미(2005). 영유아를 위한 교재 · 교구 연구 및 지도법. 경기 : 양서원.

김정원 · 최정원(2006). 가정과 연계된 요리활동이 유아의 기초과학개념 및 수학능력에 미치는 영향. 아동학회지, 27(2), 39-54.

김정임(2006). 발도르프 유아교육에 대한 이해. 서울 : 학지사.

김진숙(2006). 교육과정의 연계성 탐구 : 유치원-초등학교 교육과정을 중심으로. 교육과정연구, 24(4), 83-108.

______(2008). 유치원 교육과정 개정의 경과. 한국유아교육학회 부산 · 울산 · 경남지회 학술발표회 자료집, 3-9.

김희진 · 오문자 공역(2001). 어린이들의 수많은 언어-레지오 에밀리아의 유아교육. 서울 : 정민사.

나 정 · 장명림 · 이은주(1993). 공립유치원 모형 개발 연구. 교육부 유아교육 정책과제 연구.

남궁용권(1996). 교육의 역사 · 철학적 기초. 서울 : 학문사.

도남희 · 박진아 · 예한나(2019). 유아생활 실태조사를 위한 기초연구. 연구보고 2019-01, 육아정책연구소.

도남희 · 이재희 · 예한나(2019). UN 지속가능발전 목표에 따른 '아이행복사회' 지표개발 및 정책 활용 방안. 연구보고 2019-8 육아정책연구소.

문미옥(2008). 2007년 개정 유치원 교육과정 총론 이해. 한국유아교육학회 2008년 춘계학술대회 자료집, 96-119.

______(2008). 영유아교육과정. 서울 : 창지사.

문미옥 · 김영옥 · 나 정 · 양옥승 · 이기숙 · 임재택(2007). 교육부 고시 제7차 유치원 교육과정 총론 시안 개발 연구.

박경선(2012). 유 · 아동 영재교육의 동향. 숭실대학교 대학원 석사학위논문.

박경희 · 이성숙(2003). 몬테소리 교육. 서울 : 정민사.

박성원 · 박가열 · 최영순 · 진설아 · 황윤하 · 홍성민(2017). 트랜스휴먼 시대에 따른 미래직업세계 연구. 정책연구 2017-21. 과학기술정책연구원.

박은혜(2006). 어린이의 삶의 관점에서 본 유아교육 보육과 초등교육의 연계. 어린이의 삶의 관점에서 본 유아교육 · 보육의 자리매김. 한국유아교육학회 2006 정기 총회 및 정기 학술대회자료집, 113-130.

박의수(1995). 발도르프 학교의 교육과정과 운영방법. 교육철학, 13, 121-138.

박정연(2009). 부모의 양육태도와 유아의 놀이성과의 관계. 배재대학교 교육대학원 석사학위논문.

박찬옥 · 서동미 · 관현주 · 박성희 · 한남주 · 홍찬의(2020). 2019 개정 누리과정을 반영한 유아교육과정. 경기 : 정민사.

박찬옥 · 정남미 · 임경애(2004). 유아놀이지도. 서울 : 학문사.

박창현(2019). 빅데이터 분석을 통한 4차 산업혁명시대 육아정책의 방향과 과제. 이슈페이퍼 2019-08, 육아정책연구소.

박창현 · 양미선 · 김태우(2017). 유치원 및 어린이집의 보조인력 운영의 내실화 방안. 연구보고 2017-24, 육아정책연구소.

방인옥 · 박찬옥 · 이기현 · 김은희(2005). **유아교육과정**. 서울 : 정민사.

보건복지부(2000). **보육사업의 이해와 시설 설립**. 서울 : 보건복지부.

__________(2013). **영유아보육 프로그램 운영의 이해**. 서울 : 보건복지부.

__________(2014). **2014년 보육사업안내**. 서울 : 보건복지부.

__________(2020). 표준보육과정 고시문(2020. 4. 9).

서영숙 · 서지영(2004). **레지오 에밀리아 접근법**. 서울 : 학지사.

서울대학교 교육연구소(1994). **교육학 용어사전**. 서울 : 도서출판 하우.

성기선(2017). 초등학생들의 바람직한 놀이 활동을 위한 학교 교육과정 편성 · 운영 방안. 연구자료 ORM 2017-66-13. 한국교육과정평가원.

손영환 · 권미량(2008). **교육학개론**. 서울 : 창지사.

신동주(1997). 실외놀이터 환경 변화가 유아의 놀이행동에 미치는 영향. **어린이와 환경**. 제5회 국제 학술대회, 삼성복지재단 어린이 개발센터, 198-247.

신은수 · 박은혜(2012). 지속가능발전교육을 위한 유아교육과정의 재방향 설정, **육아지원연구**, 7(1), 27-50.

신화식(2003). **몬테소리 유아교육과정**. 경기 : 양서원.

양미선(2019). 영유아인구 변화에 따른 어린이집 수요와 공급 분석. 이슈페이퍼 2019-09, 육아정책연구소.

양미선 · 최윤경(2019). 보육 유아교육 분야 일자리 수급 분석 및 확충방안. 연구보고 2019-05. 육아정책연구소.

양옥승 외(2005). **유아교육개론**. 서울 : 학지사.

여성가족부(2007). **표준보육과정의 구체적 보육내용 및 교사지침**. 서울 : 여성가족부.

유구종 · 김민경 · 김은아(2012). 유아교육용 애플리케이션 내용 및 인터페이스 상호작용 분석. **열린유아교육학회**, 17(1), 160-194.

유구종 · 조희정(2013). **영유아교육개론**. 경기 : 공동체.

유네스코21세기세계교육위원회 편(1997). **21세기 교육을 위한 새로운 관점과 전망 – 유네스코 21세기 세계교육위원회 종합보고서 –**. 서울 : 오름.

유안진(1990). **한국전통사회의 유아교육**. 서울 : 서울대학교출판부.

유효순 · 김희태(2014). **놀이지도**. 서울 : 한국방송통신대학교출판부.

유효순 · 조정숙(2004). **놀이이론과 실제**. 서울 : 한국방송통신대학교출판부.

육아정책연구소(2021). 차기정부에 바라는 육아정책 방향: 현장과 전문가의 목소리. 육아정책연구소 창립 16주년 기념 2021년 제2차 KICCE 육아정책 연구생태계 네트워크 포럼. 세미나자료 2021-08. 육아정책연구소.

이기숙(2000). **유아교육과정**(개정판). 서울 : 교문사.

이기숙 · 김정원 · 이현숙 · 전선옥(2008). **영유아교육과정**. 경기 : 공동체.

이기숙 · 장영희 · 정미라 · 엄정애(2014). **유아교육개론**. 경기 : 양서원.

이기현 · 오성숙 · 전순한 · 고영희(2010). **0~3세를 위한 영유아보육프로그램의 이론과 실제**. 경기 : 양서원.

이길동 · 이은진(2014). 독일 아이히슈테트 숲 유치원 운영 사례연구. **한국영유아보육학, 89**, 127-145.

이대균 · 송정원(2010). **영유아를 위한 교재교구 연구 및 지도**. 경기 : 양서원.

이명환(2003). 독일 숲 유치원의 현장상황에 관한 연구. **열린유아교육연구, 23**(4), 72-93.

______(2012a). 숲 유치원의 역사 및 교육적 근간. **한국열린유아교육학회 2012년 춘계학술대회자료집**, 65-74.

______(2012b). 독일의 숲 유치원과 한국의 숲 유치원 비교연구. **홀리스틱연구, 16**(3), 65-83.

이상금(1991). **한국 근대유치원 교육사**. 서울 : 이화여자대학교출판부.

이소은 · 이순형(2014). 영유아 프로그램 개발과 평가. 서울 : 한국방송통신대학교출판문화원.

이숙재(1984). 유아의 상상놀이와 제 변인과의 관계 연구. 연세대학교 대학원 박사학위논문.

______(2004). **유아를 위한 놀이의 이론과 실제**. 서울 : 창지사.

이순형 외(2005). **영유아 보육 · 교육 프로그램의 이해**. 서울 : 학지사.

이연섭 외(2001). **유아교육개론**. 서울 : 정민사.

이연승(2008). 2007년 개정 유치원 교육과정 언어생활 영역. **한국유아교육학회 2008년 춘계학술대회 자료집**, 149-165.

이영숙(2003). **몬테소리, 그 교육의 모든 것**. 서울 : 창지사.

이영자 · 신동주(2006). **유아교육기관 운영관리**. 서울 : 창지사.

이윤진(2006). **일제하 유아보육사 연구**. 서울 : 혜안.

이윤진 · 구자연(2013). 통일에 대비한 육아지원분야 통합 방안. 연구보고 2013-04. 육아정책연구소.

이윤진 · 유혜미 · 조혜주(2019). 인구사회변화 예측을 통한 2040, 연구보고 2019-13. 육아정책연구소.

이윤진 · 이규림 · 이정아(2014). 유아기 영어교육의 적절성에 관한 연구. 연구보고 2014-06. 육아정책연구소.

이은화 · 배소연 · 조부경(2001). **유아교사론**. 경기 : 양서원.

이은화 · 양옥승(1988). **유아교육론**. 서울 : 교문사.

이재훈 · 김아름 · 유해미 · 김나영 · 박은영(2018). 영유아보육법에 대한 사후적 입법평가–국공립어린이집 설치 · 운영 규정을 중심으로. 한국법제연구원.

이정림(2013). 장애 영유아 통합보육・교육의 실태 진단 및 정책과제. 이슈페이퍼 2013-09. 육아정책연구소.

이정원・정주영・최효미・김진미(2014). 사회통합 관점의 보육・교육 서비스 이용 형평성 제고방안. 연구보고 2014-09. 육아정책연구소.

이정주・이종연(2014). 부모교육프로그램의 연구동향. **상담학연구**, 15(2), 943-967.

이종승(1988). **교육과정과 수업의 원리**. 서울 : 교육과학사.

이종태(2002). 대안교육의 가능성과 한계. **한국교육연구**, 5(1), 85-102.

임부연(2007). 레지오 에밀리아 접근법의 아름다움에 대한 미학적 탐색. **미래유아교육학회지**, 14(1), 77-101.

임부연 외(2021). **유아・놀이 중심 유아교육과정**. 경기 : 공동체.

임재택(1992). **현대 유아교육과정**. 경기 : 양서원.

______(2005). **생태유아교육개론**. 경기 : 양서원.

임재택・김은주・하정연・권미량・조채영(2008). **생태유아교육 프로그램 운영**. 경기 : 공동체.

자유방송(2016. 12. 23/ 여성/문화), 여가부, 청소년대상 예비부모교육 프로그램 개발, 전국 일선 중고교에서 예비 부모교육시 활용토록 보급.

장미연・임소영・변지혜・김은주・임재택(2011). 국내 숲 유치원 운영현황 및 활성화 방안에 관한 연구. **열린유아교육연구**, 16(1), 27-46.

전선영・유향선・김은심・문용은(2002). **유아교사를 위한 교수매체의 이론과 실제**. 서울 : 창지사.

전인옥・이경옥(2014). **유아교육개론**. 서울 : 한국방송통신대학교출판문화원.

전일균(1996). 루돌프 슈타이너의 노작교육론. **교육학연구**, 34(5), 43-62.

정가원・홍승아・김난주・김수진・성지혜(2019). 가족친화 지역사회 환경조성 정책, 2019 연구보고서 9. 한국여성정책연구원.

정기섭(2010). 지속가능발전교육(ESD)에 대한 유아교사의 인식조사. **발도르프교육연구**, 2(1), 65-96.

정범모(1976). **교육과 교육학**. 서울 : 배영사.

정옥분(2007). **아동발달의 이해**. 서울 : 학지사.

정윤경(1998). 발도르프 학교 교육과 한국의 대안교육. **한독교육학연구**, 3(1), 237-246.

______(2004). **발도르프 교육학**. 서울 : 학지사.

조부경(2008). 2007년 개정 유치원 교육과정 탐구 생활 영역. **한국유아교육학회 2008년 춘계학술대회 자료**, 166-169.

조성연・이정희・천희영・심미경・황혜정・나종혜(2006). **아동발달의 이해**. 서울 : 신정.

조채영(2006). 생태유아교육기관에서의 유아들의 일상생활에 관한 문화기술적 연구. 부산대학교 대학원 박사학위논문.

지성애・배율미・신금호・박희숙・정재은・정하나・김성희・신수경(2018). **유아교육개론**, 경기 : 정만사.

지옥정 · 김수영 · 정정희 · 고미애 · 조혜진(2008). 유아교육개론. 서울 : 창지사.

차춘희 · 이수정 · 오정옥 · 손영환 · 박희숙(2005). 교재 · 교구 연구 및 지도법. 서울 : 창지사.

최석란 · 이경희 · 이상화 · 서원경(2006). 놀이지도. 경기 : 공동체.

통계청(2012). 인구주택총조사보고서.

______(2019). 인구총조사.

팽영일(2017). 유아교육 사상사. 경기 : 교육과학사.

프레야 야프케 저 · 김정임 역(2004). 아이들과 함께 그림그리기. 서울 : 해오름.

하정연(2004). 생태유아교육 프로그램에 관한 문화기술적 연구. 부산대학교 대학원 박사학위논문.

하정연 · 좌승화 · 조채영(2015). 유아놀이지도. 경기 : 공동체.

한-OECD유아교육 보육 교원정책 국제세미나. 세미나자료 2019-15. 육아정책연구소, 한국영유아교원교육학회.

한국교육과정평가원(2017). 미래사회 변화 대비 정책 어젠다 발굴과 중장기 과제개발. 연구보고 RRO 2017-4.

________________(2018). 미래사회 대비 우리나라 초중등학교의 교육평가 방향 탐색을 위한 국외 사례 분석. 연구자료 ORM 2018-39-20.

한국유아교육학회(2003). 21세기 바람직한 유아교육에 대한 한국유아교육학회의 입장. 서울 : 양서원.

한미라 외(2008). 유아교육개론. 경기 : 양서원.

혼다 마스코(2002). 20세기는 어린이를 어떻게 보았는가. 구수진 역. 서울 : 한림토이북.

황해익 · 송연숙 · 최혜진 · 남미경 · 고은미 · 정명숙(2008). 영유아 프로그램 개발과 평가. 경기 : 공동체.

교육부 설명자료(2024. 1. 19). 유보통합 '유아학교' 3월 첫선은 사실이 아닙니다.

Baroody, A. J.(2000). Does mathematics instruction for three to five-years-olds really make sense?. *Young Children*, 55(4), 61-67.

Bateson, G.(1956). The message : This is Play. In B. Schaffner(Ed.), *Group Processes*. New York : Josiah Macy.

Begley, S.(1996, February 29). Your child's brain. *Newsweek*, 55-58.

________(1997, Spring-Summer). How to build a baby's brain. *Newsweek Special Edition*, 28-32.

________(2000, February 22). Getting inside the brain. *Newsweek*, 58-59.

Berlyne, D. E.(1960). *Conflict, Arousal, and Curiosity*. New York : McGrave-Hill.

Bronfenbrenner(1995). The bioecological model from a life course perspective. In P. Moen, G. H. Elder, & K. Luscher(Eds.), *Examining Lives in Context*. Washington, DC : American Psychological Association.

Carain, W. C.(1980). 발달의 이론(서봉연 역, 1994). 서울 : 중앙형설출판사.

Carey, S.(1991). Knowledge acquisition : Enrichment or conceptual change? In S. Carey, & R. Gelman(Eds.), *The Epigenesis of Mind*. HJ : Lawrence Erlbaum.

Carmer. P., & Hogan, K. A.(1975). Sex difference in verbal and play fantasy. *Developmental Psychology*, *11*, 145-154.

Dewey, J.(1916). *Democracy and Education*. New York : The Free Press.

Dietz, W. H., & Gortmaker, S. L.(1985). Do we fatten our children at the television set? Obesity and television viewing in children and adolescent. *Pediatrics*, *75*, 807-812.

Elkind, D. C.(1981). 어린이 스트레스(심성경 외 공역). 서울 : 이레서원.

Engdahl, I., & Rabušicová, M.(2011). Education for sustainable development in practice. In Engber, A. K.(Ed.), A report for the OMEP world assembly and conference on the OMEP world ESD project 2010-2011. Gotenberg, Sweden : OMEP.

Erikson, E. H.(1963). *Chidlhood and Society*. New York : W. W. Norton & Company.

Fagot, B. I.(1978). The influence of sex of child on parental reactions to toddler children. *Child Development*, *49*, 459-465.

Fenson, S., & Schell, R. E.(1986). The origins of exploratory play. In P. K. Smith(Ed.), *Children's Play : Research Developments and 202*.

Forman, G.(1995). The amusement park for birds and the fountains. In G. Piazza(Ed.), *The Fountains*. Reggio Emilia : Reggio Children.

Fröebel, F.(1887). *The Education of Man.* (trans) W. N. Hailmann. New York : D. Appleton.

Frost, J. L.(1992). *Play and Playscapes*. Albany, NY : Delmar.

Frost, J. L., & Klein, B. L.(1979). *Children's Play and Playgrounds*. Boston : Allyn & Bacon.

Frost, J. L., Wortham, S., & Reifel, S.(2001). *Play and Child Development*. Upper Saddle River, NJ : Merrill/ Prentice-Hall.

Fuller, F. F.(1969). Concerns of teachers : A development conceptualization. *American Educational Research Journal*, *6*, 207-226.

Fuller, F. F., & Brown, O.(1975). Becoming a teacher. In K. Ryan(Ed.), *Teacher Education(The Seventy-Fourth NSSE Yearbook)*. Chicago : University of Chicago Press.

Future Horizon(2017). "4차산업 혁명, 아직 말하지 않은 것들 I" 4차산업 혁명시대의 미래교육 예측과 전망. 미래연구 포커스.

Garvy, C.(1979). Communicational Controls in Social Play. In B. Sutton-Smith(Eds.), *Play and Learning*, 109-125.

Glaser, R.(1962). 'Psychology and instructional technology', in Training research and education. Pittsburgh : University of Pittsburgh Press.

Goldberg, S., & Lewis, M.(1969). Play behaviors in the year-old-infant : Early sex differences. *Child Development*, *40*, 21-32.

Gordon, A. M., & Browne, K. W.(2008). *Beginnings and Beyond : Foundations in Early Childhood Education*. NY : Thomson & Delmar Learning.

Hopkins, L. T.(1934). *Curriculum Principle and Practice*. N.Y. : Sandborn.

Hughes, F. P.(1994). 유아의 놀이와 발달(김수영 · 김수임 · 허선자 공역, 2000). 서울 : 창지사.

___________(1999). *Children, Play, and Development*. Boston : Allyn and Bacon.

Hunt, J. M.(1961). *Intelligence and Experience*. NY : The Ronald press company.

Hutt, C.(1971). Exploration and Play in Children. In R. E. Herron & B. Sutton-Smith(Eds.). *Child's Play*(pp. 231-251). New York : John Wiley & Sons.

Issacs, S(1993). *Social Development in young Children : A Study of Beginnings*. London : Roufledge and Kegan Paul.

Johnson. H. M., Christie, J. P., & Yawkey, T. D.(1999). *Play and early childhood development*. New York : Addison Wesley Longman, Inc.

Johnson, M.(1935). The effect on behavior of variation in the amount of play equipment. *Child Development*, *6*.

Kats, L. G.(1972). Developmental stages of preschool teachers. *Elementary School Journal*, *73*, 50-54.

_________(1977). 유아교사를 위한 제언(이차숙 역, 1992). 경기 : 양서원.

King, N. R.(1979). Play : The Kindergarten's Perspective. *The Elementary School Journal*, *80*(2), 81-87.

Meyer, A. E.(1985). *Development of education in the 20th century*. Tokyo : Maruzen Company.

Miklitz, I.(2005). Der Waldkindergarten, Dimensionen eines pädagogischen Ansatzes, Beltz Verlag, Wienheim und Basel.

Montessori, M.(1967). *The Discovery of the Child*. (Trans) M. J. Costelloe. New York : Ballantine Books, Inc.

Morrison, G. S.(2001). *Early Childhood Education Today*(8th ed.). New Jersey : Merrill Prentice Hall.

____________(2008). *Fundamentals of Early Childhood Education*(5th ed.). New Jersey : Pearson Education Inc.

Parten, M. B.(1932). Social participation among preschool children. *Journal of Abnormal and School Psychology*, *27*, 243-269.

Pellegrini, A. D., & Galda, L.(1982). The effects of thematic fantasy play training on the development of children's story comprehension. *Child Development*, *52*, 1202-1210.

Piaget, J.(1932). *The Moral Judgment of the Child*. New York : Free Press.

________(1962). *Play, Dreams, and Immitation in Childhood*. New York : Norton.

Rinaldi, C.(1993). The emergent curriculum and social constructivism. Edwards. C. J., Gandini. L. L., & Forman G. G.(Eds.), *The Hundred Languages of Children : The Reggio Emilia Approach to Early Childhood Education*. Ablex Publishing Co. Norwood, NJ.

Scarr, S.(1992). Developmental theories for the 1990s : Developmental and individual differences. *Child Development*, *63*, 1-19.

Schede, H. G.(2000). Der Waldkindergarten auf einen Blick, Mü nchen : Kösel Verlag, 7-77.

Schwartz, S. L., & Robison, N. F.(1982). *Designing Curriculum for Early Childhood*. Boston, MA : Allyn & Bacon.

Seefeldt, C.(1980). *A Curriculum for Preschools*. Columbus : Charles E. Merrill.

Skinner, B. F.(1954). The science of learning and the art of teaching. *Harvard Education Review*, *24*, 86-97.

Singer, J. L., & Singer, D. G.(1980). A Factor Analysis Study of Preschoolers Play Behavior. *Academic Psychology Bulletin, 2*, 143-156.

Smilansky, S.(1968). *The Effect of Sociodramatic Play on Disadvantaged Preschool Children*. New York : Wiley.

Tyler, R. W.(1949). *Basic Principles of Curriculum and Instruction*. Chicago : The University of Chicago Press.

Vecchi, V.(1993). The role of the atelierista. In Co. Edwards, L. Gandini, & G. Forman(Eds.). *The Hundred Languages of Children : The Reggio Emilia Approach to Early Childhood Education*(pp. 119-127). Norwood, NJ : Ablex.

Vygotsky, L. S.(1978). *Mind in Society : The Development of Higher Psychological Process*. Cambridge, M A : Harvard University Press.

Weikart, D. P.(1967). *Preschool Intervention : Preliminary Results of the Perry Preschool Project*. Ann Arbor, MI : Campus Publishers.

Winston, P.(1984, October 31). Despite fitness boom, the young remain unfit. *Education Week*, *9*.

찾아보기

인 명

내 용

저/자/약/력

■ 권미량
부산대학교 교육대학원 유아교육 석사
부산대학교 대학원 유아교육 박사
현 고신대학교 유아교육과 교수

■ 조채영
부산대학교 대학원 유아교육 석사
부산대학교 대학원 유아교육 박사
현 동의과학대학교 유아교육과 교수

■ 좌승화
University of Texas at Austin 대학원 유아교육 석사
University of Texas at Austin 대학원 유아교육 박사
현 동의과학대학교 유아교육과 교수

■ 최진원
부산대학교 교육대학원 유아교육 석사
숙명여자대학교 대학원 유아교육 박사
현 제주관광대학교 유아교육과 교수

유아교육개론

|공저자| 권미량 · 조채영 · 좌승화 · 최진원

|1판 1쇄| 발행 2024년 8월 20일

|발행인| 김 동 훈
|발행처| 공 동 체

|주소| 경기도 고양시 일산동구 호수로 358-39
동문타워 I 905호(백석동)
|전화| 031) 814-3000(대표)
|팩스| 031) 814-3100
|홈페이지| http://www.compub.co.kr
|전자우편| compub@naver.com
|출판등록| 2005년 10월 6일
|등록번호| 제396-2005-36호

|ISBN| 979-11-6725-730-7
정가 22,000원